致凯特和萨米

——**布林顿**

致诺维亚、奥古斯坦和薇薇亚

——**蒋濛**

THE POWER OF NETWORKS

Six Principles That Connect Our Lives

网络的力量

连接人们生活的六大原则

THE POWER OF NETWORKS

SIX PRINCIPLES THAT CONNECT OUR LIVES

[美] 克里斯托弗·G. 布林顿
[美] 蒋 濛 ◎著
万 锋◎译

CHRISTOPHER G. BRINTON
MUNG CHIANG

中信出版集团 · 北京

图书在版编目（CIP）数据

网络的力量：连接人们生活的六大原则 /（美）克里斯托弗·G. 布林顿，（美）蒋濛著；万锋译. -- 北京：中信出版社，2018.1

书名原文：The Power of Networks: Six Principles That Connect Our Lives

ISBN 978-7-5086-8339-3

I. ①网… II. ①克…②蒋…③万… III. ①网络经济－研究 IV. ①F49

中国版本图书馆 CIP 数据核字（2017）第 276611 号

网络的力量：连接人们生活的六大原则

著　　者：[美] 克里斯托弗·G. 布林顿　[美] 蒋　濛
译　　者：万　锋
出版发行：中信出版集团股份有限公司
（北京市朝阳区惠新东街甲 4 号富盛大厦 2 座　邮编　100029）
承 印 者：北京诚信伟业印刷有限公司

开　　本：787mm × 1092mm　1/16　　印　　张：22.75　　字　　数：300 千字
版　　次：2018 年 1 月第 1 版　　印　　次：2018 年 1 月第 1 次印刷
京权图字：01-2017-8370　　广告经营许可证：京朝工商广字第 8087 号
书　　号：ISBN 978-7-5086-8339-3
定　　价：72.00 元

目 录

前言

如今，网络无处不在，即使是在我们最意想不到的地方。从我们在脸书（Facebook）上的朋友是谁，到我们的信息如何在几毫秒内通过互联网传播，这一切的背后都有着有趣的故事，不管那是社交网络、通信网络还是经济网络。无论是推荐电影，控制设备的功率水平，还是视频的病毒式传播，在这些功能和其他功能的内部运作中都隐藏着六条原则，它们会出现在各种各样的网络中。

本书运用通俗易懂的语言，对这些原则以及网络的力量加以说明。许多优秀的文章已经从数学和技术角度对网络进行了详细阐述，但本书和它们不一样。

与之相反，本书通过故事、图片、例子和历史逸事描述了网络的核心理念，其中还包括与谷歌的埃里克·施密特，威瑞森无线前首席执行官丹尼斯·斯特里格尔，以及“互联网之父”温顿·瑟夫和罗伯特·卡恩的对话。全书共有数百张图片，图片会对文本加以补充。我们还会将网络和日常生活的其他方面进行类比。你可能会惊讶地发现邮政系统、交通拥堵和停车标志，分别与互联网路径选择、网络拥塞和Wi–Fi（无线局域网）随机访问非常相似。

这并不是说本书不会出现任何数学知识。数字示例对理解驱动网络的方法非常有帮助。但是你在本书中看到的数学知识不会比基本的算术（数字的相加和相乘）更复杂。想要阅读本书，你只需要有学习的欲望即可。

本书的结构是什么？它分为六个部分，每个部分对应连接我们生活中的六条网络原则之一。每个部分包含两到三章，通过有趣的主题，讲述相应原则的故事。

那么，这六条原则是什么？它们简洁明了，完美总结出设计、建造和管理网络的方式。

原则一：分享很难（第一部分）。不论是用手机打电话还是用Wi–Fi上网，都需要分享网络媒介。它就像空气一样，你需要和许多其他人共享。在这种情况下，怎么才能不干扰彼此的连接呢？这就需要有效的分享和协调技术——从控制电话传输的等级到对我们所消费的数据定价。

原则二：排序很难（第二部分）。今天的许多网站都需要处理大量原始数据，以找到有效的排序方法。像谷歌这样的搜索引擎如何对呈现给我们的结果进行排序？网站如何为广告商分配空间？随着需要排序的项目越来越复杂，排序工作也变得更加困难。

原则三：大众很聪明（第三部分）。亚马逊和网飞（Netflix）等在线零售及娱乐公司拥有很多顾客。我们是否能够对大众的意见产生影响，使产品评价及推荐更加准确和有用？答案是肯定的，但我们需要对大众意见及其生成机制做一些特定的假设。

当这些假设站不住脚时，就需要原则四：大众并不那么聪明（第四部分）。为何有些视频会出现病毒式传播？因为人们可以影响彼此的行为和决策。在社交网络中，某些人是否比其他人更具影响力？是的，而且他们的影响方式并不一定很直观。本书将对此进行解释。

分而治之是第五条网络原则（第五部分）。通过这一概念，互联网的规模和功能可以有效地增加（从路径选择到数据纠错）。从地理和功能上，互联网都被巧妙地分成了很小的部分，因此每部分都可以被单独管理。

原则六：端到端（第六部分）。这是最后一条原则，它主要讨论网络如何在巨大的空间里运作。我们手中的终端设备往往不知道，也不需要知道，互联网中到底发生了什么，以实现分配给它们的各种功能，例如拥堵控制。而在网络中，执行一项任务的具体位置是一个重要的问题。

在全书中，你将看到参考补充材料的提示。补充材料可在本书的网站www.powerofnetworks.org上找到。材料按章节划分，被组织成系列问答。如果你在基本了解原则以外，想深入挖掘其中的一些例子、历史和更多的技术信息，可阅读这些材料。

除了作为大众科普读物，本书和网站上的内容也可以作为大学或高中入门课程的基本材料，可供任何专业或学科对网络感兴趣的学生使用。教学资源可以在本书的网站上获取，也可以发送电子邮件给我们（地址learnPoN@gmail.com）。事实上，2013年以来，本书中的很多材料已经被用在大规模开放网络课程（Massive Open Online Course，慕课）上，有超过100 000名学生学习过。

我们从写作本书中获得了很多乐趣，希望你也能从阅读本书中获得乐趣！

THE POWER OF NETWORKS

Six Principles That Connect Our Lives

第一部分　分享很难

花几秒钟，坐下来想象一下，如果没有手机，你的生活将会怎样。这可能很困难，因为每次联系老板或家人，或者跟任何人远程沟通，你都只能使用固定电话。然后再往前想，回到家里有电话以前。在那个时候，信息传播的速度，仅等于你或邮递员在街道之间步行的速度、火车在城市间行驶的速度，或是货船在大陆间跨海航行的速度。虽然很难想象，但这就是在有线和无线通信出现之前，人们数千年来的生活方式。这些技术使通信速度大大加快，同时也给网络资源如何在这么多人之间实现“共享”，带来了许多有趣的挑战。

在本书第一部分，我们将探讨两种无线网络：蜂窝（第 1 章）和 Wi-Fi（第 2 章）。在研究这些网络时，我们将看到两种共享通信资源（在这种情况下，是指空气中的电磁频谱）的方式，以此进行通信。控制干扰是关键：这需要使用方法，在后台分析出你进行通信的时间和音量。

网络定价（第 3 章）也可以是一个实现更高效资源共享的有效方式。我们将看到网络供应商使用的方法，来确定我们为消费的数据支付多少费用。

第 1 章

控制你的“音量”

如今，手机已成为我们日常生活的一部分。图 1–1 显示了部分国家在 2015 年年中的**手机渗透率**（mobile penetration），即各国平均每人拥有的手机数量。请注意，最左侧 5 个国家的渗透率均超过 100%，说明在这些国家，手机数量超过了人口数量。

此外，在 2015 年年中，图 1–1 中的 13 个国家均拥有超过 1 亿的手机入网量。同一时期，全世界手机入网量超过 6 800 000 000（68 亿！）。

既然数量如此巨大，你也许会问，我们如何能有效地进行无线通信，而不会干扰彼此通话、收发信息及上网？我们将在本书这一部分分享几种方法，本章首先介绍功率（通话音量）控制。

现代移动**蜂窝**（cellular）系统是几十年来技术革新的产物。20 世纪 40 年代至 80 年代，移动设备尚属奢侈品，而到了 21 世纪，则变成了必需品。伴随这一趋势，工程师们必须想出能让人们进行无线通信的不同方式。

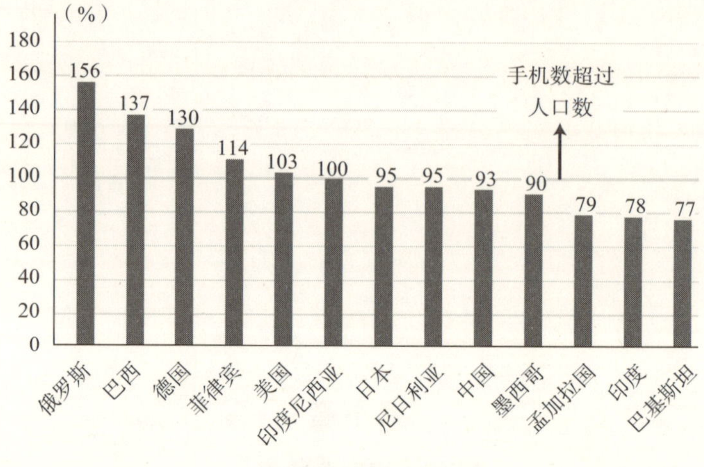

图 1–1

注：图为截至 2015 年 6 月，部分国家的手机渗透率，即平均每人拥有的手机数量。其中 6 个国家的渗透率为 100%或以上，说明这些国家的手机数量超过人口数量

从电话到手机

在无线网络和手机出现之前，通信网络主要依靠**有线**（wireline）手段，即利用线缆进行通信，与之相对的是**无线**（wireless）通信。早在 1876 年 10 月 9 日，通过从波士顿到坎布里奇的一段 2 英里[①]长的线缆，亚历山大·格雷厄姆·贝尔拨打出了世界上第一通电话。第二年，贝尔电话公司成立。那是第一家提供**公共交换电话网络**（public switched telephone network）服务的公司（我们通常称之为“固定线路”）。

在设计电话前，贝尔正在对此前发明的电报进行实验。利用“复式电报机”，多个**发送者**（transmitters，信息发出方）和**接收者**（receivers，信息接收方）能够通过一条线路进行联系。

① 1 英里≈ 1.609 千米。——编者注

试想一下：我们如何能像图 1–2 那样，让许多人使用同一条线路呢？假如安娜和本正试图通话，查理和达娜也是，这难道不会导致他们干扰彼此的通话吗？

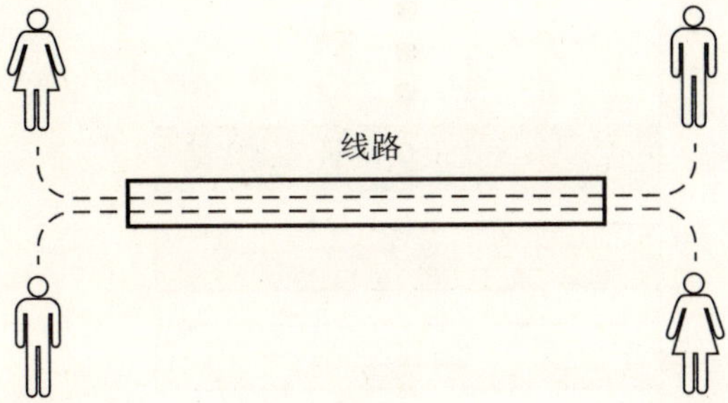

图 1–2

注：假设安娜正在和本打电话，查理正在和达娜打电话，两对通话者如何能在使用同一条线路时，不互相干扰呢

其实未必。虽然他们在使用同一个空间（电话线），但我们可以在其他层面把他们分开。最直接想到的或许是时间：让安娜和本占用一会儿电话线，然后让查理和达娜用一会儿，再让安娜和本用，如此反复。我们还可以试着用语言来区分：让安娜和本说英语，查理和达娜说西班牙语。这样他们就能同时通话，只需要听自己的语言就行。即便如此，我们还是要担心不同的说话声会盖住彼此。

这些层面——时间和语言，是不同**多址联**（multiple access）技术的简化例子。这些技术使多个通话者能共用同一网络媒介（如电话线和无线信号）。我们将在本章对其进行深入探讨。

按不同频率进行共享

复式电报机根据不同频率，利用**频分多址**（frequency division

multiple access，FDMA）将不同连接进行区分。FDMA 会为每组发送者和接收者（称为一个“链接”）分配一个**频道**（frequency channel），使其能进行联系。你可以在图 1–3 中看到图示。

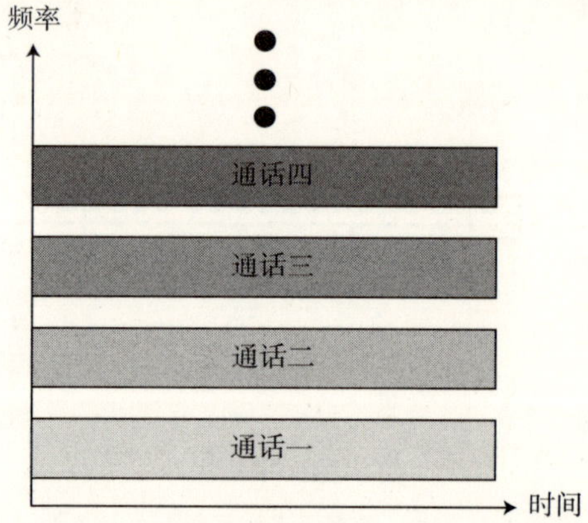

图 1–3

注：通过频分多址，根据通话的指定频道对其进行区分：通话一的用户被分到一个频道，通话二的用户被分到另一个频道，以此类推

“频率”是什么？对于我们能听到的频率，可以理解为声音的不同音调。频率以**赫兹**（hertz，Hz）为单位进行衡量，表示声波平均每秒完成的循环次数。因此 10 赫兹表示声波每秒完成 10 次循环（见图 1–4）。关于频道的更多信息，请参见本书网站的Q1.1部分。

频率单位将在本书此部分多次被提到，但我们即将探讨的频率范围远远超过一赫兹的数量级。通常提到的无线频带为数百万赫兹或数十亿赫兹，分别称为兆赫（MHz）和千兆赫（GHz）[①]。为了帮助你理解这些数字的概念，人类能听到的最高频率为大约 20 000 赫兹。

① 千兆赫也称“吉赫”。——编者注

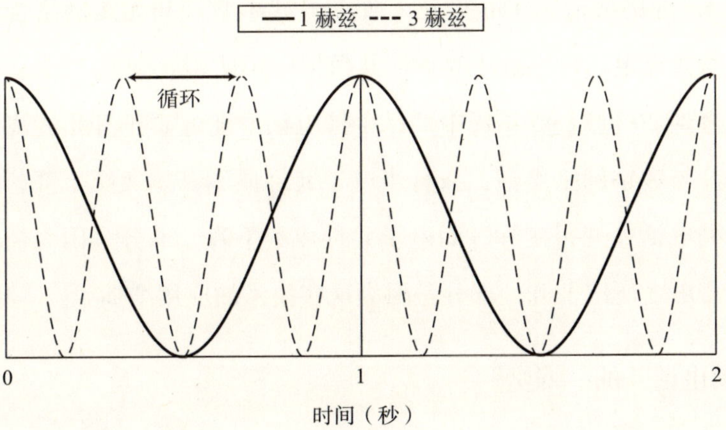

图 1–4

注：不同频率的两条声波，表示平均每秒完成的循环次数。实线波频率为 1 赫兹，虚线波频率为 3 赫兹

第一代移动电话始于 20 世纪二三十年代，运用了 FDMA 技术。它们在本质上是**模拟（analog）**的，也就是说，它们的信号完全以电的形式从空中穿过。1946 年，贝尔电话公司建立第一套“移动电话”网络，称为“移动电话服务系统”。这套系统与 1964 年出现的新一代系统一样，都是 FDMA 系统。它们被认为是第零代技术，也叫作 0G，与之相对的是我们现在使用的 4G 技术。

第一台手持电话

20 世纪 70 年代，摩托罗拉公司的马丁·库珀坚信，手持电话将成为未来的潮流。1973 年，他带领团队花了 90 天，制造出史上第一台手持电话：DynaTAC。

DynaTAC 并不像今天的手机。它重达近 2 磅（约 0.9 千克），价格接近 3 000 美元（1973 年的美元价值！），通话 30 分钟便需要充电。相比之下，2016 年的一台苹果手机重量不到 1/3 磅（约 0.15

千克），价格可低至150美元（取决于具体型号和无线网络合同），并且每次充电后可供数小时通话及数据应用使用。

直到20世纪90年代中期，手持电话产业才真正开始脱离车载电话。与数字网络类似，只有当电子元件成本开始大幅下降，手掌大小的电话才变得实际。而电子元件成本下降，部分是因为需求上升。需求之所以上升，部分是因为这些技术的应用增加了。

“蜂窝电话”的“蜂窝”

1976年，仅纽约市就有大约500名手机用户，在等待名单上的人数超过这个数字的6倍。网络**容量**（capacity）急需扩大。那么，网络运营商能做什么呢？实际上只有两种选择：请求联邦通信委员会（Federal Communications Commission，简称FCC）提供更多频谱，或找出一种方法，使更多用户能使用同一频谱。

有关FCC许可过程的更多信息，请查看本书网站的Q1.2部分。如何让更多的用户共享同一频谱？也许可以重复使用频道？这似乎有点儿牵强：如果有两个链接紧挨着彼此，又在使用相同的频道，肯定会产生干扰。但是，如果它们不在彼此旁边呢？如果它们距离足够远，那么可以重复使用同一个频道吗？

答案是肯定的。当信号通过空气（以及通过线缆）传播，其功率电平会**衰减**（attenuate）。这意味着它们会随着距离增加而减小，如图1–5所示。

通常情况下，衰减被看作是一件坏事。它会导致信号减弱，使其难以远距离传送。但这正是我们所需要的：如果你和我相距足够远，我们就都可以打电话，而且也不会导致信号在空中重叠。

衰减的特性使得工程师开始从地理上把移动信号区划分为一个

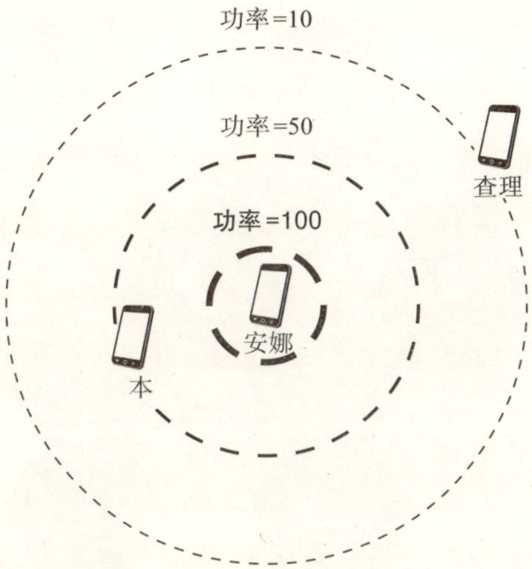

图 1–5

注：当信号通过空气传播，其功率电平会衰减。在安娜的手机周围，她的手机发射功率电平是 100。当信号到达本时，功率电平是 50。到达查理时，是 10

个**蜂窝**（cell），通常表示为“六边形”。这个想法是，任何指定的蜂窝都可以被分配一组不被相邻蜂窝使用的频率。这样，使用同一频道的蜂窝将距离彼此很远，不会产生干扰，使我们能够更有效地使用现有的资源。

你可以在图 1–6 中看到蜂窝网络的示例。在这里，任何具有相同颜色的六边形将被分配相同的频率，因为它们不相邻。假如颜色最深的得到频道 1 至 4，颜色深度居中的得到 5 至 8，颜色最浅的得到 9 至 12。罗布在深色蜂窝里，位于频道 2。在他的蜂窝里的其他人可能处于 1、3 或 4 频道。由于蕾切尔是在另一个深色蜂窝里，因此她也可以被分配到频道 2，因为她距离足够远。本在中间的蜂窝，则不能得到频道 2，因为他太接近深色蜂窝。我们为不同蜂窝指定颜色（频率）时，经常想让使用的颜色数量尽可能小。找到那样的颜色组合实际上是相当困难的，特别是当图中单元格的数目变

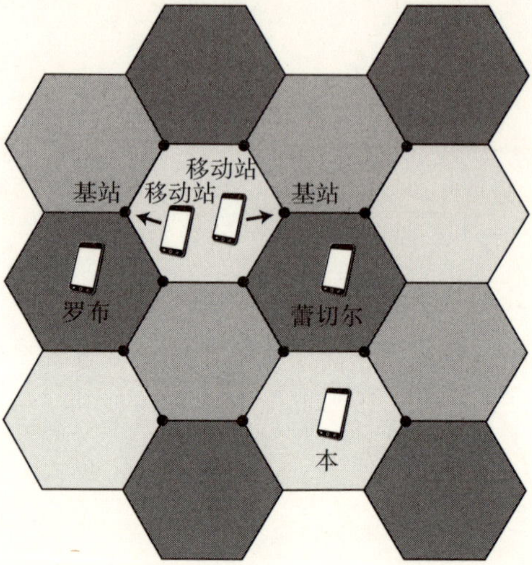

图 1–6

注：这是一张蜂窝网络图。每个单元都是一个六边形，包括多个移动站（MS）和基站（BS）。单元格的颜色深度表示单元格使用的频带。相邻两个单元格没有相同的颜色，因此使用不同的频带以防止干扰

得非常庞大时。

那么每个蜂窝里有什么？有**基站**（base stations），也叫BS，以及**移动站**（mobile stations），也叫MS。每个蜂窝的基站一端连接有线核心网和互联网，另一端连接分配给它的移动站。移动站可以是一部手机、一台平板电脑，或任何可以根据蜂窝标准发送和接收信号的设备。

单元首先在先进的移动电话系统中使用，标志着1G技术在美国的诞生。在这个系统中，移动用户数量猛增。到20世纪90年代，仅在美国就有2 500万名手机用户。这也意味着，由于高使用率和低容量，模拟信号已经无法满足需求。

进入数字时代

随着模拟网络再次变得拥挤，美国和其他各国开始尝试另一种选择：**数字（digital）**系统。模拟信号将被“数字化”，转换成**二进制位**的序列，即 1 和 0（见图 1–7）。

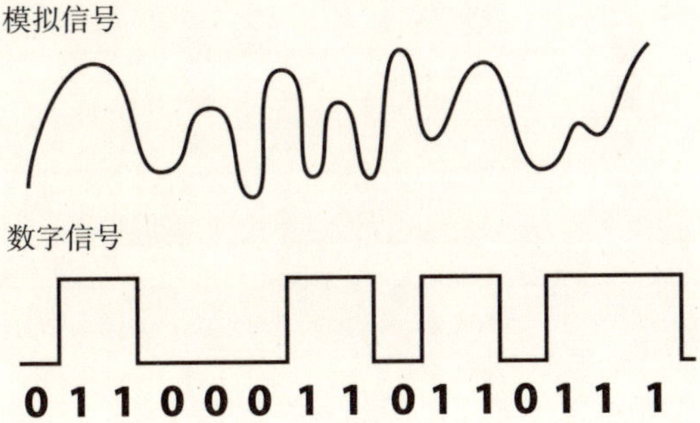

图 1–7

注：模拟信号随着时间不断变化。与之相反，数字信号是一系列的二进制位，即 1 和 0

数字系统在容量上拥有巨大优势，因为它们使用了另外两个我们将讨论的多址联接技术。在 20 世纪 80 年代末之前，建立这些网络所需的小规模电子设备成本还不够低。

按照时间（和频率）进行共享

从模拟到数字蜂窝的转换标志着 1G 技术发展到了 2G。第一套 2G 技术标准是全球移动通信系统，简称 GSM，始于 1982 年。到 1987 年，该系统容量便达到模拟系统的 3 倍。

数字代码使我们能将多个通话压缩到一个频段。所以，即使在一个单元里，我们也可以让很多人共用同一个频道。我们只需要添加另一个维度。最明显的额外维度选择是时间。

换句话说，多个用户可以共享同一个频道，但他们必须轮流使用。按照一套叫作**时分多址**（time division multiple access，**简称 TDMA**）的方案，每人被分配到不同的时段。你可以在图 1–8 中看到TDMA的一个例子。

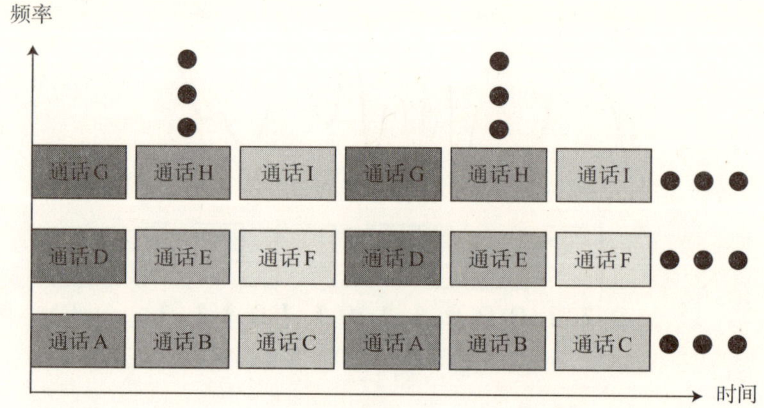

图 1–8

注：利用时分多址，一定数量的通话（图中为3个）可以共享相同的频道。例如，通话A、B和C被分配到相同的频道，但在时间上是分开的

由于欧盟倾向于发展一套共同的标准，GSM在欧洲很多地区被迅速采纳。GSM今天仍然在世界部分地区使用，主要在900MHz和1 800MHz频段运行。这降低了手机成本，标志着手机发展进入新阶段，能提供短信、游戏，以及其他娱乐功能。

按照代码进行共享

在美国，采用2G标准的历程更有趣。在了解对容量的需求增加后，美国蜂窝电信行业协会在1988年发布了一系列性能要求，规定通信行业应致力于达到第一套数字蜂窝标准。其中的主要要求是，容量应达到传统模拟网络的10倍。

这个时候，几乎所有美国的网络运营商和设备制造商都觉得TMDA是最好的办法，但高通（Qualcomm）公司例外。该公司倡导另一项技术——**码分多址（code division multiple access，简称CDMA）**。如图 1–9 所示，在CDMA系统中，用户在“代码”维度上进行区分，在时间和频率上则不加区分。对代码最好的类比可能是语言：就像给每个链接不同的语言，然后让它们进行通话一样。

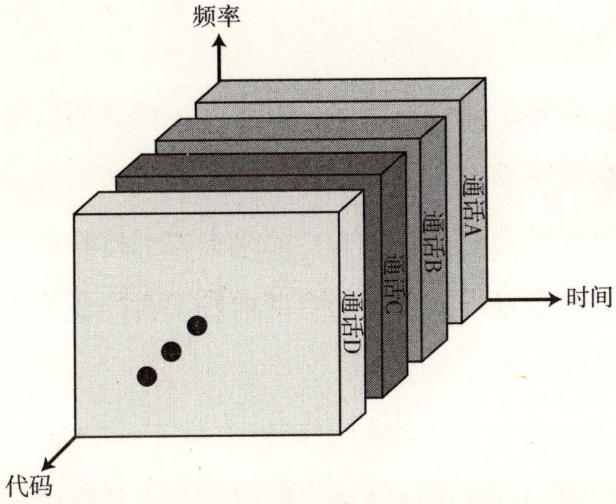

图 1–9

注：通过码分多址，通话按照“代码”维度进行区分。所有通话可以在相同的频率和时间进行，因为网络中的每个传输都会被分配到唯一的代码

每个代码都像一把钥匙。发送方锁定消息，将其发送出去，并且只给接收方发送密钥。设计这些代码的困难在于，应该只有一把钥匙能够“解锁”任何指定信号。如果另一个接收方试图用自己的钥匙解密该消息，则应该显示为噪声。每一个代码会“取消”另一个，具有此属性的代码集合被称为一个**正交码（orthogonal codes）**族。关于CDMA的更多信息，请参考本书网站的Q1.3 部分。

一开始有人预测，CDMA能提供的容量可以比传统模拟网络大 40 倍以上。尽管如此，当时大多数工程师、制造商以及运营商都抵制CDMA。原因之一是，当时尚未有CDMA蜂窝网络原型，对其进行演示。

1989年，蜂窝电信行业协会投票通过，将TDMA作为美国第一个2G数字标准。未来4年中，需要更多的概念证明，CDMA才会得到批准。

鸡尾酒会的比喻

这里有一个易于理解的比喻，能阐明一些我们已经介绍过的技术。假设一场鸡尾酒会在一座有许多房间的大厦举行，其中有许多谈话发生。假如聚会上有很多人，如果大家都挤在同一个房间，同时说话，我们将很难听清自己的对话内容。我们让主人来确定应对这一局面的最好方式。

主人首先决定，每个房间里可以有两个人谈话。每对谈话者待在自己的房间，直到谈话结束，所以每个人都能以合适的音量说话，因为声音传到其他房间时会减弱。但如果我们把房间看成单元，这就好比每个单元每次只允许有一个连接。考虑到客人数量很可能比房间数多，这种安排将无法令许多没有分配到房间的谈话者满意。

为了处理这个容量问题，主人决定允许许多谈话者共用一个房间（即每单元多人），让每对谈话者在不同的时间交谈。因此，在任何指定房间里，第一对谈话者可能有30秒交谈，此时其他人保持沉默，然后是下一组，以此类推。同样，每个人都可以尽情地大声说话，因为声音不会盖住别人的谈话。这是TDMA的一个例子，在每个房间里，每段谈话都被分配到一个单独的时段。

如果不是分配时段，假设主人让每个房间里的每对谈话者使用一门单独的语言。那么，大家都可以同时说话，因为每对谈话者只能听到一门特定的语言。这是 CDMA 系统的一个例子，每种语言代表一个不同的代码（见图 1–10）。但是人类语言并不是完美的代码。此外，音量控制是一个问题，因为在房间里的每个人都可以听到其他所有谈话，无论是用什么语言。我们需要一些协调，使个人根据彼此之间的距离，调整自己的音量。

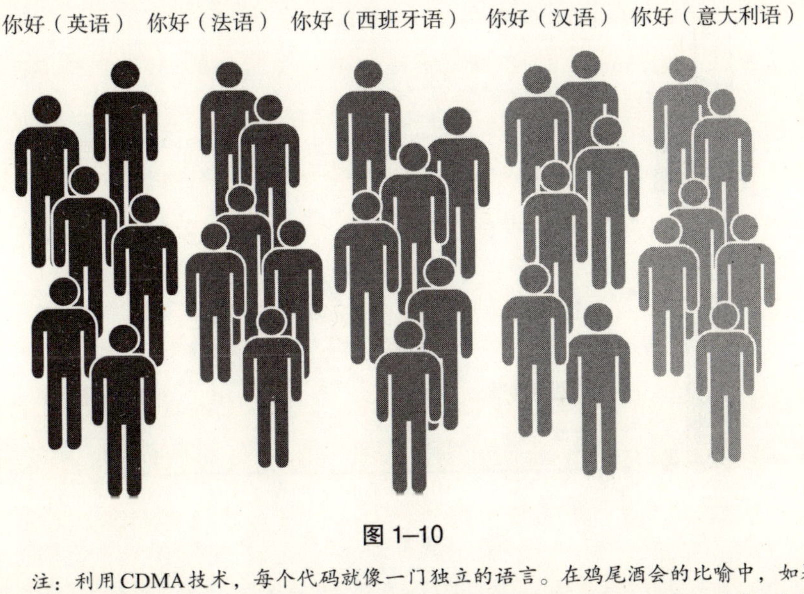

图 1–10

注：利用 CDMA 技术，每个代码就像一门独立的语言。在鸡尾酒会的比喻中，如果人们使用不同语言说话，多个谈话就可以在一个房间内进行。然后，问题就变成如何控制音量

控制功率电平

CDMA 也有自己的问题。我们现在将探讨它的倡导者在 20 世纪 90 年代初必须克服的一些主要问题。

远近问题

不同信号在同一时间传输，必然会产生**干扰**（interference）。当你考虑到和基站的距离时，问题会变得更复杂。一个离基站一英里远的人打电话，怎么能不被一个距离只有几米远的人干扰？这个人所在的位置不仅信号更弱，而且也可能有更多的物体（如树木）阻碍信号的路径。这就导致了不同水平的**信道质量**（channel quality），如图 1–11 所示。

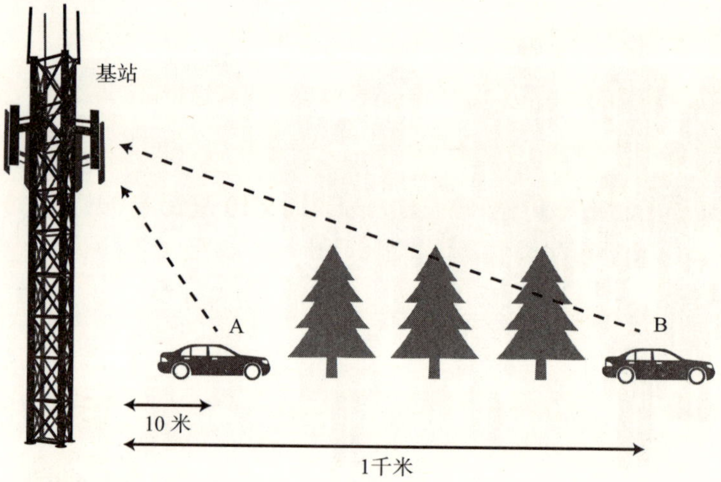

图 1–11

注：发射器离接收器越远，信号越弱，阻挡传输通道的物体也可能越多。在图中，A离发射塔距离近且没有被阻挡，而B离发射塔距离远且受到物体阻挡（例如树木）

我们在这里所描述的问题称为**远近问题**（near-far problem）。要处理该问题，我们的手机需要某种机制，以便它可以调整传输能力，以弥补信道质量的差异，使我们能够有效地共享空间。

为了缓解该问题，最初提出的解决方案是**传输功率控制**（transmission power control，**简称TPC**）算法。该算法试图平衡接收到的信号功率。基站会测量从每个发射器接收的数据，将其与所需功率进行比较，并向每台设备发送反馈消息，使其进行相应的调整。

如何在接收器测量功率？功率的标准单位是**瓦特（W）**，表示每秒发射的能量数。所以，5 W 意味着每秒钟传输的能量为 5 个单位。在本章中，我们通常讨论的功率等级是一瓦特的若干部分，为毫瓦（mW），即千分之一瓦特，或微瓦（μW），即百万分之一瓦特。

回到TPC算法。假设塔上所需的功率电平为 10 毫瓦。如图 1–12 所示，手机A和手机B开始以此功率发送信号，基站接收到的功率分别为 5 毫瓦和 1 毫瓦。信道衰减导致A的功率减半，B的功率减少到 1/10。为了扭转这一局面，TPC要求发射器分别以目前传输功率的 2 倍和 10 倍传输信号。这意味着，A应该以 2×10 毫瓦=20 毫瓦的功率传输，而B应该以 10×10 毫瓦=100 毫瓦的功率传输。

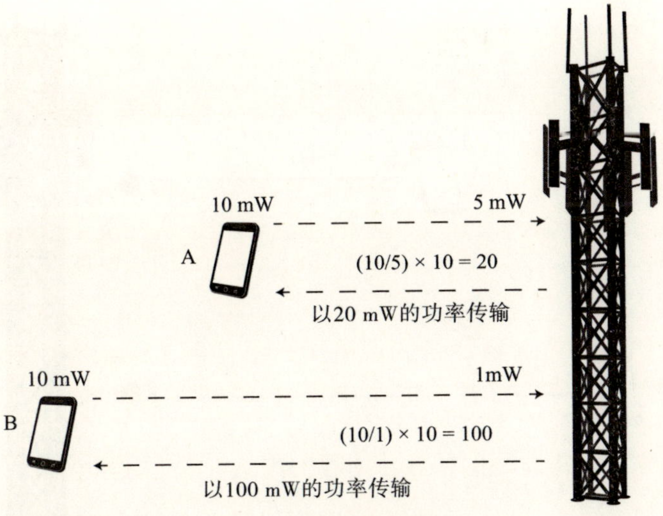

图 1–12　传输功率控制算法示例

一般来说，TPC算法基于以下方程：

下次功率=“系数”×当前功率

其中“系数”等于所需功率（示例中为 10 毫瓦）除以所接收功率（5 毫瓦和 1 毫瓦）。

质量不只是功率

有了TPC，就可以通过增加相应传输，来平衡接收信号功率。这是否足以保证“良好的接收”呢？不一定。接收到的信号也会受到来自其他手机的干扰。你可以在图 1–13 中看到演示。即使连接A的发射功率很高，如果来自其他发射器（链接B）的干扰也很高，那么A接收到的信号质量仍然可能低。这是我们第一次看到网络的影响，在这种情况下，受到影响的是使用相同通信介质的多个用户。

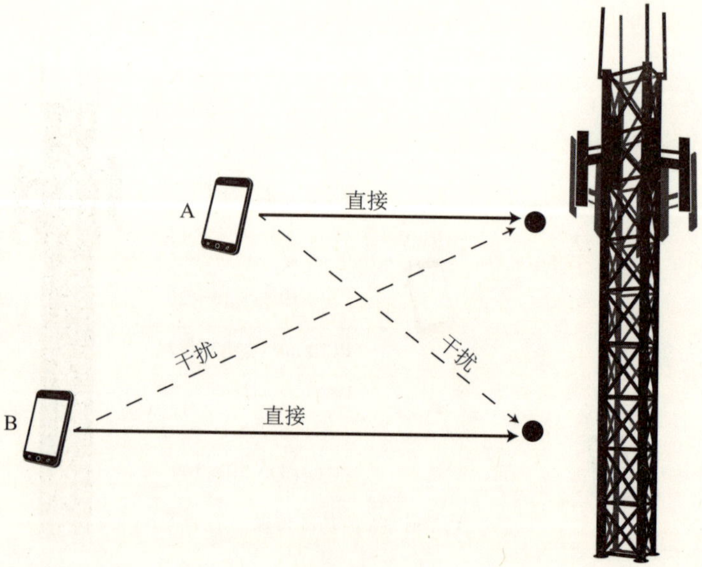

图 1–13

注：理想情况下，只有同一个发射器发出的信号才会进入其接收器。但事实并非如此：图中，一些A的传输信号将被一同带入B的接收器，反之亦然

对于移动通信，我们需要平衡的通常是质量，而不是功率。那么，如何确定接收到的信号质量呢？我们可以结合三个因素来考虑：

1.从目标发射器接收到的信号功率。这是接收器试图接收的发射器。

2.从非目标（即干扰）发射器接收的信号功率。这些是接收器希望躲避的发射器。

3.接收器噪声，这是所有接收器固有的问题。

衡量质量可以用积极因素（第1点）除以消极因素（第2、3点）。这被称为**信号干扰比**（signal-to-interference ratio，**简称**SIR）。

避免“军备竞赛”

相比于实现目标功率，实现目标信号干扰比更复杂，因为我们不能仅靠增加发射功率来同时达到所需的信号干扰比。增加A的传输功率会增加A的信号干扰比，但也会导致其他连接的信号干扰比减少。这样我们就必须增加其他发射器的功率，以提高它们的信号干扰比，不过这将影响到其他所有人，迫使他们增加发射功率。以此类推，其结果必然是一场“军备竞赛”，最终，以最高功率传输的一方将获胜。但这不是一种非常有效的分享方式。

如果每台移动设备都确定一个理想的信号干扰比，是否有可能找到一组传输功率，能同时达到所有的目标？答案是肯定的，只要理想的信号干扰比是**可行的**（feasible），或彼此兼容的。换句话说，不能所有人都希望实现高得不切实际的信号干扰比。

该解决方案被称为**分布式功率控制**（distributed power control），简称DPC。它的工作原理是：

1. 每台设备最初具有一定的初始传输功率。

2. 接收器测量每台发射器的信号干扰比。

3. 基于目标和测量信号干扰比的比值，每台发射器调整其功率电平。

4. 根据需要重复步骤 2 和 3。

不同于之前讨论的、单一步骤的远近传输功率控制算法，分布式功率控制是一种**迭代**（iterative）算法，它是不断反复的。鉴于目标信号干扰比是可行的，事实证明，分布式功率控制算法会**收敛**（converge），这意味着，信号干扰比对应的功率电平将停止更新。事实上，这些收敛的功率电平也将是**最佳**（optimal）的，因为它们将使用最少的能量。

分布式功率控制工作原理

如图 1–14 所示，假设在一个单元里有三台移动站：A、B 和 C。图中实线表示每对发射器和接收器上行连接的直接**信道增益**（channel gains）。信道增益衡量功率**放大**（amplified）多少，或者出于实际目的，表示从信号源到目的地功率增强了多少（由于它们是分数，因此所谓增强其实是衰减）。直接信道增益应该尽可能高，因为它代表了预期的通话。与此相反，虚线代表干扰信道增益，也就是由于某些因素，非预期信号将耦合到各个接收器。你可以在表 1–1 和表 1–2 中看到信道增益、目标信号干扰比和接收器噪声示例（图中数字是为了进行说明，并不代表通常在蜂窝网络中观察到的实际数字）。

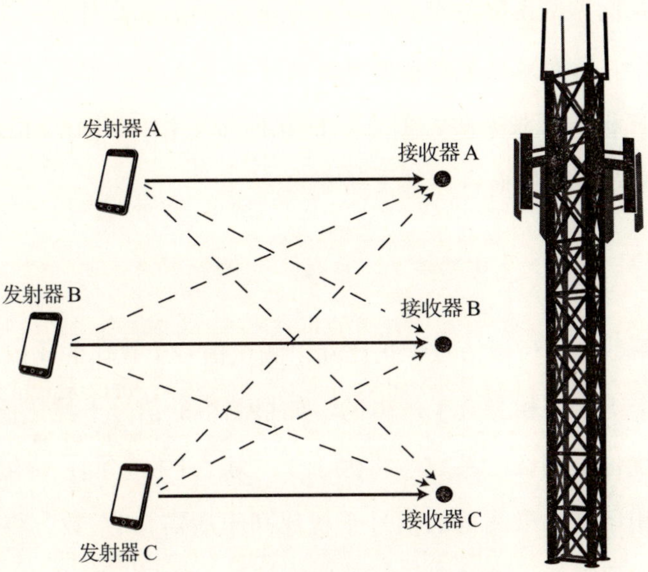

图 1–14　三台移动站与基站之间的信道

注：实线表示直接信道增益，而虚线表示干扰信道增益

表 1–1　分布式功率控制示例的信道增益

发射器	接收器		
	A	B	C
A	0.9	0.1	0.2
B	0.1	0.8	0.2
C	0.2	0.1	0.9

表 1–2　分布式功率控制示例的所需信号干扰比和噪声参数

链接	目标信号干扰比	噪声（毫瓦）
A	1.8	0.1
B	2.0	0.2
C	2.2	0.3

让我们举例说明分布式功率控制算法的前几步计算。为了更新发送功率，分布式功率控制算法采用了一个类似于之前传输功率控制算法方程的直观方程，但它只涉及信号干扰比而不是信道质量。对于每一台发射器而言，其更新率为：

下次功率＝“系数”×当前功率

其中“系数”为目标信号干扰比除以测量信号干扰比的比值。

这个更新是相当合乎逻辑的。如果测得的信号干扰比低于所需信号干扰比，那么“系数”将大于1。为了平衡它们，传输功率将增加。相反，如果测得的信号干扰比高于所需，“系数”将低于1，传输功率将降低。发射器便可以使用更少的能量，同时此举将有助于改善其他发射器的信号干扰比。最后，如果测得的信号干扰比和所需的一样，“系数”将是1，发送功率将保持不变。如果目标已经实现，则没有必要做出改变。

为什么这样的更新是有必要的？在一个单元中，每台设备对其他设备施加**负外部性**（negative externality），对其进行干扰。换句话说，在实现自身目标的同时，每台设备还会对网络的其余部分造成一些“损害”。此更新对设备保持控制：每当信号干扰比高于所需水平，功率电平便会下降；当信号干扰比太低时，功率电平便会提高。

基站和设备之间进行“信息传递”，以纠正这种偏差的过程，是一个**负反馈**（negative feedback）的例子（见图1–15）。它迫使发射器内化其负外部性（即为其造成的干扰付出代价），按照规则弥补对系统造成的附加干扰。

我们在本书中讨论不同网络时，负反馈和负外部性的概念会反复出现。更普遍的是，负反馈是一种在系统中保持**平衡**（equilibrium）

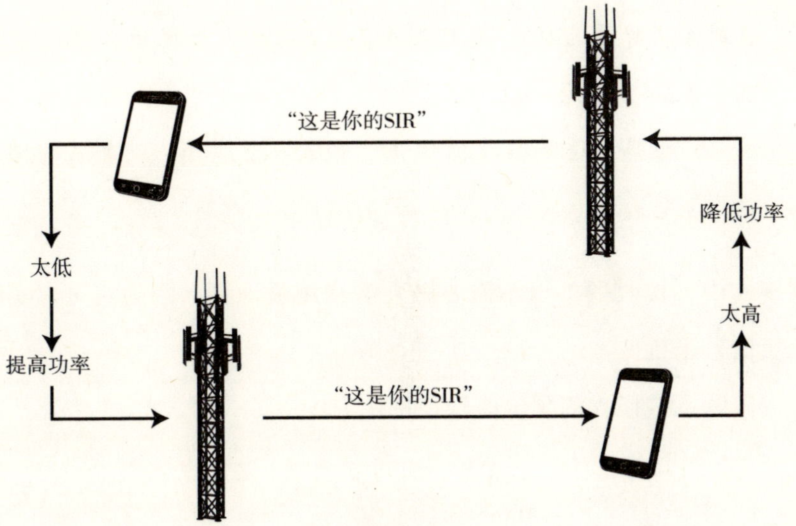

图 1–15

注：信号塔告诉每台设备其当前接收到的信号干扰比，它将充当负反馈信号。利用该信号，每台设备可以独立更新其传输功率

的方式，它会对输出过程中的波动进行检查和平衡。使系统偏离平衡的正反馈也会在后面提到。

回到我们的例子。在分布式功率控制方程所需的所有数量中，我们知道所需的信号干扰比值（表 1–2），当前的发射功率可以设为 2 毫瓦，那就只剩下测量信号干扰比了。对于每个链接，我们可以这样计算：

$$测量信号干扰比 = \frac{信号}{干扰+噪声}$$

我们如何得到"信号"、"干扰"和"噪声"的数值？从链接 A 开始：

- 信号：从发射器 A 到接收器 A 的直接增益，乘以发射功率。在表 1–1 中，它是 0.9×2 毫瓦 = 1.8 毫瓦。
- 干扰：从其他发射器到接收器 A 的间接增益的总和，乘以它们的传输功率。在表 1–1 中，我们看第一列：从

B到A，增益为0.1，从C到A是0.2。因此干扰值为 0.1×2 毫瓦 $+ 0.2 \times 2$ 毫瓦 $= 0.6$ 毫瓦。

- 噪声：这是接收器噪声，如表1–2所示，链接A的噪声为0.1毫瓦。

在现实中，接收器甚至不需要做乘法和加法计算，因为它可以实际测量信号干扰比。

因此，链接A的测量信号干扰比为：

$$\frac{1.8}{0.6+0.1} = \frac{1.8}{0.7} = 2.57$$

链接B怎么样呢？从发射器B到接收器B，直接增益为0.8毫瓦，所以信号功率为 0.8×2 毫瓦=1.6毫瓦。间接增益来自发射器A和C：从A到B，增益为0.1，从C到B也是0.1。这意味着干扰功率为 0.1×2 毫瓦 $+0.1 \times 2$ 毫瓦 $= 0.4$ 毫瓦。最后，链接B的接收器噪声为0.2毫瓦。因此，链接B的测量信号干扰比是 $1.6 / 0.6 = 2.67$。

使用相同步骤，可以得出链接C的信号干扰比为：

$$\frac{0.9 \times 2}{0.2 \times 2 + 0.2 \times 2 + 0.3} = \frac{1.8}{1.1} = 1.64$$

让我们把这些值和所需信号干扰比进行比较。对于链接A，所需的值为1.8，所以测量信号干扰比偏高，高出 $2.57–1.8 = 0.77$。同样，链接B的测量信号干扰比偏高，高出 $2.67–2.0 = 0.67$，而链接C的测量信号干扰比偏低，低了 $2.2–1.64 = 0.56$。

我们现在可以使用DPC方程计算新的功率电平。系数是多少？我们用每个链接的目标信号干扰比除以测量信号干扰比：$1.8 / 2.57 = 0.70$，$2.0 / 2.67 = 0.75$，以及 $2.2 / 1.64 = 1.34$。正如预期的那样，链接A和B的比值小于1（测量值太高），链接C的大于1（测量值太低）。有了这些值，A、B和C的下一个功率电平分别为：

$$0.70 \times 2\ \text{毫瓦} = 1.40\ \text{毫瓦}$$

$$0.75 \times 2\ \text{毫瓦} = 1.50\ \text{毫瓦}$$

$$1.34 \times 2\ \text{毫瓦} = 2.68\ \text{毫瓦}$$

负反馈导致A和B的功率电平降低，C的增加，正如我们预期的那样。

下一步是什么？用本书的方程来计算这些新功率电平的信号干扰比。之后呢？基于更新方程，调整功率电平。后面步骤的计算以同样的方式进行。如果你想看到更多计算过程，请参考本书网站Q1.4部分。

DPC算法的30次迭代的传输功率和信号干扰比水平都标注在图1–16中。大约10次迭代后，我们不再能看到两者数量有明显的变化，这表明DPC算法已收敛到平衡。测量信号干扰比已经达到目标值1.8、2.0和2.2，功率电平分别为1.26、1.31和1.99毫瓦。

为什么链接C的功率电平比其他两者高得多？它具有所有接收器中最高的噪声成分（0.3毫瓦），从其他链接获得的最高干扰增益（两者均为0.2），以及所有链接中最高的目标信号干扰比值（2.2）。它需要更高的传输功率来克服这些缺点。

为什么算法会收敛？由于测量信号干扰比和目标信号干扰比相等，更新方程中的“系数”将成为1，所以功率不会再改变。负反馈使网络取得平衡，使设备进行有效共享。它将保持这种状态，直到网络改变，比如当设备的干扰条件改变，一台新设备进入单元，或现有设备离开单元。

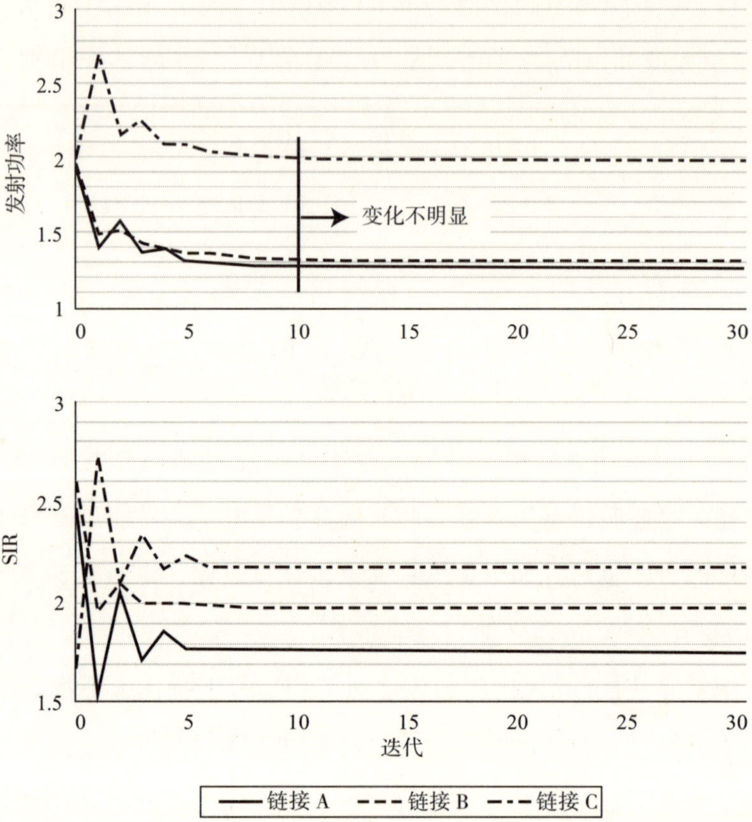

图 1–16

注：图为算法 30 次迭代的发射功率（上图）和信号干扰比（SIR）水平（下图）

在一个真正的单元里，可能有上百台电话，随着通话开始和结束，以及人们从一个位置移动到另一个位置，可以想象从链接到链接的信道条件和信号干扰比值会迅速改变。其结果是，需要实现高达每秒 1 500 次的功率控制。DPC算法的一个好处是，每台设备不需要了解其他链接如何运行。要计算下一个功率电平，所需要的只是它的当前传输功率、目标信号干扰比和当前测量信号干扰比。这些都是其自身的参数，并且它会独立做出目前的决定（例如，设备不需要知道任何其他链接的信号干扰比）。这允许每台设备在内部执行计算，而不需要与其他设备共享信息。换句话说，DPC 是一个完全**分布式**（distributed）的算法（见图 1–17），而不是我们后面会见到的更为**集中式**（centralized）的算法（如第 5 章谷歌的网页级别）。

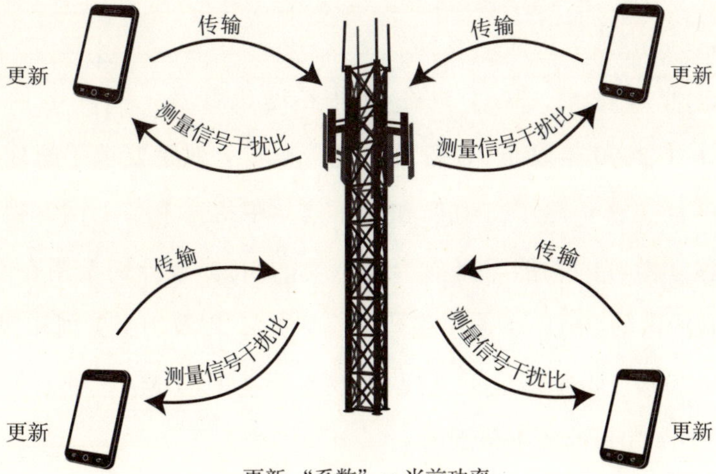

图 1–17

注：分布式功率控制是一种完全分布式算法

CDMA 标准

提出 DPC 算法，是为了处理 CDMA 干扰问题。即使有了这样的发展，也是在现实的网络条件下，经过数次全美范围的大规模试验演示后，它才得到了各大网络运营商的支持。

最终，CDMA 于 1993 年被批准为 IS–95 标准下的 2G 蜂窝标准，其品牌为 cdmaOne。三年后，CDMA 在美国的第一次大规模的商业部署由 Sprint PCS 完成。虽然 IS–95 已经基本升级为 3G 标准，但该标准及其直接修改版本仍然只在世界部分地区使用。

向上升，向前进：3G、4G及其他

几十年来，移动入网数量剧增。仅美国，移动入网数量就从1985年的大约340 000增长到2015年的327 000 000，30年中增长了近1 000倍。自2011年以来，美国的移动电话渗透率已经超过了100%。

进入21世纪，3G手机在全世界迅速普及。国际电信联盟（ITU）于2000年发布3G技术规范，本质上就是要求手机像掌上电脑一样工作：除了打电话和发短信，手机还具备上网、视频通话、移动电视的功能。目前两大主要的3G标准分别是用在欧洲、日本和中国的UMTS（通用移动通信系统），以及用于美国和韩国的CDMA2000（码分多址）。这两种技术都基于CDMA，通常被部署在1.9~2.1 GHz的频率范围内。

截至2015年年初，世界上大约70%的人口被至少一个3G网络覆盖。这一数字在2012年年初是50%。据预测，到2020年，世界上超过4/5（即80%以上）的人口将可以使用3G网络，这将使其几乎无处不在。有关智能手机如何出现的信息，请参考本书网站Q1.5部分。

自从1G网络在20世纪80年代实现商业化以来，大约每10年就有新一代的蜂窝网络出现。按照这一速度，4G网络性能要求在2008年被提出，与之前的3G规范相比，它提出更高的速度和能力要求。此后出现的主要标准是长期演进（long-term evolution），简称LTE。LTE没有使用CDMA技术，而是基于**正交频分复用**（orthogonal frequency division multiplexing）技术，简称OFDM。

在美国，第一台LTE智能手机出现在2011年年底。2015年年初，世界上大约 25% 的地区覆盖了 4G 网络，并且预计到 2020 年，4G 网络覆盖率将增加到 60% 以上。2017 年，4G 相对于 3G 的性能改进有望吸引 10 亿用户。虽然截至 2016 年，4G 网络覆盖范围小于 3G 网络，但它正以更快的步伐部署着。

蜂窝网络的发展历程，完美诠释了多年来网络如何尽力满足消费者对性能的需求这一问题。不同的共享方法，无论是频率、时间还是基于代码的无线网，都被开发出来以实现这个目标。虽然我们并不知道这其中涉及的过程，但对于蜂窝网络的运行而言，实时更新和管理我们通话的功率是必不可少的。找到正确的共享方法很困难，但也非常重要。

分布式功率控制说明了几个在网络发展和本书中经常出现的主题：负反馈、系统平衡，以及分布式协调。它也说明了我们将反复看到的以下主要观点：允许每个用户出于自身利益做出独立的决定，可以在所有用户间累积到一种公平而有效的状态。

在下一章，我们将转向 Wi–Fi，这是另一种类型的无线网络。随之而来的是和蜂窝不同的共享模式：不同于运用严格的功率控制算法，Wi–Fi 依靠随机访问管理在同一地点的用户之间的干扰。

第 2 章
“随意地”访问网络

到 20 世纪 90 年代中期，第二代蜂窝网络已经在全世界普及。两种相互竞争的技术——TDMA 和 CDMA，都急需网络容量有所改进。

大约在这个时候，工程师们开始思考，是否能找到一个完全不同的方法来共享空间。他们在这个方向上的努力带来了 Wi–Fi 技术的发明。

交通信号灯与停车标志

首先，让我们做一个关于汽车交通的简单比喻，说明共享 Wi–Fi 如何不同于共享蜂窝网络。

假设你正在开车，开到一个十字路口，如图 2–1 所示。如果十字路口由交通信号灯控制，那么当绿灯亮起时，十字路口则专门对你所在的一侧开放。这类似于将时间、频率或代码分配给通话者，

图 2–1

注：蜂窝和 Wi–Fi 共享资源的主要区别类似交通信号灯和停车标志之间的差异。当流量很小时，停车标志（Wi–Fi）更有效，但当汽车数量（设备）增加时，它们是不可扩展的。在这些情况下，我们倾向于使用交通信号灯（蜂窝），每次只向一侧开放路口（资源），以调节交通流量

向其开放在蜂窝网络中的通话时间。

只要马路另一侧有车辆，红灯就有意义。但要是你被挡在红灯前，另一侧却没有来往车辆呢？这似乎相当浪费（而且十分令人沮丧）。你为什么不能开车通过呢？在这种情况下，停车标志会是一种调节交通的更有效的方式。当我们接近停车标志时，停下来看看两侧，如果没有人就继续前行。我们只需要一种协调方式（停下来看看），来尽量减少发生意外的概率。

有了停车标志后，就不会再让某些车辆享用专用路口，而是只要大家遵循随机访问的规则，就可以共享路口。当交通流量小而可变时，这种方法更加有效。停车标志类似于 Wi–Fi 的工作方式：没有专门的资源，而是让设备在传输前先“听”（即“两边看”），以防止它与其他设备发生碰撞。

但随着交通量的增加，停车标志就成为问题。当连接线路建立起来时，车辆依次“停”和“走”的性质会导致非常长的等待时间，特别是当另一侧没有停车标志时。在这种情况下，交通信号灯的专用性质可能成为首选。正如我们将看到的，Wi-Fi也有类似的问题：随着设备数量增加，其性能会大幅下降。

Wi-Fi的产生和演化

如果我们可以建立小型站点，为旁边移动不快的人提供无线互联网连接呢？这种观点构成了Wi-Fi的基础，如图 2-2 所示。它利用了随机访问提供的优势。

图 2-2

注：Wi-Fi 为接近接入点的设备（如笔记本电脑、手机和平板电脑）提供无线连接

1985 年，美国联邦通信委员会向公众开放了一些频段。不同于通信公司必须购买昂贵的许可证来经营的蜂窝频段，任何人都可以使用这些频段（只要他们遵循某些规则）。这些频段频率约为 2.4GHz 和 5.8 GHz，被称为工业、科学和医疗频段（简称ISM）。工

程师们抓住机会，使用ISM频段发展通信以及后来的Wi–Fi。他们也将其用于其他目的。事实上，如今最常见的ISM设备是微波炉，因为这些频率刚好能很好地激发水分子。

由于美国电气及电子工程师学会（IEEE）想以其标准的方案来命名，所以Wi–Fi的官方名称被定为**IEEE 802.11**。“802”针对局域网，表示它是短距离的，“.11”表示无线局域网。更为吸引人的名字Wi–Fi，是“无线保真”（wireless fidelity）的简称，它从被发明后一直沿用至今。

由于不同机构都在发展Wi–Fi技术，在声称使用Wi–Fi的产品之间，需要一个方法来确保其互操作性。出于这一目的，Wi–Fi联盟于1999 年成立，在符合IEEE 802.11 标准的设备上张贴Wi–Fi标识。

一碗字母汤

像蜂窝技术一样，Wi–Fi在短时间内得到显著改进。各种升级大大提升了用户的连接速度。如何测量速度？以每秒的**比特数（bps）**为单位。今天，无线上网速度一般计为数百万bps，即**Mbps**。

第一套Wi–Fi标准于1997 年颁布，提供2 Mbps的速度，在2.4 GHz的频率范围运行。使命名规则更加混乱的是，每次Wi–Fi标准升级都在802.11 后增加一个字母，但并未按时间顺序进行：

- 1999 年，802.11b标准颁布，使用2.4 GHz频段，最高传输速度为11 Mbps。同年，802.11a标准颁布，可以在5 GHz频段中达到54 Mbps的传输速度。
- 2003 年，802.11g标准将2.4 GHz频段的最高速度提高到54 Mbps。

- 2009 年，802.11n 标准将最高传输速度提高到超过 100 Mbps，可以在 2.4 GHz 和 5 GHz 频段运行。
- 最近，802.11ac 标准于 2013 年发布，预计能在 5 GHz 频段达到超过 1 Gbps（1 000 Mbps）的峰值速度。

你可以在表 2–1 中看到此进展的概要。不过，最大额定速度只能在理论上达到。在现实条件下，能超过宣传中的理想速度的一小部分就很幸运了。

表 2–1　随着时间推移，Wi–Fi 标准的发展及其部分特征

标准	年份	频率（GHz）	最高额定速度（Mbps）
-	1997	2.4	2
b	1999	2.4	11
a	1999	5	54
g	2003	2.4	54
n	2009	2.4 & 5	450
ac	2013	2.4 & 5	1 300

注：表中还有其他的变化版本没有列出

随着传输速度提高，人们对 Wi–Fi 服务的需求持续增加。截至 2011 年，全世界已经有超过 10 亿台无线设备被使用，并且每年会增加数亿台。到 2014 年，这个数字已经达到 40 亿，预计到 2016 年年底，它将达到 70 亿。

Wi–Fi 如何部署

如前所述，Wi–Fi“共享空间”的方法和蜂窝技术的完全不同，但实际上它们的部署方式非常相似。

- Wi–Fi 网络中的用户位于一个**基本服务集**（basic service set），简称 BSS（或**扩展服务集** extended service set），而不是单元内。
- 在每个服务集中，用户直接通过**接入点**（access point，**简称 AP**）通信，而不是基站。

你可以在图 2–3 中看到 Wi–Fi 的网络布局。当设备搜索 Wi–Fi 连接时，它会发送消息，发现传输范围内的接入点。之后，你可以在屏幕上看到供选择的网络名称列表。每一个容易识别的名称都代表一个服务集，通常被称为**服务集标识符**（service set identifiers），简称 SSID。也许你曾经一次次失望地看到，一个具有良好信号强度的 SSID 旁有一把锁：如果网络受到密码保护，你必须使用密码验证身份，设备才可以访问接入点。

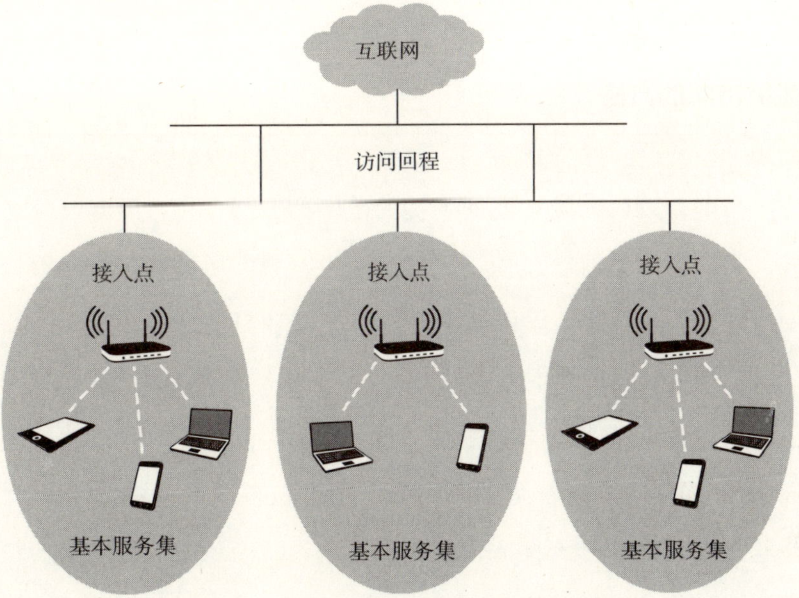

图 2–3 一个典型的无线网络部署示意图

每个接入点通常会连接到**回程（backhaul）**。回程是有线网部署，通常为**以太网（Ethernet）**，这是另一个（也老得多的）IEEE 802“家族成员”。由此，以太网连接到接入网络，并最终提供 Wi–Fi 部署与互联网其余部分之间的连接。

为了通过 Wi–Fi 网络发送和接收，设备需要做到以下几点。它需要选择在其范围内的接入点，并选择使用正确的频道。当设备连接时，也需要在设置其传输速度时监听接入点，正因如此，传输速度可能根据信道条件产生很大变化。

如果你对这些过程的更多信息感兴趣，请参考本书网站的 Q2.1~Q2.3 部分。在那里，你也可以找到 Wi–Fi 网络部署的更多细节（Q2.4~Q2.6）。在本章的其余部分，我们将讨论在设备做到其他事情后要完成的剩余任务之一：管理干扰。这是共享的一个重要部分，Wi–Fi 的方法和蜂窝技术完全不同。

随机访问的方法

当两台发射器处于彼此干扰的范围内，又在相近的时间发送信号，它们的信号就会碰撞。更确切地说，我们所说的是**帧碰撞**，其中一帧是一个数字数据传输（更多信息见第 11 章）。

帧碰撞有三种可能的结果。第一种是最坏的情况：两者都丢失。这意味着每个帧的接收器不能正确地解码。第二种是**捕捉（capture）**，这意味着两者中更强的那个被接收（见图 2–4）。“强”在这里指的是信号干扰比，是我们在第 1 章谈到的信号质量衡量标准。第三种是**双重捕获（double capture）**，这是最好的情况：两者都被恰当地接收。

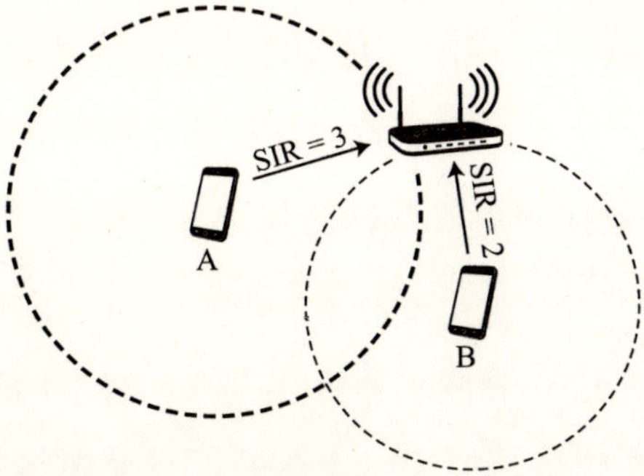

图 2–4

注：当两个Wi–Fi移动站彼此接近，并大约在同一时间发送一个帧时，帧将会碰撞。由于A比B具有较高的信号干扰比，A仍然有更大的机会被接收

那么，哪一个结果会占上风呢？这在很大程度上取决于几个因素。我们采取保守的方法，假设最坏的情况：每次发生碰撞，这两帧总是会丢失。

我们在第 1 章中看到 3G 蜂窝如何管理干扰：给每个信号不同的代码，并使用功率控制调整其强度。也许我们也可以在这里使用这种方法？不完全如此。Wi–Fi 具有一些性质，它们使功率控制无法成为一种有效的解决方案。

首先，Wi–Fi 频段没有经过许可：由于 Wi–Fi 频谱可供任何人免费使用，因此有更多的干扰会超出我们的控制。另外，其单元规模小得多：在干扰条件下，将另一个人添加进服务集会造成很大影响，因为一开始只有少数几个人。此外，它的最大传输功率较小：由于 ISM 频段没有经过许可，我们不能把功率调得太高。

如果不能使用功率控制，那么我们如何处理干扰呢？ Wi–Fi 采用了一种完全不同的方法：一开始就试图避免碰撞发生。

协调是关键

想想 TDMA（第 1 章），其中每个链接都有自己的传输时段。

如果有三台发射器A、B和C，传输顺序大概会是A、B、C、A、B、C等。我们保证每个用户每轮都有使用传输媒介的时段。在车辆交通的比喻中，这就像交通信号灯控制的十字路口，一次只允许一方车辆通过。

对于Wi–Fi来说，时间也是相关维度。不同于分配专门时段，Wi–Fi允许设备在需要的时候发送信号，只要频道对其来说是空闲的。换句话说，它要求设备一直了解其他设备的状态，以防止碰撞。这就像司机来到停车标志前：他必须向两侧看看，确保没有人来，然后才能继续行驶。

这两种技术都是**媒体访问控制**（medium access control）的方法。TDMA是一种专线访问形式，而Wi–Fi则由**随机访问**（random access）控制。

我们可以再回想一下鸡尾酒会的比喻（见图2–5），那里客人的声音在空中此起彼伏。当干扰声很强时，你无法理解朋友想说什

图2–5 重回鸡尾酒会的比喻

么。TDMA就像给客人分配不同时间，安排他们在不同的时段说话。随机访问在时间上将客人分开，但不给他们分配时段，而是在某个时间，只要没有别人说话，就允许某位客人说话。

使用随机访问时，每台设备都需要遵守一定的程序，决定何时发送及传输时间的长度。时段由所有设备共享，因为它们可以在需要时尝试使用传输媒介，只要其目前没有被其他设备占用。换句话说，Wi–Fi协议要求每台设备遵循某种“礼貌程序”。该程序的名称是**载波侦听多址访问（carrier sensing multiple access）**，简称CSMA，因为每台设备都试图“侦听”在频道中的其他设备的存在。

像第 1 章中的DPC那样，CSMA是一个完全分布式的程序。每台设备都使用其通过自己对频道的观察所收集的信息在本地执行，它不需要某个中央协调器来协助决策，这是另一个分布式协调成为网络连接关键主题的例子。

当设备数量较少时，Wi–Fi可以达到可观的比特率。然而，随着越来越多的设备开始争夺相同的接入点，速度将大幅下降。在探讨CSMA之前，让我们思考一个简单的随机访问协议，以便更加容易地量化性能如何随着设备增加而降低。

阿罗哈（来自夏威夷）

如图 2–6 所示，有A、B和C三台发射器，以及D和E两个接入点。A和B要发送到D，C要发送到E，并且它们都在彼此的干扰范围内。

在一个时段的开始，每台设备都面临以下问题：我应该发送一个帧吗？这个“决策”过程的部分可能结果如图 2–7 所示。如果

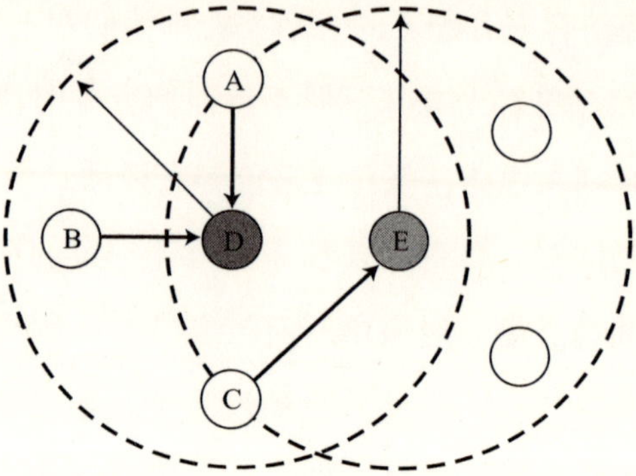

图 2–6　Wi–Fi 拓扑示例

注：两个访问点D和E的范围由虚线表示

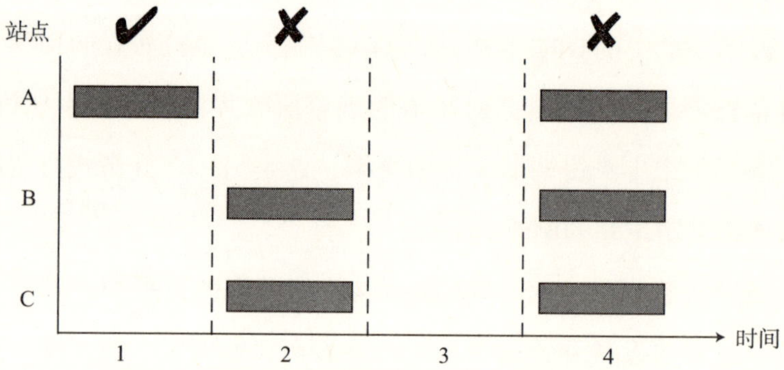

图 2–7　图 2–6 中站点 A~C 在四个传输时段的示例

注：第三个时段是"浪费的机会"，因为在此期间没有设备传输

所有的 Wi–Fi **站点**（station）总是给出肯定回答，那冲突会一直存在。这显然是一个不理想的情况。站点有时必须避免发送，以便让其他设备的数据通过。反过来，它应该期待其他设备会中断发送，以便它可以尽快传输数据。

我们可以通过许多不同的因素来确定一个站点是否传输（例如，其最近是否发生了数据碰撞）。如果我们干脆在每个时段给它分配一个固定的概率呢？如果概率是 50%，那么站点将在一半时间发送，另一半时间暂停。如果是 10%，那么它会平均每 10 次发送一次，并在其他 9 次暂停。这种方法实际上是**阿罗哈（Additive Links On–line Hawaii Area，简称ALOHA）**协议的基础，它于1971 年由夏威夷大学的诺曼·艾布拉姆森发明。（显然，这个缩写并不是巧合！）

图 2–8 显示，当我们增加ALOHA中的传输概率时，将会出现什么情况。概率越高，发送的帧越多，碰撞的可能性就越大。但如果概率太低，我们又将浪费很多机会。问题是，哪个选择会使**吞吐量（throughput）**（信息传递的成功率）尽可能高呢？

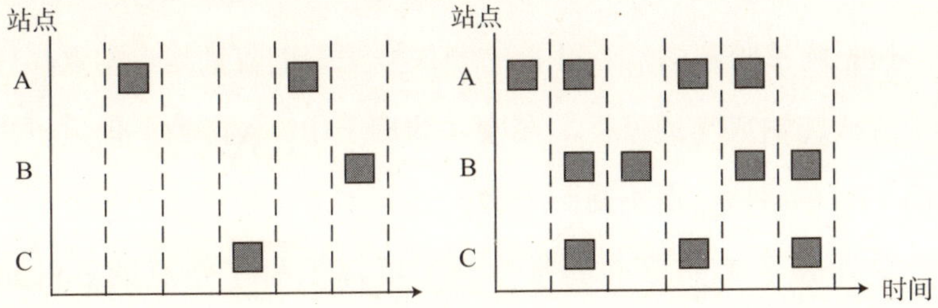

图 2–8

注：这是传输概率增加时会出现的情况

一切都归结于吞吐量

在每个时段中，有三种可能的结果：（1）成功传输（即一个站点发送）；（2）碰撞（即多个站点同时发送）；（3）没有传输（即没有站点发送）。在模拟吞吐量时，第一种情况对我们最有利。

要实现成功传输，我们需要满足两个条件。首先是有人进行发送。对于任何一个站点来说，这一条件发生的概率就是实现传输的概率。

第二个条件是其他站点不传输。这个概率有多大？某个站点不传输的概率与其传输概率相对。例如，如果传输的概率为 40%，那么不传输的概率为 60%。由于我们需要所有其他站点不发送，那么通过乘法：其他两个站点不传输的概率是 $0.6 \times 0.6 = 0.36$，或 36%；其他三个站点不传输的概率是 $0.6 \times 0.6 \times 0.6 = 0.216$，或 21.6%；以此类推。

那么，一个站点成功传输的概率是多少呢？我们用某个站点传输的概率乘以所有其他站点不传输的概率，也就是：

传输的概率 × 不传输的概率 ×……× 不传输的概率

例如，如果A、B和C是仅有的传输站点，并且每个站点传输的概率为40%，那么，A传输成功的概率是 $0.4 \times 0.6 \times 0.6 = 0.14$，或14%。

这是阿罗哈各站点吞吐量的测量方法，也就是某个站点在任何一个时段传输成功的概率。在刚才的例子中，A得到了信道可以提供的14%的时段，而不受到干扰。

要计算系统的总吞吐量，我们可以把每个站点的吞吐量相加。对于上面提到的三个站点A、B和C，它们的总吞吐量为 $0.14 \times 3=0.42$，或42%。总体而言，在无干扰的情况下，该系统能取得不到一半的吞吐量。

发送还是不发送

刚才我们看到的是影响阿罗哈吞吐量的两个因素：

- 某个站点在一个时段中发送的概率。
- 在干扰范围内的站点数量。

虽然很难控制人们何时进入和离开Wi-Fi区域，但我们可以将执行传输概率作为“礼貌”程序的一部分。那么我们应该如何选择这个值呢？

让我们确定站点的数量，看看改变传输概率的影响是什么。回到图 2–6：A 到 E 中，哪些是站点？事实上，全部都是：设备（A、B 和 C）和接入点（D 和 E）都需要发送数据。为了简化问题，前面我们只关注设备。

图 2–9 显示了，随着传输概率变化，5 个站点的总吞吐量和单站吞吐量情况。从左边开始，我们看到，概率增加在刚开始时会使性能提高：当概率很小时，没有或很少发生数据碰撞，所以我们只是填补被浪费的时段，提高吞吐量。一旦发送概率达到 20%，图中的曲线达到约 40% 的最高总吞吐量。之后，吞吐量就会下降：如果继续增加传输会造成更多的冲突，而不会再提高吞吐量。

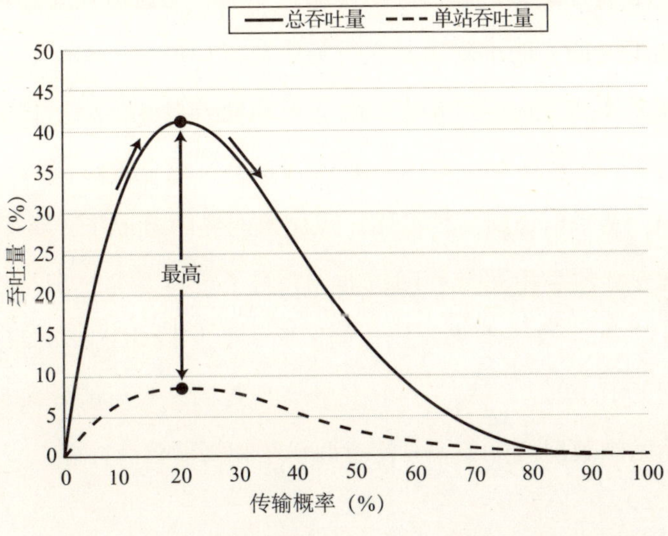

图 2–9 5 个站点的阿罗哈协议总吞吐量和单站吞吐量曲线

因此，对于 5 个站点来说，20% 是最佳传输概率，最大吞吐量为 40%。这意味着，最好的情况是每五个时段中有两个传输成功，这已经不是非常有效率了。当我们增加更多站点时会发生什么？这会带来更多的潜在干扰，我们可以通过进一步减少传输概率来应对。事实证明，可达到的最大吞吐量基本稳定，并且随着站点数量增加到一定程度，它会缓慢下降到37%。如果你对详细的曲线图感兴趣，请参考本书网站Q2.7部分。

总的来说，阿罗哈并不能很好地扩展到大量用户。这是Wi–Fi的一个总体情况，也是我们为简单协议付出的代价。

在组合中加入感测

因此，Wi–Fi在使用阿罗哈方面有很多问题。问题解决了吗？解决了一部分：目前的Wi–Fi协议使用CSMA，以便能达到更高的吞吐量。

阿罗哈没有试图协调站点的传输。当然，它通过让人们传输得更少，减少了冲突的次数，并进行随机决定。但是，如果我现在有很多数据要发送，而时段却在没有人发送时开放呢？如果我的随机“硬币投掷”告诉我不要发送，那么我就不发送，这将浪费一个机会。同样，如果信道当前被占用，我应该能够知道，并暂停发送。

问题是，阿罗哈是纯粹随机的，并且不进行感测。在停车标志的比喻中，这就像用眼罩蒙住你的眼睛，让你随机选择何时前进，而不看是否有车来。显然，这将是非常危险的，有可能导致车辆碰撞（虽然两帧数据碰撞不太可能有两辆车相撞的破坏性强）。

传感载体

利用CSMA，发送器在发送任何帧之前，都会定期侦听空间情况。这被称为**载波侦听**（carrier sensing）。你可以在图2–10中看到示例：A和C可以侦听到信道目前被占用，就不会发送任何数据，直到B传输结束。

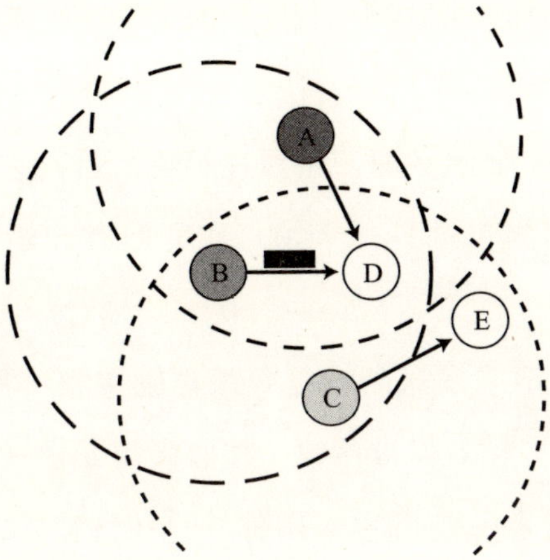

图 2–10

注：利用CSMA，站点进行载波侦听，使其了解附近情况。站点周围的虚线表示其侦听范围

一旦站点看到一个空闲的信道，它是不是就可以开始发送了？不能立即发送。确切地说，它必须首先经历所谓的等待和侦听期。如果在等待和侦听期，站点在任何时刻察觉到信道忙碌，那么它将保持沉默，就像图 2–11 中的站点B一样。这类似于日常对话中发生的情况：当你认为某人已经结束讲话时，在你回答之前等待几秒钟是常见的礼貌行为。

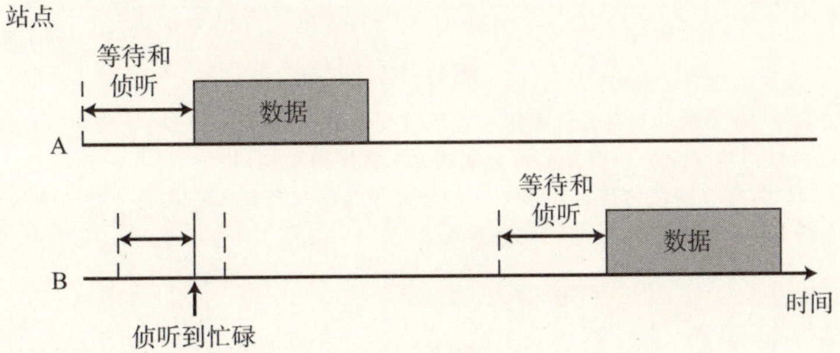

图 2–11

注：在发送之前，站点必须经历一个完整的等待和侦听期，其间没有听到任何通过它的传输

一旦等待和侦听期结束，站点也没有听到任何其他情况，便可以认定信道空闲，并开始发送。在图 2–11 中，这首先发生在A身上，然后是B。显然，即使站点在等待之后，它们的帧仍然有可能发生碰撞。因为也许另一个站点和它同时开始等待，并同时决定发送。

站点如何知道它发送的帧是否被正确接收？答案是通过反馈。利用CSMA，当一帧数据被接收，接收者将发送一条确认消息（或ACK帧）给发送者，告诉它一切都好。在传输ACK帧之前，也有一个等待和侦听期。如果发送者没有收到来自接收者的确认消息，就可以认为发生了碰撞。你可以在图 2–12 中看到示例。

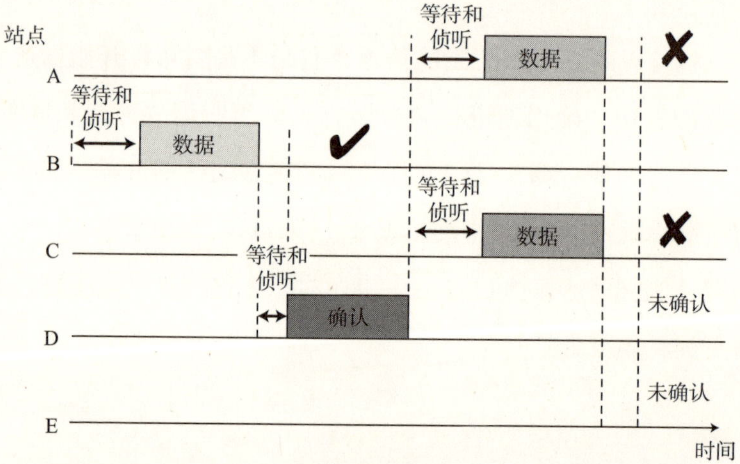

图 2–12

注：图 2–10 中的站点B需要发送。在侦听到空间空闲后，它经过等待和侦听期，并最终开始向D传输。然后D向B发回确认消息。B收到确认消息，得知一切顺利。在此之后，A和C没有听到任何情况，于是它们经过等待和侦听期，并在同一时间开始传输。它们没有得到确认消息，于是意识到碰撞发生

耐心是一种美德

发生碰撞该怎么办？每个站点都需要退避到稍后的时间，到时

它们将再次尝试发送帧。问题是，站点如何选择退避到什么时间？显然，我们不希望它们选择同一时间：这将导致另一次碰撞。

相反，CSMA 让每个站点选择未来再次发送的随机时间。未来的这个时间点由当前**竞争窗口**（contention window）的大小决定。如果一个站点当前的竞争窗口是 3，那么它会选择一个在 0 和 3 之间的随机数。它选择的数字决定它在再次发送前等待多少时段（例如，如果它选择 2，则会等待 2 个时段）。

你可以在图 2–13 中看到这个过程，图中显示两个站点发生碰撞的情况。首先，它们经历了第二次等待和侦听期。然后，它们选择 0 和 15（窗口大小）之间的随机数，以确定何时再次发送。

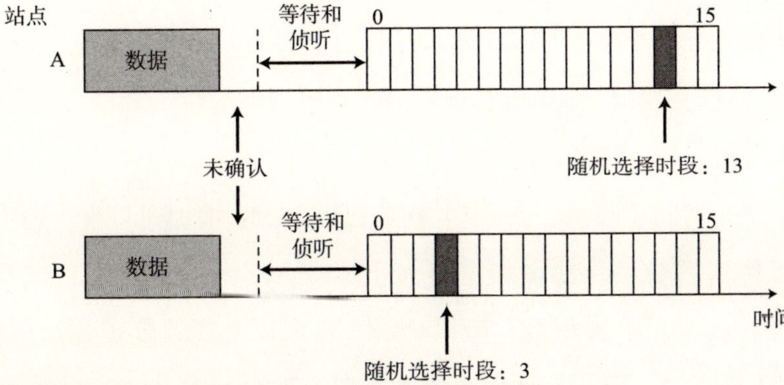

图 2–13

注：当 A 和 B 意识到已经发生碰撞时，它们根据竞争窗口的大小（15）向未来时间退避

随机选择的目的是降低站点再次碰撞的概率。当然，站点也有可能选择相同的时段。也许它们会和不同发射器共同发生碰撞。如果帧不断碰撞，空中的干扰状况必定相当严重。因此，所有遇到持续帧碰撞的站点都会开始更积极的退避，它们通过增加竞争窗口大小来达到这一目标。

为了更好地理解这一点，我们可以回到鸡尾酒会的比喻。假设你在房间里和一群人聊天，并且你有话要说。正在说话的人突然停止，这时你就开始进入你的内部“等待和侦听”期。你可能给对方2秒钟的时间，如果他愿意，他可以继续说话，或让别人做出回应。

2秒钟之后，你开始说话。但有人也开始说话，于是你们发生碰撞，双方都措手不及，然后都停下来。你退避，等待2秒，然后尝试“再次发送”。但对方同样等了2秒，你们再次碰撞。这次你等的时间更长，比如退避4秒。对方也一样，但还是引起了另一次碰撞。然后，出于礼貌，你决定等待8秒。最后，对方趁你没有出声的时候，开始说话。

这里有什么问题？为什么“退避”在之前的尝试中没有出现？因为你们刚好都等待了同样的时间。2秒，然后4秒。最后，在第三次尝试时，你们都成功发送了消息，因为你等待了8秒，而你的朋友等得较短。这就是随机的重要性。

这一间隔（2，4，8……）就是利用CSMA增加窗口大小速度：乘以两倍系数。线性增加窗口大小（2，3，4……）是一种选择，但人们认为它不够积极，所以CSMA要求以乘法速度退避。由于乘法倍数是2，因此它被称为**二进制指数退避**（**binary exponential backoff**）。

你可以在图2–14中看到二进制指数退避的示例。要算出当前窗口的大小，我们需要用之前的时段数乘以2，再减去1。减去1是因为我们想包括0：我们可能不会退避，而是立即发送。最初，我们有8个可能的退避时段（0~7），因此我们说窗口大小为7。接下来，我们有16个可能的退避时段（0~15），以此类推。在第13章讨论拥塞控制时，乘法退避将再次出现。

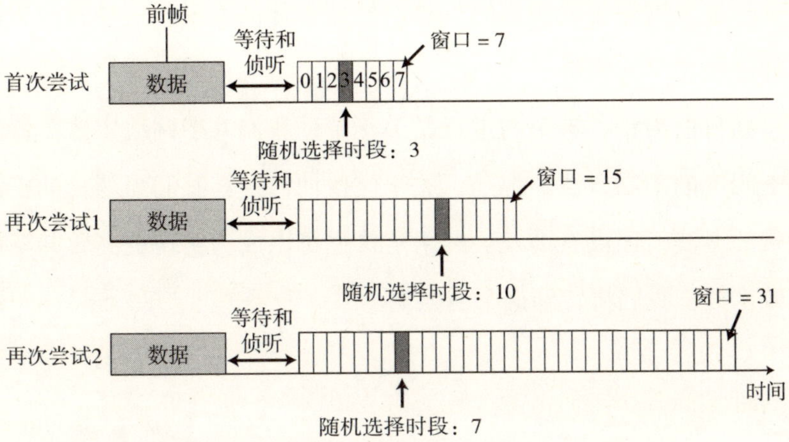

图 2–14 Wi–Fi 载波侦听多址访问重复出现退避的示例

注：碰撞导致竞争窗口长度加倍

CSMA还有许多错综复杂的情况，我们没有时间去讨论。例如，你可能与你侦听不到的信号发生碰撞，这就是所谓的**隐藏节点问题**（hidden node problem）。除非你能采取其他预防措施，否则它将成为一个问题。

和阿罗哈进行比较

当参数经过适当调整后，相比阿罗哈，CSMA会有更显著的性能改进。一方面，虽然单站吞吐量仍然会随着站点增加而下降，但下降速度低于使用阿罗哈时的下降速度。另外，通过CSMA，总吞吐量将在增加前几个站点时上升，而在使用阿罗哈时这个数字总是降低。

但CSMA并不能完全解决碰撞问题。事实上，在添加几个站点后，CSMA中的总吞吐量也将开始下降。虽然它比起阿罗哈有所改进，但随着站点增加，其下降速度仍会大大增加。

总体而言，无论是阿罗哈还是CSMA都无法为大量Wi–Fi设备扩展性能。这就是人很多时，热点性能不佳的原因。这是我们为网络拥塞所付出的代价。

到目前为止，本书的重点是关于帮助我们共享网络媒体（特别是空间）的不同方法。但是，关于应该如何计算我们为消耗的资源收费的方法，还没有涉及。网络定价也可以成为实现更高效共享的有效途径，我们将转到这个话题上。

第3章

聪明地为数据定价

数据费用是我们手机账单的重要部分。电信运营商如何设置这些价格点？在本章中，我们将看到，相比统一费率或“自助餐”式的计划，所谓的基于使用的定价方案如何为我们发送更好的反馈信号，让共享更好地实现。定价可以成为管理网络的有效方式。

像自助餐一样的定价

电信合同中的数据计划表示我们为消耗的数据支付了多少费用。这些计划首先由移动电话服务商推出，作为一种为短信收费的方式，现在它包括我们在手机上使用的所有互联网应用，如上网、在线视频和视频聊天。

这些计划是如何构成的？想想我们的公用事业账单，电力、水、燃气等是如何计费的。它们通常是基于我们所消耗的服务量。例如，如果电力公司为每度电收费10美分，那么使用500度电的人将支付 50 美元，而如果人们把消耗的电量减半，那么就只有 25 美元。这种“用的多，花的多”的定价方案听起来通俗易懂。数据计划也是这样计费的吗？

越来越多的答案是肯定的，但仅在过去几年是这样。尽管提供无线蜂窝容量昂贵且难以增加，但在一些国家（例如美国），消费者过去每月只需支付固定的数据费用，不管他们消耗了多少移动数据。这种方案被称为**统一费率（flat-rate）**定价。

自助餐好吗？

统一费率是什么意思？它不取决于你实际消费了多少。想象一家提供自助餐的餐厅（如图 3–1 所示）：支付一定费用进门后，你可以想吃多少就吃多少。效仿他人对你最有利：因为无论你吃一盘、两盘还是五盘食物，都不会多付一分钱，所以，趁你有机会，能吃什么就吃什么。

图 3–1

注：自助餐厅基于统一费率定价

自助餐对你来说很划算，尤其是当你饿的时候。但是，如果你不想吃太多，可能就不那么合适了，因为只为少量食物，你就要支付自助餐的价格。再从餐厅的角度来思考：如果人们每次光顾时，都会吃掉更多的食物呢？如果顾客的饭量每年都翻倍，那餐厅还能以相同的价格提供自助餐吗？

多年来，移动行业的数据计划基于统一费率定价，而语音计划则不是。原因是，过去几十年中，无线运营商把语音通话和信息视为手机的主要用途，而不是移动数据。通过支付某个费率，比如每月 30 美元，网络将成为你的“自助餐”，让你随心所欲地使用数据。很长一段时间以来，这样的计划对于供应商是有意义的，因为蜂窝设备所消耗的数据量很低。手机的主要目的是语音通话，数据被视为次要的附加功能。

随着智能手机的普及，这种情况迅速改变。由于手持设备能够浏览网页、在线播放音乐视频，并支持其他各种数据密集型应用程序，因此，人们对数据的需求开始迅速上升。例如，2007 年推出的第一代苹果手机使蜂窝数据需求飙升 50 倍。许多应用程序也能够在后台运行（不需要人在另一方操作），并且很快机器之间和设备之间的直接通信也将创造更多的数据需求。除了新的应用之外，使用智能手机的人数也在刺激数据需求增加。

“乔布斯的容量不平等”

图 3–2 显示了，截至 2015 年移动数据流量传输的规模，并预计出到 2019 年将增加的数量。**字节（byte）**是衡量数据大小的单位，但一个字节是相当小的数量：一个音频文件通常包含数百万字节，而一个视频可能有数十亿字节。所以，我们通常将数据大小表示为兆字节（MB，包含百万字节），或千兆字节（GB，包含十亿字节）。在图 3–2 中，数字单位为艾字节，一个艾字节相当于十亿千兆字节。这意味着，在 2015 年每月有 42 亿 GB 的移动数据通过互联网传输！该数字还在增加，预计未来将以每年约 50% 的速度增加。

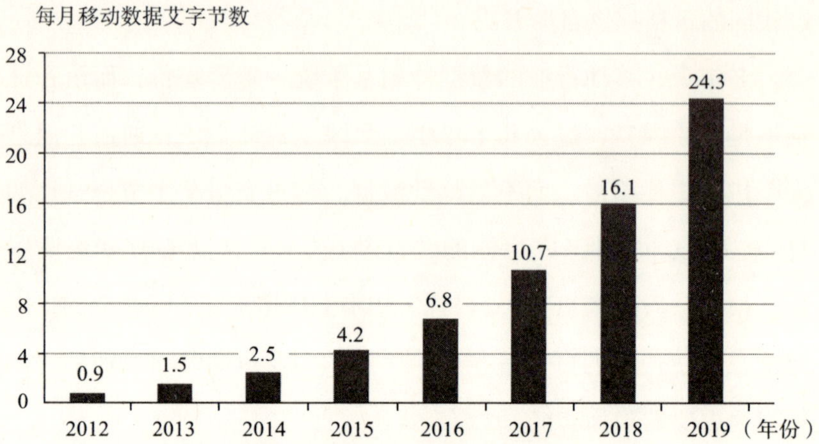

图 3–2　每年单月移动数据流量图

注：由思科公司预测至 2019 年

哪些应用占据了大部分的数据消费？图 3–3 将 2014 年的数据按应用类型划分。其中，在线视频约占 55%，消费了最多的数据，其次是网页浏览，约占 36%。两者之和占所有数据需求的比例超过 90%。除了有限的网页浏览，在智能手机和平板电脑出现前，这些功能都是无法在移动设备上使用的。

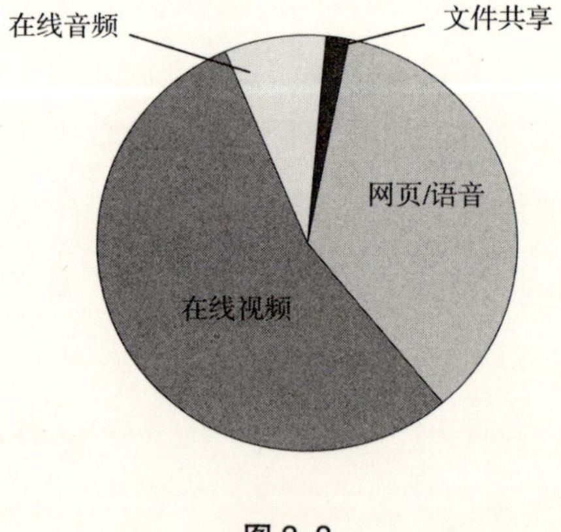

图 3–3

正如自助餐只提供有限的食物给顾客，网络也只有有限的能力来支持数据流进出我们的设备。在史蒂夫·乔布斯于 2007 年推出第一款苹果手机后不久，就有人预测，数据需求的增长正在超过供应量的增长速度。因为供应量只会随着提高网络容量方面的投资的增加而增加。多年来，两者的差距一直在扩大。

你可以在图 3–4 中看到这种趋势的略图。我们称其为“乔布斯的容量不平等”。一旦工程师和开发人员想出让使用移动互联网数据更方便、更有吸引力的方法，用户需求（以及数据应用创新）便会开始迅速增长，并超过供应增长的步伐。

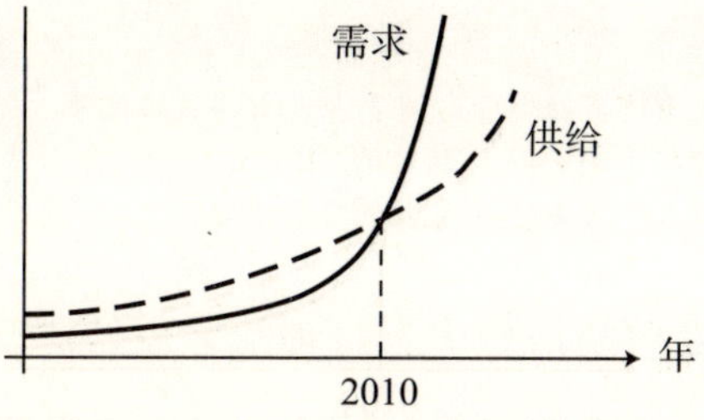

图 3–4 随着时间的推移，移动数据容量的需求和供给趋势

没有技术可以每年无止境地大幅提高成本效益。需要有一种调节需求的方法，使其与容量保持一致，使网络能够更有效地共享。

用的多，花的多

互联网服务提供商（ISP）想出的办法是什么？它们不再收取统一费率，而是开始转向**基于使用**（usage-based）的定价方案，根据每月消费的数据量向用户收取费用。这种收费方式向消费者发出不同的定价信号：他们不是无论每个月使用多少都按统一费率缴费，而要为自己消费的每一批数据支付费用。你可以在图 3–5 中看到：统一费率完全独立于实际消费，而基于使用的收费标准为超过某个定额的每批数据收取额外费用。基于使用定价的“阶梯”，其具体形状取决于给定时间内运营商的定价细节。

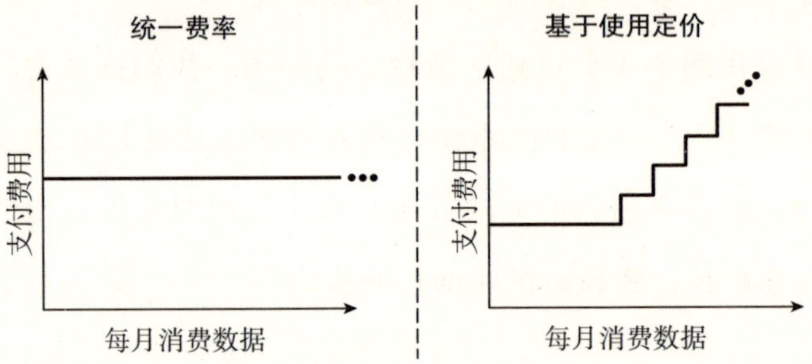

图 3–5

注：统一费率和基于使用的定价向消费者发出不同的信号。在基于使用定价的方案中，使用超过定额的数据（例如每个额外的GB）就会增加每月费用，这种增长趋势呈“阶梯”形状。统一费率则完全独立于每月的实际消费

这个由网络发出的信号成为一种给客户的负反馈形式。在第 1 章中，我们看到了功率控制的负反馈：基于信道条件，网络反馈测量信号干扰比，以调节每台设备的信号功率。第 2 章中，Wi–Fi 随机访问的确认也是一种负反馈，我们将在第 13 章互联网拥塞控制部分更具体地探讨这一问题。在本章中，网络通过反馈基于使用的价格，根据现有容量调整每个用户的需求。从而要求每个消费者将其对网络的负外部性（即其引起的拥塞）加以内化，为自己消费的数据量支付费用。反馈再次成为网络资源共享的一个共同主题。

基于使用的转移

推出基于使用的定价标准有两个典型的先决条件。首先是整个市场的网络使用量激增，且其需求增长速度将超过供应量的增速。对于蜂窝网络而言，这种趋势发生在苹果手机、安卓智能手机和平

板电脑推出之后。更多的用户和性能更强的设备促使需求不断增长，导致用户消耗更多的数据。这使得互联网服务提供商的成本更高，因为它们必须提供额外的容量。基于使用的定价有助于使互联网服务提供商的收入赶上为支持需求上升带来的成本。

第二个条件是政府法规允许定价模式创新。虽然这种模式涉及许多监管问题，但使每月费用与使用量成正比是争议最少的方案。

到 2010 年，美国已经开始转向基于使用的定价方案。同年 4 月，AT&T（美国电话电报公司）公布了为 3G 数据用户提供的基于使用的定价方案。次年 3 月，威瑞森紧随其后，先为苹果手机和苹果平板电脑用户提供此类方案，然后在 2011 年为所有 3G 数据用户推出新方案。2012 年 3 月，AT&T 对之前使用无限数据计划的消费者宣布，一旦使用量超过定额，其连接速度将节流（即下降）。此后不久，AT&T 和威瑞森无线为“新苹果平板电脑”推出 4G 数据计划，并宣布不再提供任何类型的无限数据选择。

2012 年 6 月，威瑞森公司再次更新其手机定价计划。客户能以统一费率获得语音和短信服务，作为将其无限数据计划转换为基于使用的计划的补偿。AT&T 在 1 个月后采取了类似的措施。世界上许多其他国家也已经采取或正在考虑类似的措施，为 3G、4G 甚至有线网络推出新方案。运营商认为，相比于语音，基于使用的定价方案对数据更重要，因为手机的“主要”用途现在已经从语音通话转换到数据应用上。

长尾越来越长

除了纯粹的容量限制，还有其他原因促使互联网服务提供商转换到基于使用的定价模式上。其中一个重要的原因是，最重度的数据用户也是需求增加最多的用户。如果根据用户的使用情况把他们分成三类：轻度、中度和重度，就会出现图 3–6 显示的情况。当我们顺着图的横坐标向右看时，会发现需要如此多容量的用户在逐渐减少。但在决定互联网服务提供商管理网络的成本时，最右边、最重度的用户往往是主导因素。这个尾巴一直很长，意味着有少数用户消耗了大量数据，但现在尾巴更长了。随着尾巴变长，成本和收益之间的差距会不断增加，除非改变定价方法。

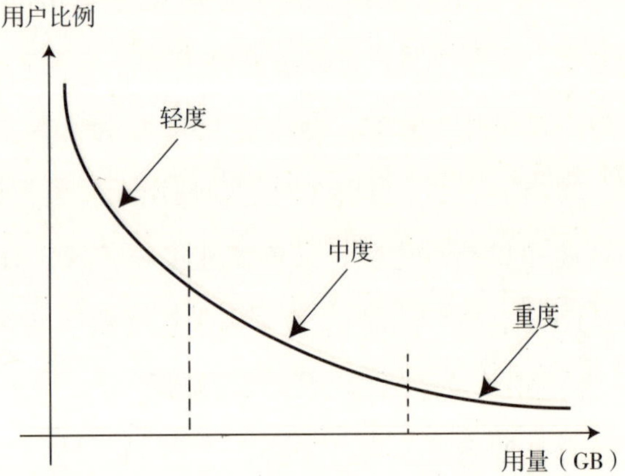

图 3–6

注：有些人是轻度数据使用者，有些人是中度数据使用者，还有少数是重度数据使用者。尾部的重度使用者是决定互联网服务提供商成本结构的消费者

基于使用的定价计划

互联网服务提供商提供的基于使用的数据计划是什么样的？在图 3–7 中，你可以看到威瑞森在 2016 年年初推出的五个计划。一般来说，这些计划主要有三大特点：

- 在一个基准下，收费仍然采取统一费率。例如，中间的威瑞森计划将对每月使用不超过 6 GB 的用户收取 60 美元。

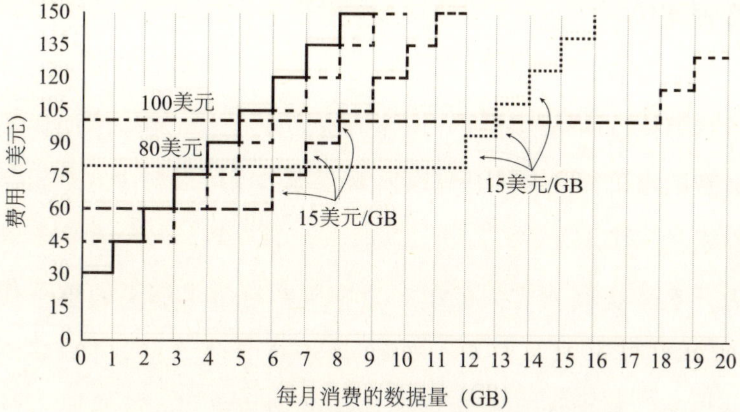

图 3–7　威瑞森在 2016 年 1 月的五项数据计划选择

注：每条线代表客户可以选择的一项计划

• 对于超出基准的部分，基于使用的收费标准开始生效。这些威瑞森计划为每增加的 1GB 收费 15 美元。使用超过 6 GB 时，中间计划开始收取 15 美元/ GB 的费用。所以你将为 7 GB 支付 75 美元，为 8 GB 支付 90 美元，以此类推。“阶梯”形状表示定价以 1 GB 为单位递增。

• 总费用基于每月的总使用量。使用的时间、地点、用途都不重要，唯一重要的是你用了多少。

根据使用量来收费听上去很直观。毕竟，大多数公用事业品和商品都是这样计费的。但那些习惯于以统一费率上网的人刚开始可能会觉得这很讨厌。如果内容消费最终会受到影响，那么基于使用的定价方案将影响“食物链”中的每个人：消费者、网络供应商、内容提供商、应用程序开发人员、设备制造商和广告商。然而，我们会看到有几个强有力的原因，其中包括有利于消费者的原因，即支持基于使用的定价成为对统一费率的自助餐式定价更好的替代方式。

智能数据定价

不管怎样，网络的建设和运营成本必须有人支付。然而，基于每月消费的定价标准并不是互联网服务提供商可以解决这个问题的唯一方式。

为什么不提高所有人的统一费率呢？有了足够高的统一费率后，提供商获得的收入将足以维持网络运行。然而，对于许多不消耗大量数据、可能无法负担增加费用的用户来说，这将是不公平的。或者限制重度用户的流量呢？一旦消费者用量超过阈值，他可能会被禁止使用网络。如果你对其他可能性感兴趣，请参考本书网站 Q3.1 和 Q3.2 部分。

或者，我们可以考虑“更聪明”的定价版本吗？2010 年中期以来，**智能数据定价**（简称SDP）已在世界各地迅速发展起来。智能数据定价有各种不同的方法，我们可以从三个方面来考虑。

如何收费

首先，互联网服务提供商应该怎样收费？正如我们所说的，基于使用的定价是现在的标准模式。在一些国家，互联网服务提供商甚至会因为移动数据配额中的未使用部分而奖励客户，或允许他们交易那些部分。下一步是基于拥塞的定价，在特殊情况下基于时间（即在一天中需求较低的时间收费较少）或基于位置（即在需求较低的地点收费较少）来定价。你可以认为，比起我们到目前所讨论的基于使用的定价方案，这是向最终用户发送了一个更为具体的反馈信号：价格变化不仅基于每月的消费量，也取决于当前的拥塞状况，进而在更精细的尺度下调节网络需求和利用。

例如，亚马逊在其云服务中的现货定价方式：该服务的价格基于当前的需求（和供应）波动。另一个例子是伦敦的交通系统：在工作日，中央商务区的公共交通会收取较高费用。

向谁收费

其次，互联网服务提供商应该向谁收费？除了对移动数据的直接消费者收费，网络运营商可能想向食物链上的其他人收取费用。内容提供商的网站获得点击率，是否应该向它们收费呢？根据**推广内容（sponsored content）**计划，这些供应商可能与最终用户分摊成本。Kindle电子书就遵循这个模式。它有时也被运用于机场Wi–Fi上，你可以在观看某个广告后，免费或以相对便宜的价格上网。此外，对于允许员工携带个人设备工作的公司呢？通过**分割计费（split billing）**，员工的一部分移动数据费用可以由雇主支付，以补偿他们在工作中增加的使用量。

更为普遍的是，使用**零费率（zero-rating）**或**无收费（toll-free）**数据，人们为特定应用消耗的数据支付较少（或不支付）费用。无收费有两种形式：封闭式和开放式。想想脸书在2015年提出的internet.org倡议——让发展中国家廉价上网：这是一个封闭式无收费的模式，像围墙花园一般，通常被认为是与网络中立原则不相容的。相反，移动数据的1-800号码则是开放式无收费的例子：任何人都可以赞助全部或部分移动数据费用，而不只是那些经过特定门户的人。

对什么收费

第三，互联网服务提供商应该对什么收费？当然，基本的方法是对数据使用收费。但是，为什么不同时基于，比如最终用户体验或网上交易来收费呢？一些云提供商已经根据客户所需的服务质量（QoS级别）收取费用，例如完成计算任务所需的时间。

通过询问如何收费、向谁收费以及对什么收费，智能数据定价可以发出更有效的定价信号，实现更高效的共享。以无限方式使用无限移动数据的日子已经一去不复返了：现在我们的创新围绕“有限的数据”或“有限的方式”。

统一费率的“悲剧”

相对于统一费率，基于使用定价所具有的一些优点我们已经探讨过。其中的一个优点是，它向客户发送了更有效的定价信号。在本节的结尾，你会明白其中的原因。

我们首先要介绍一些经济学的基本概念。

更高的数量，更高的效用

假设你附近有免费的比萨（见图3–8）。你刚好饿了，而比萨是你喜欢的类型，你想拿几片。

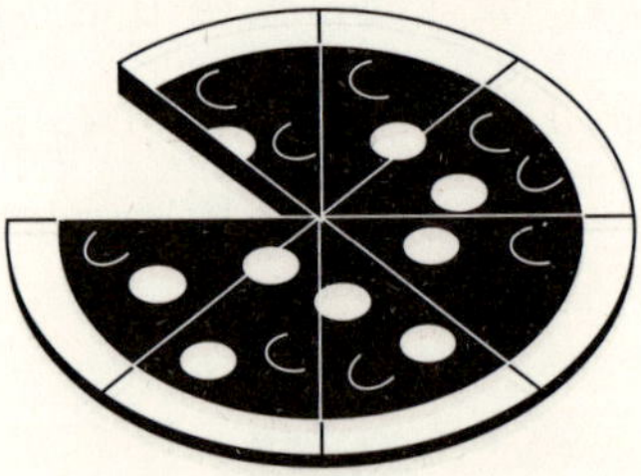

图3–8

注：如果你饿了，多吃几片比萨会给你带来更多的“快乐”或饱腹感。但到达一定程度后，每增加一片比萨，你的快乐程度就会降低一点儿

你拿起第一片。味道好极了，同时它肯定也使你的食欲降低了一点儿。你还想吃，所以你拿起第二片。同样，它的味道很好，令人满意，但比不上第一片带给你的满足感。在此之后，你仍然有点儿饿，所以你接着吃了第三片。它的味道仍然不错，但你不那么饿了，所以它没有带给你吃第一片或第二片那样多的“好处”。

这个过程继续下去（取决于你可以吃多少比萨），直到最终你无所谓再多吃一片。因为它是免费的，你可能会因为它的味道不错而继续吃，但此时你不会愿意为另一片付钱。

这是一个人的**效用（utility）**（即“快乐”）随着分配给他们的资源量而改变的例子。无论资源是食物、消费电子产品、蜂窝数据或其他什么，重要的是根据用户得到的资源量，判断出他们的效用是什么。如图 3–9 所示，效用的表现普遍具有两种特性：

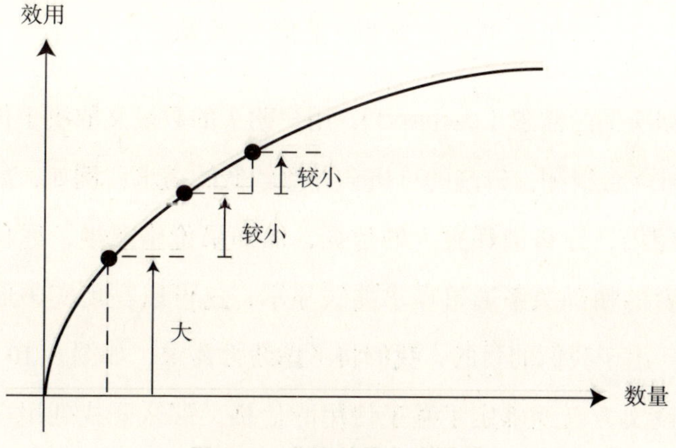

图 3–9　典型效用曲线图形

注：更多的数量总是导致效用增加，但福利的变化在数量较多时减少

- **增加：**随着分配数量的增加，效用不断增加。更多的数据带来更多的好处。

- **边际收益递减**：在某一点之上，效用开始放慢增长。你可能把前几个GB数据用得最好，然后附加增益开始下降。这就是**边际收益递减**（diminishing marginal returns）原则。

更高的价格，更低的需求

我们如何量化某人的效用呢？一个常用的方法是观察消费者对于该资源的表现如何。我们将探讨这一方法，但是如果你对其他可能的做法感兴趣，请参考本书网站Q3.3部分。

每当有人进行消费时，此人一定希望他的**净效用**（net utility）尽可能高。这是他从购买中获得的收益，也就是他的满意度和他所支付的金钱之间的差异。当客户以某一特定单位价格（即10美元/GB）购买某种商品时，其收益为：

$$收益=效用-单价\times数量$$

根据所谓的**需求**（demand），用户购买的数量又取决于价格的高低。你可能会猜测，较高的价格会导致较低的需求：例如，如果数据的价格翻倍，你将消耗更少的数据，而如果价格减半，你会消耗更多。两者的精确关系通过需求曲线显示，这可以在现实中形成复杂的形状。出于我们的目的，我们将考虑线性需求，如图3–10所示。

假设卖方已经确定了基于使用的价格，那么要找到用户的效用和净效用会比较容易。在图3–11的图形中：

- 根据售价，我们可以在曲线上得到用户的需求信息。
- 向用户收取的总价等于单价乘以数量。表现为几何形式，这是图中矩形B的面积。

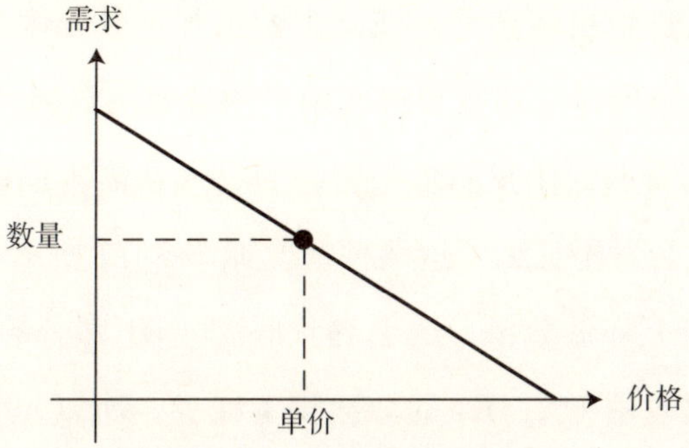

图 3–10　线性需求曲线

注：它显示如果卖方以特定的单价出售资源时，每人预计购买的数量

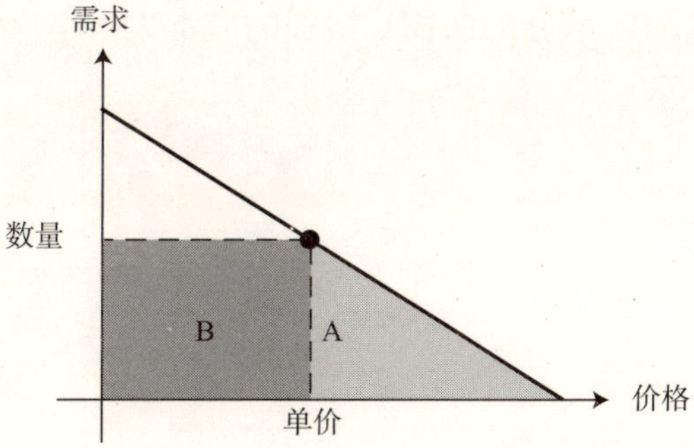

图 3–11

注：根据基于使用的定价方案，效用是A+B，支付的金额是B，净效用是A

- 用户的效用是需求曲线左侧低于购买数量的总面积。换句话说，它是三角形A和矩形B的总面积：A + B。

- 最后，我们可以通过从效用中减去价格得到净效用：（A+B）–B = A，即三角形A的面积。

基于使用定价下的消费

关于需求曲线，有一个更基本的问题需要回答：为什么一开始，用户消耗的数量就要被固定在这条曲线上呢？换句话说，为什么无法激励人进行更多消费，或减少购买呢？其原因是，在基于使用的定价下，单价对应的数量将使用户的净效用最高。

要理解这一点，让我们想一想，当有人在需求曲线上降低或提高消费量时，会发生什么。这两种情况如图 3–12 所示。在左侧，用户在需求曲线上降低数量：这会导致收费（B1 部分的面积）减少，但同时也导致效用（A1+B1 的总面积）减少。所以，净效用将比开始时下降 A1 部分的数量。减少的效用大于减少的支出。在右侧，用户在原来的数量上增加消费：效用上升了 A2，而收费上涨 A2 + B2，导致净效用下降 B2 部分的面积。增加的成本大于增加的效用。

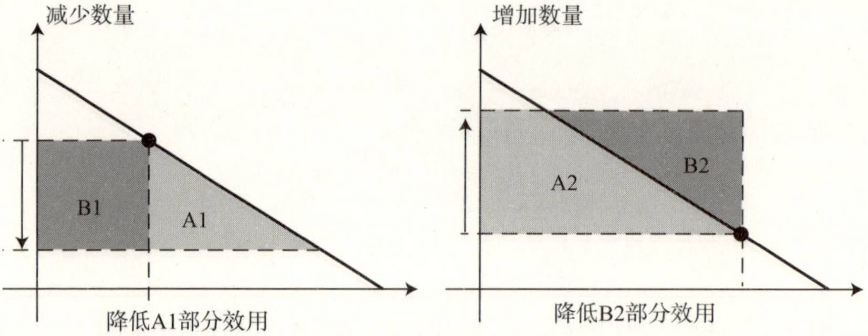

图 3–12

注：解释为什么在以使用为基础的定价下，坚持需求曲线符合用户的最佳利益

这就是为什么在基于使用的计划中，根据需求曲线进行消费总是符合消费者的最佳利益。根据数据单价计费，可以使互联网服务提供商能够规范用户在移动网络中消费数据的需求。如果互联网服务提供商基于操作和维护网络的成本来设置单价，这将给消费者发送有效的反馈信号，迫使他们将其在消费时对网络施加的负外部性内化。

统一费率下的消费

统一费率定价也会驱使用户保持在需求曲线上吗？请记住，不论消耗数量多少，统一费率定价计划只收取单一、固定的价格。在这个计划下，尽可能多地获得数据才符合客户的最大利益，直到无法获得更多的效用。所以，用户会偏离曲线。

想想看：如果你每月只为数据计划支付 20 美元，那什么会阻止你在线播放 100 个视频，而不是 10 个呢？肯定不是钱。你会消耗你每个月需要的尽可能多的数据，直到你不再需要为止。

公地悲剧

要理解为什么统一费率定价对于网络来说并不合适，让我们来看看一个经济学上被广泛引用的比喻——**“公地悲剧”**（tragedy of the commons），它由加勒特·哈丁在 1968 年提出（关于基于使用定价方案的更多优点，请参考本书网站 Q3.4 部分）。这个比喻假设一群牧民共享牧场，他们都用其来饲养自己的牲畜（见图 3–13）。

图 3–13

注：在“公地悲剧”的比喻中，一群牧民在一块共有土地上饲养牲畜

每个牧民都有能力增加更多的牛，在土地上放牧。

现在，假设牧民鲍勃正要决定是否在牛群中增加一头牛。为了最大限度地提高个人收益，他想："如果我再增加一头牛，这将如何影响我的净效用呢？"一方面，如果他增加一头牛，他将获得出售这头牛的所有收入。另一方面，增加一头牛将使土地距离过度放牧更近一步。一旦牲畜太多，牧场将被耗尽，所有牲畜都会死。但是这项成本是由所有牧民平均承担的，所以对于鲍勃本人来说，比起他将从增加牲畜中获得的收益，这只会使净效用略微减少。

因此鲍勃认定，在牛群中增加一头牛符合他的最大利益。所以每次他经历这个思考过程后，都决定再加一头牛。其他牧民都面临同样的决定，也采取同样的行动。

最终结果是什么？牧场大小有限，所以随着牲畜越来越多，牧场将过度拥挤和过度放牧（图 3–14）。最终，将没有土地可以放牧。

图 3–14

注：出于自身利益，每个牧民都会不断地增加牛的数量。公地悲剧的结果是，由于过度放牧，草地变得拥挤不堪，最终被耗尽

到那时，所有牲畜都将挨饿，这对所有人来说都是最糟糕的情况。由于没有正确的价格信号，鲍勃和其他牧民集体耗尽牧场，酿成“悲剧”。

我们如何看待这种现象？人在统一费率数据计划下消耗更多数据的原因，类似于每个牧民都想不断增加牲畜的原因。消费者每次从网络上获取数据，都不会产生额外费用。从个人的角度看，唯一的“成本”是他们增加的微不足道的拥挤，所以获取尽可能多的数据符合他们的最佳利益。但这最终可能导致“悲剧”，由于所有人的巨大需求，网络将被压垮。这是一个**网络负效应**（negative network effect）的例子。

问题在于，我们没有有效的定价信号。额外的数据将带来更多效用，这很容易超过一个人为在网络中增加数据额外支付的“成本”。我们需要考虑到，每次数据查询都会在网络上产生负外部性，就像我们在第 1 章看到的：手机如何对所有人造成干扰。在这种情况下，我们让用户内化自己的负外部性，为自己请求的每一部分数据（或在“牧场”上增加的每一头“牛”）支付费用。更高的价格带来更低的需求，然后我们就可以从一开始避免“悲剧”。

THE POWER OF NETWORKS

Six Principles That Connect Our Lives

第一部分 总结

在本书的第一部分，依据“分享很难”的原则，我们讨论了两种网络：蜂窝和Wi-Fi。我们每天都在使用这两种网络，但往往不会花太多时间去思考：这么多人如何能既分享空间，又不会破坏彼此的通话或造成容量问题。我们看到远程调节蜂窝语音网络如何参与到技术中，如通过CDMA实现分布式功率控制，使每个人能调整自身功率水平，而不会引起“军备竞赛”。与之相反，我们还看到，采用随机接入技术处理短距离、不受调节的Wi-Fi网络如何更为可行，在这种情况下，每个人都试图通过感测和退避来避免碰撞。最后是移动数据的情况，我们看到了定价如何成为实现网络更高效共享的有效方式。在以上每种情况中，负反馈对于确保用户获得关于网络条件和拥塞的正确信号非常重要。

在第11章，我们将在讨论如何设计互联网时，回顾共享和定价问题。

与丹尼斯·斯特里格尔的对话

丹尼斯·斯特里格尔是威瑞森通信公司前总裁兼首席运营官，以及威瑞森无线公司前总裁兼首席执行官。

作者： 非常感谢你能抽出时间来与我们讨论无线网络。我们生活的这个时代，人们在每个清醒的时刻都“呼吸”着无线网络。几十年来，你在许多公司担任领导职务，比如作为威瑞森无线公司的首席执行官，并负责做出很多决策。在过去40年的移动通信演变中，最让你惊讶的部分是什么？

丹尼斯： 当你谈到40年时，你让我觉得自己老了，但还好。让我们从头说起。我记得当我刚进入无线领域时，一个麦肯锡公司的顾问预计，到世纪之交的2000年将有900 000个无线用户。现在，我们轻易超出这个数字上百倍。如果考虑到全球的用户，截至2014年年底，约有3.44亿个，所以该行业的增长已经远远超出了麦肯锡、贝尔实验室和AT&T早期的预测。我们可以将其归因于优秀的网络和对客户有用的好产品，同时由于多年以来价格不断下降，手机已经从公司高管豪车后座上的高档装置变成现在的日常设备，渗透率（全球用户人数）超过100%，在2014年年底达到110%，这说明很多人都有一台以上的设备。

事实上，我记得很久以前，我的一个老板对我说："你去负责蜂窝公司吧，我知道没有人想干这个。我向你保证，我只会让你在那里待上几年，然后就让你回来，掌管我们的一家大型电话公司。"当时我想，老板让我干什么我就干什么。但它有点儿像"拍拍背，帮我们一个忙"，而"去干一段时间"似乎意味着它没有前途。

作者：过去几十年市场渗透的规模是最让你惊讶的部分吗？

丹尼斯：不仅是客户数量的规模，而且包括手机的用途。当然，语音消息和语音通话这些无线网络，最初的设计用途多年来一直成倍增长。但随着数据的推出，数据业务也迅速增长。截至2008年（或2009年），每年的短信发送数超过一万亿条。顺便说一下，我认为其中一半是我的孩子发的。但无论如何，我记得20世纪90年代后期的短信，当时我的网络工作人员走过来对我说："看看这个，我们可以用手机发送文字。"我说："谁会愿意这么做呢？"当然，现在我们可以发图片、视频，它已经成长为一个了不起的行业，在全球创造并不断创造着许许多多的工作机会。

作者：是的，手机使用的规模和多样性都令人惊讶。你认为是什么在支持这种规模和多样性呢？

丹尼斯：我认为主要有两点：首先是网络的质量及其随着时间推移的改进。随着更多手机信号塔建成和无线电频谱日益普及，这方面的服务质量也提高了。顺便说一下，客户还要求更好的服务。我们知道，如果服务仍维持在1984年、1990年或者1995年的水平，我们将无法大大增加客户群。因此，我们多年来不得不逐步改进服务。

第二点来自定价。以前，一台无线电话设备本身的价格约为3 000美元。为了使其工作，汽车的后备厢里还要放一台收发器。这项服务本身的价格非常高，每月需要付50美元的基本费加上通话一分钟40~50美分的使用费，这取决于你打电话到哪里，其中还包括没有接听以及被挂断的电话。该行业进入完全竞争时，大概是20世纪90年代中期，当时我们有3、4或5个竞争对手，价格降到了无线业务刚推出时的很小比例。

作者：当你担任威瑞森无线公司的首席执行官时，在推出3G和就4G做出决策的过程中，有很多不同的方案可供选择。在3G / 4G革命期间，你需要考虑并做出的最具挑战性的决定是什么？

丹尼斯：首先也是最重要的挑战是，如何把一部分频谱和系统给语音，一部分给数据？这个比例如何划分才正确？当然，一开始语音业务比数据业务多得多，所以我们的工程师需要在网络中增加数据容量，包括3G和4G，但4G的问题稍微复杂一点儿。同时，他们必须不断确保，数据容量的增长要和拥有手机并使用这些数据的客户增长保持同步，并成为网络的一部分。这就是工程方面的一大挑战。

我们在财务上面临的巨大挑战是，我们每年花费近150亿美元在建筑、厂房和设备上。其中大部分投入在网络上，如手机信号塔和交换机。此时的挑战也是，你应该把钱花在什么地方？花在数据部分还是花在语音部分，你能继续保持每年投入140亿、150亿、160亿美元吗？收入能证明投入是合理的吗？财务方面真正的挑战在于，当时的情况是，随着数据使用量的增加，语音使用量正趋于平稳。所以在21世纪初，我们看到的是，我们的收入中来自语音的部分在减少，来自数据的部分在不断增长。但在当时，大多数的数据对于客户来说是相对便宜的。

作者：有的公司力推WiMAX（全球互通微波存取），有的力推LTE（长期演进技术）。现在显然，LTE已在全球广泛部署。威瑞森无线公司是第一个部署LTE的主要运营商吗？

丹尼斯：是的。在部署长期演进方面，我们是第一个，是的。

作者：但十年前还不清楚它的前景如何。关于这个决定，你有什么有趣的故事吗？

丹尼斯：嗯，关于哪个技术能最终生存的问题，行业内总是有争议。WiMAX与LTE，就像语音业务的GSM与CDMA。原理一样。而且，我们认为CDMA技术总是更符合成本效益，同时我们也认为LTE技术更具成本效益。顺便说一下（不是批评WiMAX），我认为它是一个好服务，但比起LTE，它肯定不能以同样的成本效益提供同样的速度。

作者：回到语音与数据定价。仅仅几年前，在美国人们通常会得到无限的移动数据，但只有有限数量的语音分钟和短信。现在越来越难找到无限的移动数据。我最近走进一家威瑞森的商店，发现一张海报上写着：有小/中/大/超大的家庭共享数据计划，定价大约为10美元每千兆字节。世界各地的许多其他运营商切换到LTE时，都开始实行基于使用的定价。是什么导致了这种变化？

丹尼斯：很简单，是供求关系。以前需求量用使用时间表示。你使用的是语音分钟，你没有使用数据分钟，因为它不存在。要么是这些应用不存在，或者还没建好，要么是我们还没想到它是多么的方便。所以从2005年（或2006年）到现在，我们注意到，语音使用分钟已经趋于平稳。现在我们看到的是，语音使用分钟下降，而数据使用（无论用兆还是千兆来衡量）在极大增加。因此，问题变成用户和运营商如何为网络中的巨大投资支付费用？但如果你看看你目前为每兆4G数据支付的费用，你会发现，它相比3G已大幅减少。

作者： 人们也开始探索各种更聪明的方式来为数据定价，包括如基于网络条件或不同形式的赞助数据进行动态定价。有企业推出了开放的无计费服务，它也被称为移动数据的1–800号码。关于这些和其他使移动数据的需求和供应相匹配的想法，你认为定价革命将走向何处？

丹尼斯： 好吧，让我先补充说明一下。通常情况下，当你进行免费访问时，会有某种隐形成本。你经常需要看一则广告，或者看到持续不断的弹窗广告，这可能会惹恼你，扰乱你的思路，所以这是一种平衡行为。

那么，我们将走向何处呢？我可以保证的一点是使用单价将继续降低，因为随着使用增长，消费者和商业应用增长，运营商的收入增长，制造商和运营商的成本将持续下降。

作者： 最近有很多关于物联网、我的互联网和一切事物的互联网的议论，你甚至可以在黄金时段的广告中看到。我们谈论的是网络设备，它们存在于我们体内、体表、身体周围，或城市、工业和农业环境中等。我们在哪里可以找到第一批主要行业部门，使其实现飞跃式发展，并带来最直接的价值呢？

丹尼斯： 我完全同意你对物联网的看法。正如许多人所说，我们有微小的机器，能以某种方式、性质或形式控制我们的生活。在几乎所有可能的方面，无论它们是否控制我们的城市以及电力和照明的使用，例如水资源和公用事业，或者是否在运输业看到它，这可能是你的问题，我们会看到它的第一个地方，不一定只是智能汽车，还有智能高速公路，你已经开始看到了。

至于为什么物联网在内部垂直领域发展迅速，原因之一是它不仅方便快捷，还降低了提供给它的人力成本，所以我认为我们将看到更多的物联网。而且我认为那不局限于特定的垂直领域。

作者：比如说交通，我们看到云服务下降到最终用户或接近用户的边缘设备中，形成一张“雾网”。人们看到这个情况，想知道由于这些网络设备的物理距离接近，现在可以实现什么样的应用。与此同时，人们也在关注安全和隐私问题。如果你看食物链上不同部分的竞争利益，会发现每个人都想成为拥有者。苹果公司和三星公司想说手机是这张雾网的中心，而思科公司想说，它们正在与汽车公司合作研发的仪表板是中心。

丹尼斯：或者是路由器，或者是交换机，或者……

作者：或者威瑞森公司会说，你旁边那个我控制的小基站是中心。那么，对于网络运营商来说，什么是一个好的策略，这个中心最终可能会在哪里？

丹尼斯：嗯，我在电信行业的同行不会喜欢我的说法，但我认为以当前的进程和速度，这个中心最终将是你的设备，在你的口袋、钱包和你旁边的车里。没有它，你就不会离开家。它几乎无时无刻不在你身上。那么运营商如何与之竞争呢？我不确定。但我认为对于运营商来说，答案在于合作，无论与苹果、谷歌，还是和思科等公司合作，甚至是和制造商，比如爱立信、诺基亚合作。那些拥有客户和拥有设备技术的人，必须走到一起。

威瑞森公司今天有个很大的优势。它有超过1亿个客户。现在，谷歌可能会说自己有这么多的搜索服务使用者，但不能说自己有这么多客户。现在，我有一台苹果手机，但我的苹果手机是连接到威瑞森无线网络的。谁为此向我收费呢？苹果公司也许会收一次费，但威瑞森无线每个月都收费。因此，在这个等式的两边，双方会以某种方式、性质或形式争夺客户，同时它们也成为伙伴走到一起。我们正处于这一切的开端。

作者：我还有最后一个问题，也许与国家政策有关，也受到我们刚刚谈到的这些应用和需求的驱使。美国联邦通讯委员会宣布，美国在2014年正式陷入频谱赤字。我们的频谱用完了吗？如果是这样，我们在频谱短缺的未来该如何生活？

丹尼斯：我一个字也不相信。无论是在美国还是在全世界，都不存在频谱短缺的问题。事实是，目前已有的频谱比美国公司能使用的更多。面临的挑战是，它在错误的人手中。它在政府和政府机构手中，它们不愿意在任何情况下放弃频谱。它们对频谱的使用非常低效，而且政府必须认识到，它们对使用频谱的部署效率必须和商业部署的效率一样高。如果它们这样做，就不会看到频谱短缺。

作者：所以你认为问题的核心是使用效率，而不是频谱本身的短缺？

丹尼斯：在政府中有很多人会和我争论这个，但我已经担任这个职位很多年了，而且相比已经使用的频谱量，已经被拍卖掉、用于商业目的的频谱量微不足道。顺便说一下，广播公司使用频谱的效率也不高，所以效率问题就在于此。

作者：非常感谢你，丹尼。这是一次非常有启发性的谈话，谢谢你分享你的观点。不管未来怎样，都会同样精彩。

THE POWER OF NETWORKS

Six Principles That Connect Our Lives

第二部分　排序很难

在第一部分，我们看到了在多个用户之间有效地划分共享资源是多么的具有挑战性。现在，在第二部分，我们把注意力转向网络中的另一个挑战：如何找到一组项目的合适排序。我们特别关注谷歌使用的排序方法：不断更新网页向网站的每个访问者显示的顺序。事实上，谷歌有两种不同“类型”的页面：占据广告空间的页面以及显示为搜索结果部分的页面。我们将分别在第4章和第5章讨论这两个主题。正如你将看到的，完全不同的技术可用于项目排序，广告空间基于竞价被分配给购买者，而搜索结果会根据重要性和相关性进行排序。

THE POWER OF NETWORKS

Six Principles That Connect Our Lives

第4章

竞标广告空间

如果你在过去10年中上过网，你就一定用过谷歌搜索引擎（见图4–1）。我们“谷歌”一切——从寻找最近的咖啡店到搜索大学课程的详细解答。2006年，“谷歌搜索”作为一个词被收录到《牛津英语字典》中。一大部分读者可能一开始也是由谷歌介绍而选择本书的。

图4–1　无处不在的谷歌标志性商标

谷歌拥有超过55 000名员工，2014年的收入为660亿美元，比上一年增长19%。那么谷歌是如何对网页进行排序的？它又是如何从其广告业务中赚钱的？

在线广告业务

麦格纳环球公司估计，2015 年全球在线广告行业创造的收入超过 1 600 亿美元。其中，2014 年谷歌仅从广告就获得近 90% 的收入，只有大约 10% 的收入来自其他业务，如谷歌游戏、谷歌应用程序和谷歌光纤，如图 4–2 所示。这些广告是如何运行的？

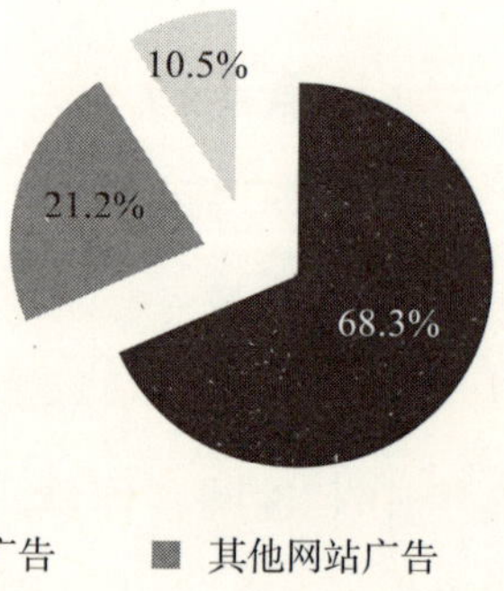

图 4–2　谷歌 2014 年的大致收入来源

注：约 68% 来自谷歌自己网站上的广告，还有约 21% 来自合作伙伴网站上的广告。只有约 11% 来自广告以外的业务，虽然这些来源每年所占的比例在逐渐上升

如何计费？

在线广告的起源可以追溯到互联网时代早期（20 世纪 90 年代中期）。显示广告的页旗最初由网站（即卖家）基于**每千次印象**（pay-per-thousand-impressions）出售给广告客户（即买家）。这意味着，每当买方的页旗累积到 1 000 个新的访问，广告客户就将支付给卖方预先确定的金额。

这真的是向广告商收费的最佳方式吗？当然，看到一则广告并不能保证人们会点击它，更不用说让他们从上面买东西。因此，这种方法只能在一定程度上表明，发布广告会给广告客户带来多少利益。

那么如果根据点击计费，而不是访问呢？1998 年，搜索引擎公司GoTo开始提供这种选择。在该模式中，广告客户提交竞拍出价，以决定他们愿意支付多少费用来出现在搜索结果页面的顶部（在特定的搜索查询中）。这些报价基于**点击付费**（**pay-per-click**）：每次有人点击GoTo页面的链接，跳转到它们的网站上，广告商就会支付它们的出价金额。GoTo提供的搜索结果列表按照点击支付出价金额降序排列，如图 4–3 所示。

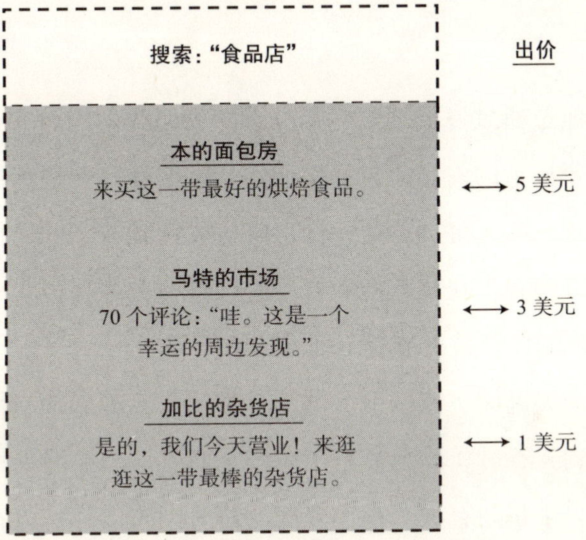

图 4–3　搜索结果页面的一个小例子

注：查询词是"食品店"，所以出现的链接与食品购买有关。广告顺序根据广告商为第一个位置出价多少排列。本的面包房出价最高，为 5 美元，其次是马特的市场（3 美元）和加比的杂货店（1 美元）。因此，每当有人点击他们的链接，这些商店将分别支付 5 美元、3 美元和 1 美元

GoTo创造了所谓的赞助商搜索模式，这种模式也被称为**搜索广告**（**search ads**）。GoTo于 2001 年改名为Overture，并在 2003 年被雅虎收购，雅虎开始以它发展搜索营销服务。在世纪之交时，另一家搜索引擎公司谷歌也已经开始普遍使用点击付费广告模式。谷

歌公司成立于1998年，并在2000年建立了AdWords部门，负责公司的广告业务。在当时，AdWords开始提供关键词广告服务，根据点击付费定价，这成为谷歌搜索引擎的特点。

自那时以来，谷歌已成为迄今为止最大的搜索广告提供商。根据eMarketer的数据，谷歌在2014年拥有55%的市场份额。百度是该行业中的第二大公司，其市场份额不足8%。我们现在具体看看AdWords。

在线广告

假设你想通过谷歌搜索为你的网站做广告。通过AdWords，你可以输入要显示的内容，包括你的网站链接和一些描述性文字，并为广告设置一些关键词。这些信息将被发送到谷歌的数据库，广告将被创建：当有人在谷歌搜索栏中进行查询，并且包含和广告相关的文字，你的广告就可能会出现在搜索结果中。

当一个关键词（或一组关键词）被输入到谷歌搜索栏时，你可能会注意到，谷歌实际上显示了两样东西：一个是搜索结果的标准列表，另一个是与查询关键词匹配的广告列表。你可以在图4–4中

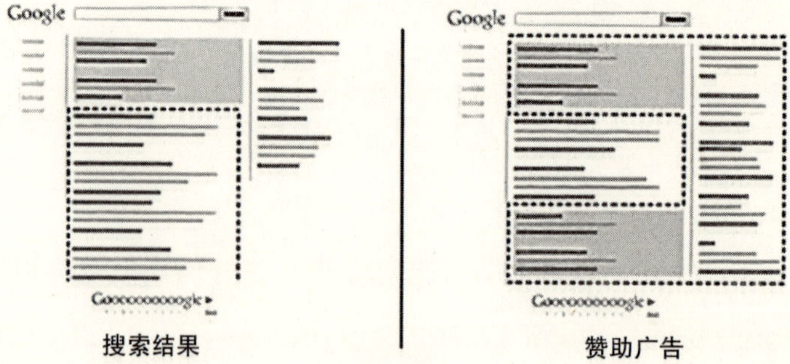

图4–4

注：在谷歌搜索页面中（2015年），标准搜索结果（左图）通常显示在页面的中间，而赞助广告（右图）则显示在页面的边缘

看到一个包含这两种类型结果的典型搜索布局（截至 2015 年）。标准搜索结果显示在页面的中间，而赞助广告则显示在页面的边缘：顶部、右侧面板或底部。

试试输入些内容到谷歌搜索栏。作为范例，我们于 2015 年 6 月输入“在线教育”（顺便说一句，我们将在第 8 章对其进行讨论）。除了显示 10~15 个链接到某些在线项目和排行的标准搜索结果，谷歌还基于关键词，在顶部和右侧面板显示广告。顶部的第一个广告是凤凰城大学（www.phoenix.edu/Education？）。这个位置和右面板顶部的位置估计会获得最多的点击量，是你的广告出现的理想位置。

你的广告会被放在列表中的哪个位置，取决于你愿意支付多少赞助费，以及竞价分配结果。在竞价中，你和其他选择这些关键词的人就是竞价者。在竞价结束时，出价最高的人将得到最好的位置，出价第二高的得到第二好的位置，以此类推。我们将在本章介绍不同的竞价机制。

广告商什么时候向谷歌付费？通过点击付费，每次有人点击广告，谷歌都会得到报酬。一个广告位置在比如 1 小时内被访问者点击的平均次数称为**点击率**（click-through rate）。广告商向谷歌支付的费用与广告的点击率成正比，因为点击率体现谷歌提供的价值（见图 4–5）。

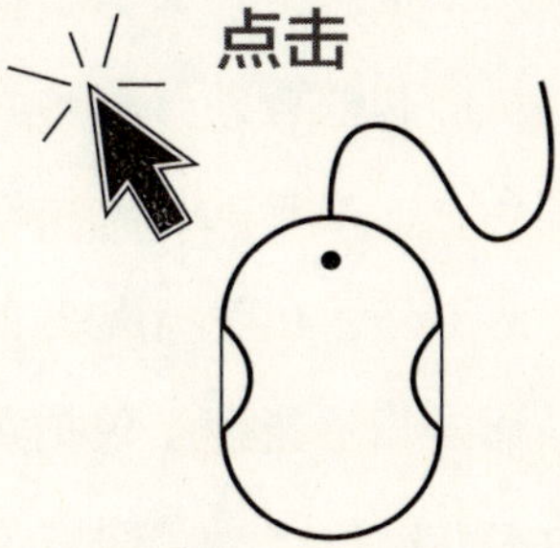

图 4–5

注：广告位置的点击率可以衡量一段时间内预期的访问次数，是广告客户竞价时的重要考虑因素

广告商能从中得到什么？它们可以预计从广告的每次点击中获得的平均收入。根据产品的点击率（每小时点击次数）和每次点击的收入，广告客户能预计从某个广告位置获得的收入，这是广告位置对于买家的**估值**（valuation）。每个广告客户将对各个位置有不同的估值。

例如，假设一个广告位置每小时获得 20 次点击，并且每次点击后，访问者都有 50% 的概率会购买一个商品。如果商品的平均售价为 70 美元，这个位置对于广告客户的估值是多少？其预期收入为：

$$20\,\frac{\text{点击}}{\text{小时}} \times 0.5\,\frac{\text{购买}}{\text{点击}} \times 70\,\frac{\text{美元}}{\text{购买}} = 700\,\frac{\text{美元}}{\text{小时}}$$

公开竞价

正如我们所说，谷歌通过广告**竞价**（auctions）向买家出售广告空间。在一般情况下，一次竞价有不同竞价人、项目和卖家，但我们只关注单一卖方的情况，因为谷歌是这里的单一卖方。

尽管拍卖手段的普及，在很大程度上得益于互联网的兴起，但在谷歌时代之前的几个世纪，拍卖就已经被用来作为商品交易的一种手段。历史上，从马和牲畜到房地产和整个帝国，都曾被作为拍卖标的物放到拍卖台上。最早的拍卖可以追溯到公元前 500 年。一个（相对较近的）例子是，在美国南北战争期间（1861—1865 年），被军队缴获的商品通过当地指挥上校拍卖出售。因此，今天美国的一些拍卖商被称为“上校”。

提到拍卖，你可能会想到一个公共场所，里面有一个拍卖人和多个投标人，如图 4–6 所示。拍卖人站在被拍卖物品的旁边，协调拍卖过程，被一群竞拍者包围。

图 4–6　传统、开放、公开的拍卖厅

这种拍卖中每个人的出价都被公开宣布，称为**公开拍卖**（open auction）。公开拍卖有两种主要类型：增价和降价。在**增价拍卖**（ascending price auction）中，拍卖人首先宣布标底，然后任何投标人都可以举手并提出更高的价格。拍卖人可能会说："拍卖从 10 美元开始！有出 10 美元的人吗？"然后有人举起手说："我们出 10 美元，有人超过 10 美元吗？"然后有人出 20 美元，以此类推，直到没有人出更高的价。"100 美元一次，两次，成交！"最后一个投标人获得该物品，并支付其最新的出价。

增价拍卖是我们最熟悉的拍卖方式。相比之下，在**降价拍卖**（descending price auction）中，拍卖人首先宣布一个高价格，高到没有人会接受。然后拍卖人逐渐降低价格，直到有一个投标人喊："买！"该投标人会获得该物品，并支付拍卖终止时的价格。

公开拍卖使用得相当频繁，但谷歌等搜索广告赞助商不用这种方式。与公开竞拍相对的是私下提交的投标，被称为**密封**（sealed-envelope）拍卖，它在许多场合中更为实际。接下来我们将对其进行具体讨论。

密封拍卖

谷歌使用特定类型的密封拍卖将广告位置分配给投标人。在考虑多个项目（例如多个广告位置）之前，让我们先看看单一项目的拍卖。

在密封拍卖中，每个投标人私下提交投标，所有投标同时向拍卖人显示（见图 4–7）。然后，拍卖人决定如何**匹配**（matching）（即分配）和收费。匹配部分很容易：出价最高者得到拍卖品。但收取的金额会有所不同，这取决于它是什么类型的密封拍卖：

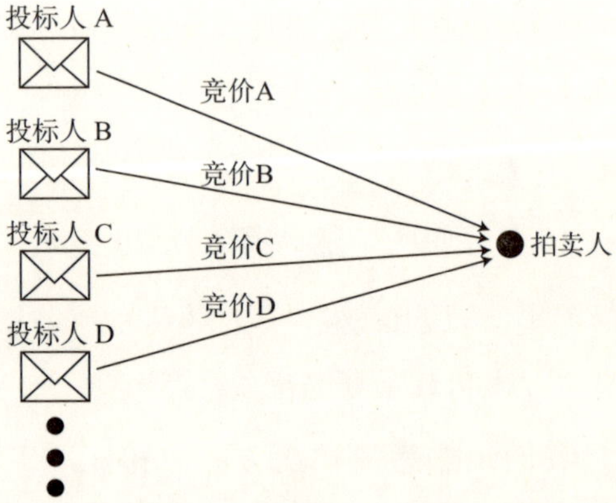

图 4–7

注：在密封拍卖中，每个投标人（A、B、C……）向拍卖人私下提交竞价。拍卖结果是明确的：拍卖品将由出价最高的人获得。决定出价多少更为复杂

- 在**第一价格拍卖**（first-price auction）中，获胜者支付自己给出的最高出价。
- 在**第二价格拍卖**（second-price auction）中，获胜者支付第二高的出价。

你可以在图 4–8 中看到两种拍卖的差异。凯特获得吉他，最高出价为 800 美元。根据第一价格，她将支付自己的出价 800 美元。根据第二价格，她将支付第二高出价（克里斯的）750 美元。

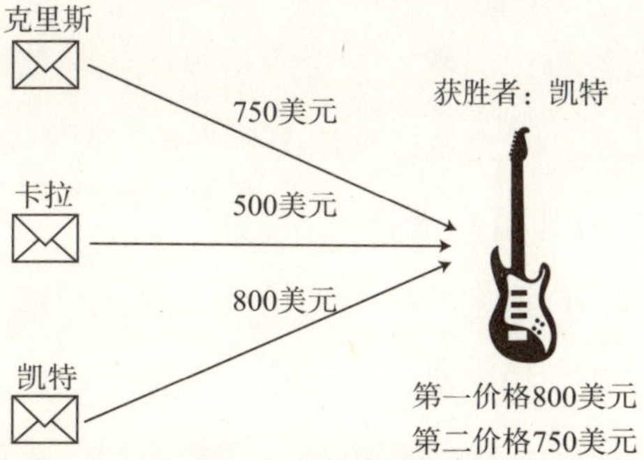

图 4–8

注：第一和第二价格密封拍卖的区别在于，获胜者支付多少金额

为什么有人会使用第二价格拍卖呢？乍一看，这似乎不对劲儿。如果我想要一件拍卖品，同时我知道赢家将支付第二高出价，为什么不提出一个非常高的金额，远高于我自身对该拍卖品的估值呢？

事实证明，这种直觉实际上是错误的。原因很简单：如果每个人都采取同样的思维，那么"第二高出价"也将是非常高的。因此，获胜者将为拍卖品支付比其自身估值高得多的金额。了解到这一点，每个人就不会提出比其真正估值更高的竞价，以避免支付费用超过拍卖品价值。下面我们对此进行详细讨论。

第二价格是合理的

归根结底，投标人参加拍卖的目标是使其**回报**（payoff）最大化，也就是他获得的净收益。如果投标人赢得拍卖品，其回报是他的估值和支付价格之间的差异：

$$回报=估值-支付价格$$

然而，如果他没有成功，回报就是零。回报实际上是净效用的一种特殊情况，我们曾在第 3 章中讨论过。

回报会是负数吗？当然。支付价格可能比估值更高。这是投标人总想避免的情况，因为在这种情况下，他宁愿不要该拍卖品。

投标人如何最大限度地提高自己的回报？这取决于拍卖的类型。首先考虑第一价格密封拍卖的情况。在这种情况下，赢家的回报是什么？由于他为拍卖品支付的价格是他自己的出价，因此他的回报是其对拍卖品的估值减去出价。一般来说，人们很难决定应该出价多少，以争取回报最大化，因为他们是否获胜取决于其他人的策略。但有一点是明确的：在这种类型的拍卖中，每个人的出价应该总是低于其个人估值，因为如果不这样，赢得拍卖品只能带来非正面的回报（即为零或小于零）。

第二价格拍卖的情况如何？在这种情况下，获胜者将支付第二高出价，所以他的回报是其估值减去这个数字。这种拍卖方式鼓励**诚实的投标**（truthful bidding），意味着对于每个人来说，最好的策略就是在出价时提交真实估值。

为什么？因为改变出价不能提高回报。这个道理类似于为什么基于使用的定价鼓励用户基于需求曲线进行消费，正如我们在第 3

章中看到的那样。

要理解这一点，可以假设你在竞拍一件物品，你对其真正的估值是 50 美元。你考虑提交真实估值作为你的出价，但还有两个选择：提高或降低出价，如图 4–9 所示。首先，如果你决定降低出价，比如说降到 45 美元，你的回报会怎么样？在第二价格拍卖中，能改变结果的唯一办法是，如果你本来要赢，然后你把价格降到足够低，让第二高出价者赢得该拍卖品。也许此人出价为 48 美元。本来，你的回报应为正：你要付第二高出价 48 美元，你的回报为 50 美元 – 48 美元 = 2 美元。但现在你输掉了拍卖，你的回报是零！你本应该提交真实的估值，因为正回报比零回报要好。

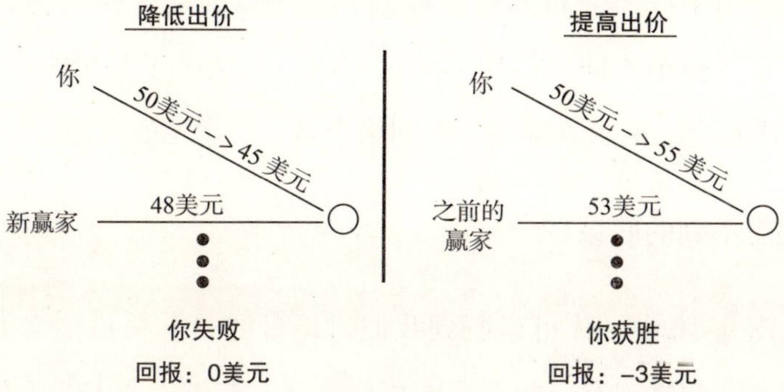

图 4–9

注：在第二价格密封拍卖中，如实出价符合你的最佳利益。提高或降低出价只会减少你的回报

另一方面，如果你把出价提高到 55 美元，会发生什么呢？能改变结果的唯一方法是，如果你本来要输掉拍卖，但你将出价提到足够高，使你胜出，导致以前出价最高的投标人失败。假设这个人出价 53 美元。本来，你的回报为零。现在，你赢得了这件物品，并支付 53 美元，这意味着你的回报是 50 美元 – 53 美元 = –3 美元。此值为负值，因为你的估值低于第二高出价。在这种情况下，你也

应该提交你的真实估值，因为零回报比负回报好。

因此，第二价格拍卖比第一价格拍卖“更好”，原因在于，它使如实出价符合每个人的最佳利益。买家思考应该如何出价时，有一个隐蔽的反馈信号，鼓励其将出价设为其自身的估值。切断获胜者人选和赢家支付价格之间的联系是有用的。

第二价格比诸如第三、第四或第五价格拍卖的情况好吗？事实证明，只有第二价格才能使每个使用者控制自己对网络施加的负外部性：如果不考虑拍卖的赢家，那么第二高出价者将胜出。这样，赢家获胜是因为出价第二高的投标人没有获胜，因为获胜者的支付金额是第二高的出价。

正如第 1 章的分布式功率控制和第 3 章的基于使用的数据定价，第二价格拍卖同样说明，通过向用户发送关于其影响的信号，迫使其内化自己的负外部性，在网络中是一个常见的主题。

一些意想不到的联系

在图 4–10 中，你可以看到我们讨论过的单一项目拍卖的分类示意图。它们之间有一些有趣的相似之处。首先，考虑增价公开拍卖。当出价提高时，所有投标者心中都有自己的估值，每个人都将继续竞拍，直到出价高于其估值。当前出价会不断上升，直到估值第二高的投标人选择放弃。所以，除非赢家大幅增加目前的出价，否则其将支付第二高出价人的估值（加上些许增幅）。这样，增价拍卖与第二价格拍卖类似。

现在考虑降价公开拍卖。拍卖人不断降低价格，直到价格降至最高出价者的水平，此时最高出价者将终止拍卖。只要该出价者不等价格进一步下降（也就是持谨慎态度），他就将支付自己的估值，

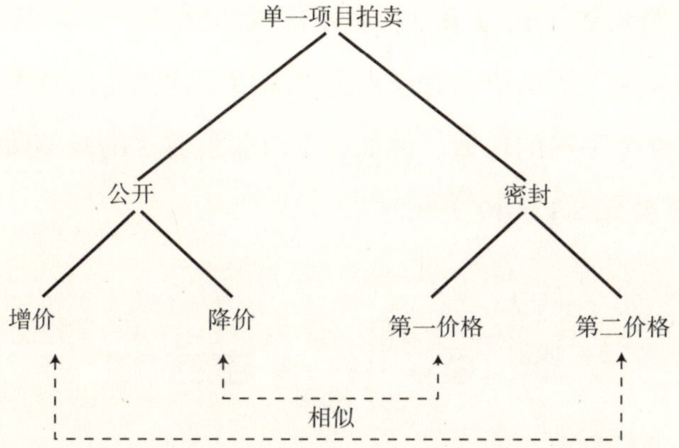

图 4–10 我们讨论过的单一项目拍卖的分类示意图

这是最高价格。这样，降价拍卖相当于第一价格拍卖。

有些单一项目拍卖既不严格封闭，也不严格公开。例如，在亿贝的拍卖中，投标人通过报价了解当前最高出价，这是下一个出价能被接受的最低值。虽然投标人不能确定最高出价是多少（即不严格的公开拍卖），但他们能了解拍卖的当前状态（即不严格的封闭拍卖）的信息。因此，亿贝位于中间地带，在整个过程中将部分反馈发给每个投标人。关于亿贝拍卖及其运行方式的示例，请参考本书网站 Q4.1 和 Q4.2 部分。

广义二价拍卖

鉴于谷歌等搜索广告公司有多个广告位置出售，它们的拍卖实际上是多项目拍卖，即有多个项目（广告）提供给投标人。让我们尝试用一个简单的方法，将单一项目密封拍卖应用于谷歌关键词广告。

图 4–11 显示，有三个广告客户（即投标人）和三个广告位置。每个投标人（安娜、本和查理）对每次点击收入有不同的预期，同

时每个广告位置（1、2 和 3）有不同的点击率。一个特定的广告位置对于投标人的估值，等于点击率乘以每次点击的预期收入。这样总共有 9 个不同的估值，例如，本对于位置 3 的预期收入（每小时）为 40 美元 × 1 = 40 美元。

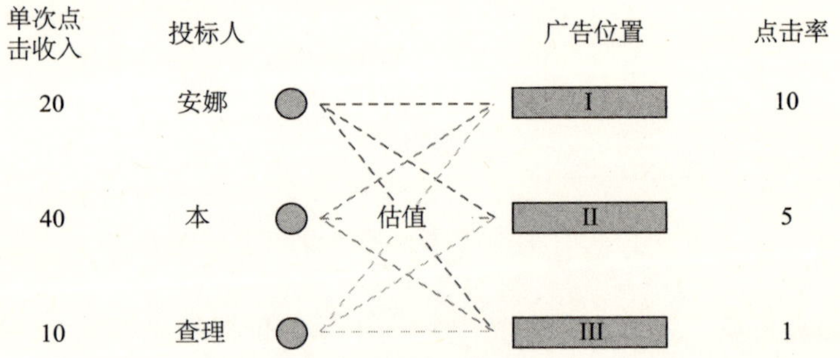

图 4–11　谷歌广告拍卖示例

注：有三个投标人（安娜、本和查理）和三个广告位置（1、2 和 3）

为了参与拍卖，广告客户要提供给谷歌什么？他们的每次点击收入（或者更准确地说，他们对每次点击的估值）。有趣的是，谷歌只会从每个广告客户那里获得一个数字，而不是对每个广告位置都有一个数字。这表明，无论点击来自哪个位置，它对相同买家的价值都是一样的。但是，买家可能对第一个广告位置估值为每次点击 100 美元，对第二个的估值只有每次点击 95 美元，因为点击接近顶端的位置可能有更高的机会促成购买。为简便起见，赞助搜索行业认为，一个数字就够了。

多项目拍卖将给每个广告客户分配一个单独的广告（如果买家比位置数更多，或位置数比买家更多，这只会导致一些广告客户没有位置，或产生一些空位置）。对于广告位置的分配和收费，谷歌关键词广告使用**广义二价**（generalized second-price，简称 GSP）拍卖：

• 由广告客户出价：每个买家提交一个出价，这是他们愿意为每次点击支付给谷歌的价格。

• 由谷歌匹配：广告位置按出价降序分配给买家。所以，出价最高者得到第一个广告位置，第二高者得到第二个位置，以此类推。

• 广告客户向谷歌支付：每个买家为广告位置支付价格的方法，就是我们看到的第二价格、单一项目拍卖方式。最高投标人支付的价格，是第二高出价者愿意为第一个位置支付的价格，第二高出价者支付的价格，是第三高出价者愿意为第二个位置支付的价格，以此类推。

有了这种方法，我们来看看图4–11中拍卖的结果。假设每个投标人的出价是其真实估值，安娜、本和查理将分别提交每次点击20美元、40美元和10美元作为他们的出价。哪些位置将分配给他们？根据广义二价，出价最高者获得最有价值的广告位置，出价第二高者得到第二有价值的位置，以此类推。所以，本得到第一个，安娜得到第二个，查理得到第三个，如图4–12所示。

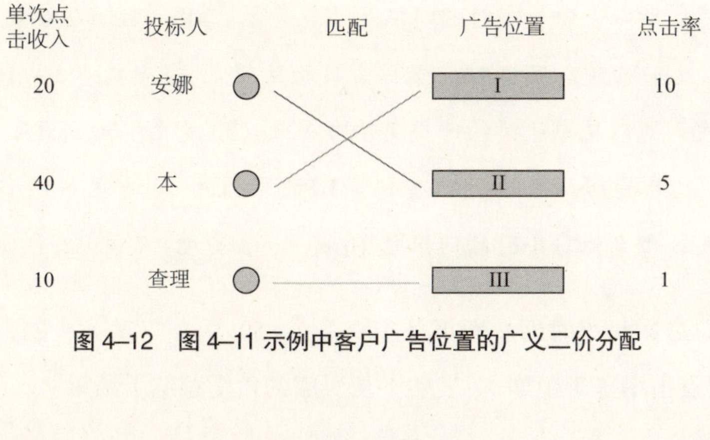

图4–12　图4–11示例中客户广告位置的广义二价分配

每个买家将支付给谷歌多少费用？根据广义二价，买方支付价款等于下一个出价最高者为其广告位置支付的价格：

- 本每次点击被收取20美元（安娜的出价）。点击率为每小时10次，他每小时的支付金额为20美元×10＝200美元。
- 安娜每次点击被收取10美元（查理的出价），点击率为每小时5次，总额为每小时10美元×5=50美元。
- 对于查理来说，没有“下一个最高”的投标人。在这种情况下，谷歌采取其标准最低出价。如果是每次点击3美元，那么查理每小时将支付3×1美元=3美元。

谷歌将从拍卖中赚到多少钱？把买家的付款相加，谷歌每小时将从拍卖中获得200美元+50美元+3美元=253美元，只要点击率和预期的一样。三个广告客户的回报如何？回顾前面的内容：回报是估值和支付价格之差。我们已经计算了付款，所以只需要估值：

- 本对广告位置I的估值是他的每次点击收入（40美元）和该位置点击率（10）相乘的结果，共计40美元×10＝400美元。所以，他每小时的回报是400美元－200美元＝200美元。
- 同样，安娜对广告位置II的估值是20美元×5＝100美元，所以她每小时的回报是100美元－50美元＝50美元。
- 最后，查理对广告位置III的估值为10美元×1＝10美元，那么他每小时的回报是10美元－3美元＝7美元。

总之，每小时的总回报是200美元+50美元+7美元＝257美元（只要点击率等于预期）。表4–1从买家的角度总结了结果。

表 4–1　基于购买者角度的广义二价广告拍卖示例概要

买家	收入	广告	估值	价格	回报
安娜	20	II	100	50	50
本	40	I	400	200	200
查理	10	III	10	3	7

注：收入单位为每次点击，估值、收费和回报单位为每小时

广义二价是谷歌用来确定广告位置竞买人排名的方法，谷歌以此决定他们在相关关键词设置下的搜索结果页面如何排序，并实现利润最大化。然而，为了确定匹配，广义二价不是唯一可以使用的机制。其他我们没有讨论的方法可能会产生不同的结果。事实上，对于多项目拍卖，广义二价并不鼓励诚实的报价，虽然它只针对单一项目拍卖。另一种被称为 VCG（Vickrey-Clarke-Groves）的方法在任何情况下都鼓励诚实报价。但这种方法也有缺点。因为对于什么是“正确”的排名这一问题，它会有一个以上的答案。

应该说明的是，在描述本章不同类型的拍卖时，我们对估值的性质、每次点击收入和点击率做了一些简化问题的假设。如果你有兴趣对其了解更多，请参考本书网站 Q4.3 部分。

我们现在了解了谷歌如何创造其大部分收入。接下来，让我们探讨谷歌如何将其标准页面的结果排序，以尽可能提高搜索效率和质量。

第 5 章
排列搜索结果

毫无疑问，你和几乎所有你认识的人都使用谷歌搜索。输入一个短语到搜索查询，点击回车，可能就会弹出数以百万计的相关链接。很可能你会在最初几个结果中发现你寻找的答案。

自 1989 年互联网诞生以来，互联网上的信息量就在迅速增长。很难估计今天到底有多少个网页，但目前统计可能有 60 万亿个（60 000 000 000 000！）。

谷歌等搜索引擎如何记录所有这些页面呢？实际上，每个引擎都有自己的数据库，存储所有它知道的网页信息。随着网络的迅速发展和演变，它们如何使其数据库保持更新？通过不断抓取网页，使用程序自动跟踪链接从一个网页换到下一个，并在此过程中添加新网页到数据库，更新现有网页条目。但是没人能保证这个抓取过程会到达所有页面。

随着时间的推移，谷歌的索引规模急剧增长。在图 5–1 中，你可以看到谷歌的变化（从 1997 年到它停止在首页宣传其数据库中的网页数量）。索引规模在 20 年内呈指数上升，由 1997 年的 2 400 万增加到 2005 年的 80 亿，再到 2015 年的 60 万亿。

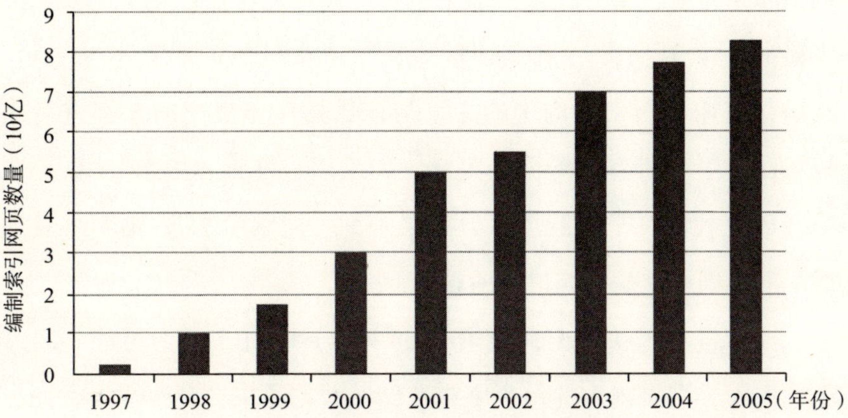

图 5–1　谷歌编制索引网页的数量

注：从 1997 年谷歌成立到 2005 年其停止在主页上发布该信息时

如果谷歌有上万亿的页面索引，那么当你输入搜索查询时，为什么通常会在最初几个结果中就发现你所需要的信息呢？这是我们感兴趣的问题。显然，页面不是以谷歌编制索引的顺序显示。事实上，搜索引擎使用其著名算法——网页级别，它通过解决巨大的方程组，以确定每个网页的重要性，然后按重要性从高到低，将相关查询结果排序。

相关性与重要性

网页排序的概念可以追溯到 20 世纪 90 年代初期，第一代搜索引擎诞生时。当然，当时的搜索引擎远不如今天成熟。由于存储和计算能力的限制，它们的数据库相当小，只能存储页面的子集，如标题和不同部分的小标题。这样，搜索才可以快速和低成本地进行。

这种部分抽取的影响是什么？是信息和搜索精度的巨大损失。例如，假设本书第二部分是互联网上的一个网页。当为它建立一个数据库条目时，第一代搜索引擎很可能只通过存储标题（例如“排序很难”“公开拍卖”“排列搜索结果”“相关性与重要性”）来表示。然后，将用户搜索查询中的文字与该数据库条目中的文字进行比较，以查看是否有匹配项。因此，如果用户搜索“拍卖”，它会在第二部分找到一个匹配项。但如果查询“搜索引擎”，则不会发现匹配项，即使这是我们讨论的重要部分。

技术进步很快使**全文搜索**（full text search）成为可能。通过全文搜索，网页内容的每个字都存储在数据库中，允许搜索查询与所有内容匹配。1994 年，网络爬虫成为第一个提供这一功能的知名搜索引擎，它于一年后被美国在线收购。

按相关性排序

如果你设计一个搜索引擎，会如何给网页排序？也许，对于用户输入的特定搜索查询，你会按照页面出现查询文字的次数来排列。毕竟，查询文字出现的次数越多，就表明匹配度越高。你可以在图 5–2 中看到一个非常小的例子：当用户搜索“香草”时，每个页面都会检查这个词出现的次数。四个标有 A~D 的网页包含这个词，出现次数分别是 1、5、9 和 2。搜索结果页面将这四个页面的链接排序为 C、B、D、A（每个页面用一些文字进行简短描述）。

这种计算出现次数的方法是衡量网页和查询相关度（即两者关联度大小）的方式之一。基于相关性的排名是早期搜索引擎采取的方法，也是搜索结果排序的依据。换句话说，它们将相关度较高的页面显示在相关度较低的页面前，以将最有用的结果放在前面。

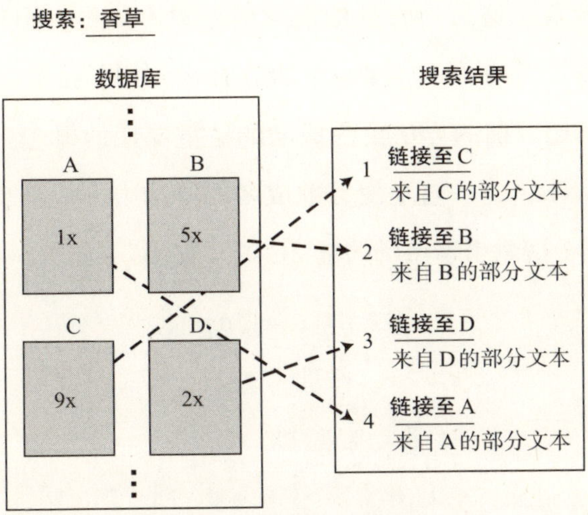

图 5–2　基于相关性的搜索结果排序的简单示例

在组合中增加重要性

仅仅根据相关性来排序是搜索引擎的最好选择吗？如果我们考虑谷歌搜索在过去 20 年中取得的广泛成功，答案将是否定的。

谷歌于 1997 年进入搜索引擎领域。当时，它的两个创始人谢尔盖·布林和拉里·佩奇提出了网页排序的新方法。对他们来说，搜索引擎是有效完成这一艰巨任务的最佳方式，能考虑到每个网页的两个不同因素：

- **相关性得分**（relevance score），根据相关性概念，确定网页内容和指定搜索查询的相关性；
- **重要性得分**（importance score），衡量网页重要性，不考虑页面内容和搜索文字。

相关性得分的计算确实使谷歌的远见与众不同，至少在一定程度上如此。特别是，谷歌开始考虑某些因素，如字母大写、字体和内容位置，这是当时其他搜索引擎没有做的。但使**网页级别（PageRank）**（谷歌的排名算法，此次命名利用了拉里·佩奇名字的巧妙双关）比以前的方法更为成功的是重要性的概念。自 20 世纪 90 年代末以来，它一直是使谷歌成名的驱动力。截至 2015 年，谷歌占据了整个搜索引擎市场的近 2/3 的“江山”，如图 5–3 所示。

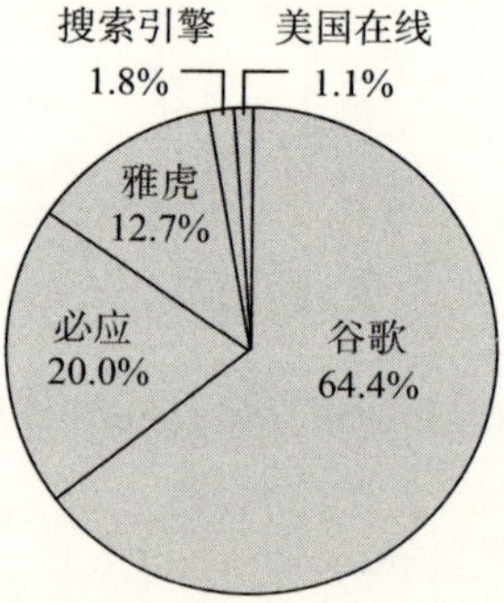

图 5–3 2015 年 3 月，美国最受欢迎的五个搜索引擎的市场占有率

注：虽然必应（Bing）在过去几年里一直在稳步增加其份额，但谷歌搜索仍然占据了 2/3 的市场份额，这个数字是必应目前份额的三倍多

在本章的其余部分，我们将看到重要性得分是如何确定的，包括了解由超链接导向形成的页面网络，将网页彼此连接形成网络。请记住，与相关性评分不同，每个页面的重要性不会随用户输入的搜索查询而改变，也不取决于页面包含的内容。相反，它完全基于一张展示网页如何连接的结构图。

图和网络图

网页通过**超链接（hyperlinks）**（即网页中用户可以跟踪了解的外部数据引用）连接到另一个网页。在文本中嵌入超链接是创造万维网不可或缺的，因为超链接是网页互相引用的手段。也就是说，如果一个页面有直接的超链接，它就会将用户带到另一个页面。

网页之间的连接可以简洁地用**图**（graph）表示。（使网络运行的互联网也可以被描述为一张图，我们之后会看到。）我们可以花一整本书来介绍图论的数学理论，但简单的术语在这里就足够了：图包含一组**节点**（nodes）（或顶点），它们由**链接**（links）（或边）相互联系。在本章中，我们将节点视为网页，将链接作为页面是否互相引用的指标。我们建立的结果称为**网络图**（webgraph）。网络图是**有向**（directed）的，表示其链接不对称：页面A引用页面B并不代表页面B会引用页面A。

顺便说一句，我们将在本书中看到许多不同类型的图。它们的区别在于构成节点的元素和节点之间的联系具体代表的对象。除了在这里看到的网页图，我们将讨论其他图，例如第 12 章的互联网路由器图（其中的连接是实际连接）和第 8、10、14 章的人类连接图（其中的连接是社会联系）。

网络图对于理解重要性得分很有必要，因为它们概括了网络的连接性。后面，我们将使用图 5–4 中的（非常小的）图表来演示计算重要性分数的关键步骤。在这张网络图中，有 4 个页面（W、X、Y和Z）和 8 个超链接。我们假设所有这些页面都与用户输入的搜索查询有关，因此它们都将在结果页上显示，问题在于显示在何处。

另一方面，你会发现我们在本书中坚持使用小图表，它们可以显示在一页上，既容易理解又能说明要点。不过，让我们设想整个网络的结构是什么样子的。我们可以肯定地说，在这些数以万亿计的节点之间，这张图看起来极其**稀疏**（sparse），这意味着大多数网页只连接到网络中其他网页中的一小部分。即使是维基百科的一张有几百个链接的大页面（这比普通网页要多得多），也仅仅连接到数万亿节点中的一小部分。

网页级别不做什么

那么，是什么让一张页面变得“重要”？也许是指向它的页面数量？这被称为网页的**入度**（in-degree），它可以衡量节点有多少**导入链接**（incoming links）：

- 从图 5–4 中，你可以看到页面Y有来自页面W、X和Z的导入链接，使其入度为 3。

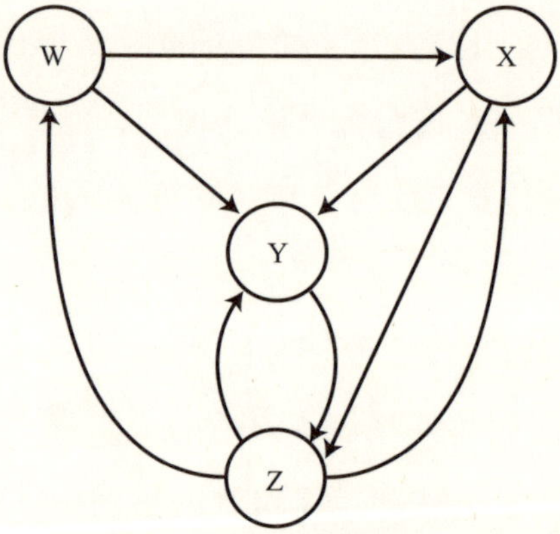

图 5–4　一张小网络图示例

注：图中包括4个页面（节点）和8个链接。该图是有向的，因为链接不对称：例如，页面W指向页面X，反之则不然

- 相比之下，页面X的入度为 2，有来自W和Z的导入链接。
- 页面Z的入度也是 2，有来自X和Y的导入链接。
- 最后，页面W的入度为 1，有来自Z的导入链接。

根据这一衡量重要性的手段，谷歌将按照Y、X、Z、W（X和

Z可互换）的顺序返回结果。但这是否说明了所有情况？根据谷歌的网页级别算法，答案是否定的。我们现在看看。

随机上网者

谷歌通过一个人随机上网的比喻解释了网页级别的概念。该上网者进入一个网页，并不断随机点击链接。在这个过程中，他最终可能会感到无聊，并在浏览器中输入另一个地址。你可以在图 5–5 中看到这个概念：此人利用超链接从A到D，再到E，然后随机在浏览器中输入F，以此类推。根据网页级别，某个页面在这一过程中的访问率（相对于访问所有页面的总次数）是该网页的重要性。

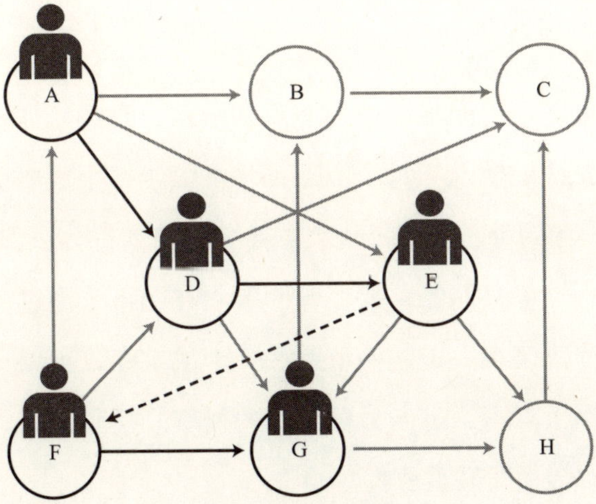

图 5–5　随机上网者原理

注：一个人开始在页面A，随机点击一个超链接，选择D。他从D再次选择一个引用链接，来到E。转到E后，此人决定在浏览器中输入一个随机地址，转到F。在F，他点击一个链接到G，该过程继续

我们将逐步分解随机上网过程。假设用户利用超链接，从中随机抽取。从一个给定的页面，随着网页的**出度**（out-degree）增大，

他选择一个特定超链接的概率会相应减小。出度是节点的**导出链接**（outgoing links）数，而入度是导入链接的数量。

回到图5–4。比如页面W的出度是2。页面W的随机上网者有50%的概率会转到页面X，也有50%的概率会选择页面Y。他不能直接去页面Z，因为没有这个链接。

那么，用户一开始在某个网页的概率是多少呢？正如我们之前提到的，这肯定取决于该页面的入度。但这还取决于其他因素：指向该页面的链接的重要性。例如，尽管Z只有两个导入链接，其中一个来自Y（这在入度上是最重要的）。如果Y很可能被访问，那么Z被访问的可能性至少一样大，因为一旦来到Y，上网者唯一的选择就是点击页面Z！

从图中量化重要性

我们可以通过网络图中的节点和链接，直观地体现入度、出度和网页重要性的概念。每个节点都将被赋予一个重要性得分：我们分别用小写字母w、x、y和z代表页面W到Z的得分，如图5–6所示。我们可以把一个页面的重要性等同于它在随机上网过程中被选择的机会。每个链接有一个起始节点和一个端节点，可以显示随机上网者从来源网页点击，进入目标网页的概率。换句话说，页面通过导出超链接"传播"其重要性。

例如，看页面X。如果上网者在页面Z或W，而且都可能会选择X，那么我们可以把它分为两部分：从W转到X的概率以及从Z转到X的概率。

首先，从W转到X的概率是多少？这要求（1）在W时转到X；（2）一开始位于W：

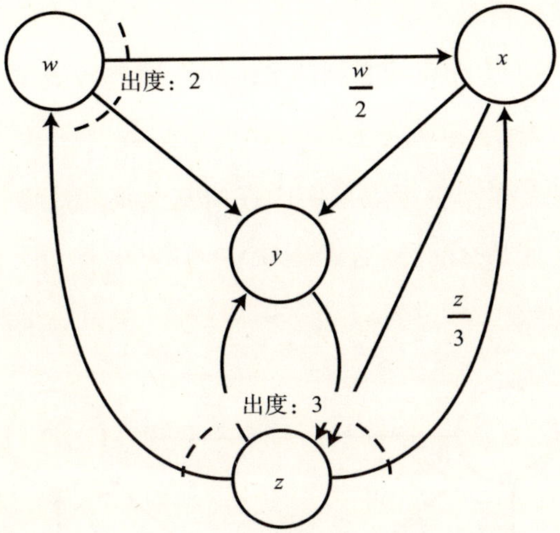

图 5–6

注：X的重要性评分x取决于W和Z。由于W和Z的入度为 2 和 3，因此这些链接的权重为w / 2 和z / 3

• 对于（1），我们之前说过，从W转到页面X的概率是 50%，或 1/2。

• 对于（2），这就是W的重要性，也就是w。

因为这些事件必须同时发生，所以我们将其概率相乘（类似于第 2 章讨论 Wi–Fi 协议时，将不发送信号的概率相乘）。结果是 $w \times 1/2 = w/2$。

其次，从Z转到X的概率是多少？我们可以运用同样的逻辑：这要求（1）从Z转到X；（2）一开始位于Z：

• 对于（1），X是三种可能性之一，所以概率是 1 / 3，或 33.33%。

• 对于（2），概率就是z。

两者相乘，就是$z \times 1/3 = z/3$。

既然我们可以从W或Z到达X，那么把这些概率相加，X的重要性得分表达为：$x = w/2 + z/3$。

页面Y怎么样？它可以从图中任何其他页面选择，因为它们都指向那里。从W有50%的概率选择Y，从X也有50%的概率，从Z有33.33%的概率。所以，$y = w/2 + x/2 + z/3$，如图5–7所示。

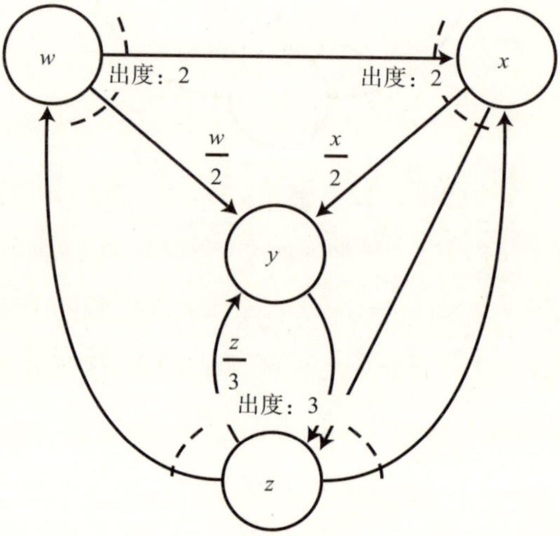

图5–7

注：页面Y的重要性评分取决于W、X和Z。由于W和X的出度均为2，它们与Y的链接权重为$w/2$和$x/2$。因为Z的出度为3，该链接权重为$z/3$

运用这一逻辑，对图5–4中的四个网页，我们得出以下方程，来表示重要性得分之间的关系：

$$w = \frac{z}{3}$$
$$x = \frac{w}{2} + \frac{z}{3}$$
$$y = \frac{w}{2} + \frac{x}{2} + \frac{z}{3}$$
$$z = \frac{x}{2} + y$$

你可以看到，一个网页的重要性评分取决于其他网页的得分，而其他网页的重要性得分又取决于源网页的得分。这种看似循环的逻辑需要我们解开一个方程组。按照图 5–6 和图 5–7 中的程序，网络图是直观显示方程的简单方法：

1. 用源节点的重要性除以其出度，并标注每个链接。

2. 对于每个节点，其重要性得分等于所有导入链接值的总和。

最后，方程的数量就是图中的节点数量。

解决方案

回到前面的方程组，我们现在有四个方程和四个未知数（w、x、y 和 z）。有一组重要性分数能满足所有方程吗？总的来说，有很多方法能解开这样的方程组。对于非常大的网络图，同时有许多变量（例如谷歌的 60 万亿索引），工程师们已经找出成熟的方法，能快速高效地找到答案。

如果你对如何仅仅利用基本的代数运算，笔算解开这个方程组感兴趣，请参考本书网站 Q5.1 部分。我们可以很容易地验证以下答案的正确性：

$$w = \frac{4}{31} = 0.129$$

$$x = \frac{6}{31} = 0.194$$

$$y = \frac{9}{31} = 0.290$$

$$z = \frac{12}{31} = 0.387$$

我们怎么能知道呢？只需将这些值放回方程中，确保其都能成立即可。例如，第三个方程 $y = w/2 + x/2 + z/3$。这是否成立？是的：右边相加为 2/31 + 3/31 + 4/31=9/31，就是y。你能以同样的方式计算其他三个方程。

我们也可以通过补充网络图的不同组成部分，直观地体现解决方案。你可以在图 5–8 中看到。对于每个网页，以下三点是相等的：页面的重要性得分、导入重要性之和，以及导出重要性之和。例如，在页面Z，12/31 = 9/31 + 3/31 = 4/31 + 4/31 + 4/ 31。在页面X，6/31 = 2/31 + 4/31 = 3/31 + 3/31。

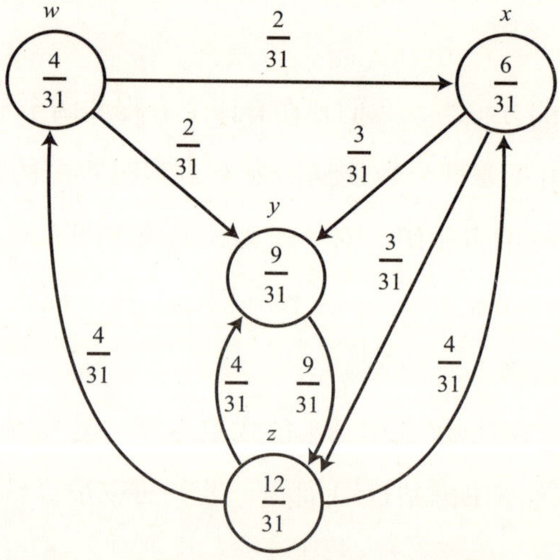

图 5–8　网络图示例的重要性评分和链接权重

注：你可以看到，每个网页的重要性等于其导入和导出重要性评分的总和

那么，基于这些重要性分数的页面排序是什么呢？按重要性从高到低排列的顺序依次为Z、Y、X、W。如果仅根据本章前面的入度方法，排名则是Y、X、Z、W。基于网页级别，Y不再是最重要的，Z则成为最重要的网页。即使页面Y有最多的导入链接，网页级别

也会考虑到这些链接的“等级”：特别是Y的两个导入链接来自次要节点W和X，其中只有一半的重要性被传播到Y，虽然另一个链接来自Z，但这只会带来 1/3 Z的重要性。

此外，页面Z可能只有两个导入链接，但其中一个带来Y的全部重要性，因为Y没有指向其他节点。由于Z也获得X的重要性，因此它自然高于Y。参考随机上网者概念，这是有道理的，因为当上网者来到Y，接下来将去Z，反之则不然。随着时间的推移，Z将获得比Y更多的访问，因此其重要性排名应更高。

在表 5–1 中，你可以看到每个方法的重要性分数和排名概要。以使结果标准化，这里的入度重要性是通过用每个页面的入度除以所有节点的入度总和（8）得出。因此，页面W、X、Y和Z的入度为 1、2、3 和 2，我们得到 1/8 = 0.125，2/8 = 0.25，3/8 = 0.375，2/8 = 0.25。

表 5–1　图 5–4 中网络图的重要性分数和排名计算

页面	入度		网页级别	
	重要性	排名	重要性	排名
W	0.125	4th	0.129	4th
X	0.250	2nd(or 3rd)	0.194	3rd
Y	0.375	1st	0.290	2nd
Z	0.250	3rd(or 2nd)	0.387	1st

注：网页级别能影响网络图的连接性，而入度则不能

排名是否可靠？

我们看到的是一种方法，它能让我们找到一组在各种方程之间均取得一致的得分，从而实现排名。然而，对于任何网络图，我们

总是能保证形成唯一的排名吗？

答案是：还不能。总的来说，我们必须对程序做出两个修改，以保证得到唯一的解决方案。这包括：网络图中有**悬挂节点**（dangling nodes），即不指向任何其他节点的节点；网络图中有多个**连通分支**（connected components）。有关这些特殊情况以及网页级别如何应对的更多信息，你可以参考本书网站Q5.2 和Q5.3 部分。可以说，这些修改涉及对部分随机上网过程做出的说明，对此我们没有详细描述。如果我们将这些修正应用于程序中，那么网页级别将始终是唯一的答案。

要使网页级别计算的具体程序用于数以万亿计的网页，需要一些超出我们范围的高等数学知识。但你现在能从概念上理解谷歌如何在搜索结果页将网页排序。虽然我们的重点几乎一直是如何得出重要性分数，但请记住相关性得分也是搜索引擎原理的重要因素，可以使无关的页面（即没有匹配用户查询内容的页面）在一开始就被过滤掉。

THE **POWER** OF **NETWORKS**

Six Principles That Connect Our Lives

第二部分　总结

在本书第二部分，我们探讨了排序的方法，这是谷歌运行的基础。我们研究了两种使公司筛选有关竞标或网页特定项目的关键案例，以实现对项目的有效排序。图II–1概括了两种情况：在拍卖中，关键词广告采用广义二价拍卖，以确定如何最好地匹配买家和广告位置；而通过网页级别，谷歌从极其巨大的网页中获得重要性（及相关性）评分，以确定在搜索结果中什么位置显示什么页面。

除了搜索引擎、广告位置和谷歌，排序还出现在许多网络环境中。因此，排序成为网络生活的一个困难但必要的部分，也就不足为奇了。排名原则将再次出现在第6章和第10章，分别关于产品列表和社会网络中的人际图。

关键词竞价广告

竞拍人	出价	广告	费用
A	5	1	5
B	10	2	3
C	3	3	1

A ⟶ 2
B ⟶ 1
C ⟶ 3

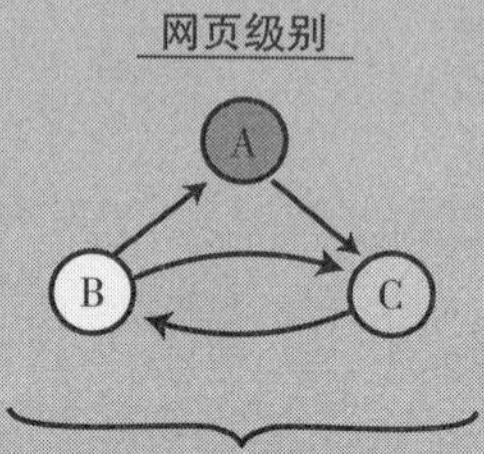

A ⟶ 3
B ⟶ 1
C ⟶ 2

图II–1　本书此部分两个不同排序案例研究的总结

与埃里克·施密特的对话

埃里克·施密特是Alphabet公司（谷歌的母公司）的执行主席。2001 年到 2011 年间，他曾担任谷歌首席执行官。

作者：让我先问你这个问题。你能想象没有谷歌的世界吗？它看起来是什么样的？

埃里克：我记得在没有谷歌时，知识主要是逸事或书本知识。当时的情况是：由于你看电视和读报纸，所以会对事物有大体的了解。人们会来告诉你一些事情，但你没有办法进行核实。现在我们正进行核实。人们总是对我说一些可能不真实的事情，我用谷歌来检查，这就是谷歌本身的工作原理。如果你正在用谷歌，有人声称诸如“你知道吗，月亮最近被证明是扁平的”，你会将这句话输入，并知道事实并非如此。所以，一旦你形成了这样的生活方式，每当有人说了什么，就去检查吧。这种“信任但验证”的模式是一种不错的生活方式。

作者：你认为这取决于对大众智慧的基本假设吗？因为谷歌得

到大家公开披露的信息，所以所有人在同一时间犯错的概率是非常小的，对么？

埃里克：人们对谷歌的评价是，一般说来，它的算法足够准确，最终能让大多数人相信的事实排名最高。因此，以“世界是平的”这句话为例，如果你输入“世界是平的”，作为一本书的标题，它在这个意义上是对的。所以，如果我们谈论的是《世界是平的》这本书，那么这是一个真实的表述，否则就是假的。我发现一般情况下，谷歌的最高排名结果都相当准确，因为大多数人都相信事实。而你最多能做的，就是当有人告诉你某件事时，比如“你知道国会里的人有90%是罪犯吗”，你把它输入进去，出来的第一个结果是Snopes（一个力争揭穿常见谣言的网站），你会看到它实际上不是真的。

作者：除了信息收集和展示方面，你能想象今天生活的其他部分没有谷歌吗？

埃里克：我们希望我们做的事情和使用牙刷刷牙一样规律和平常。你对于使用的牙刷不会想太多，只是去使用。因此使用谷歌邮箱和谷歌浏览器，把你的信息储存在“云”中，这是我们的愿望。当然，我使用所有这些工具，我把一切都存在云端。现在我最喜欢举的例子是照片。像大多数人一样，我有很多照片储存在不同的地方。有了谷歌相册，我现在基本上可以把它们上传到谷歌邮箱账户，谷歌相册还会进行整理，并删除重复数据，你还可以搜索图片中的内容。它使用机器学习和机器视觉来查看图片。

作者：说到机器学习和大数据，你认为未来网络在推荐方面，比如推荐观看什么视频内容，推荐朋友，推荐今天做什么等，将变得多么个性化？让机器智能比我们自己更了解我们，这一天距离我们还有多远？

埃里克：我认为这里有两个不同的问题。我们距离为人们提供非常好的建议有多远？答案是非常接近。原因是，人们倾向于遵循类似的模式，他们的朋友往往是相似的。我们总是说，每个人都是不同的。你有不同的朋友，但事实上，你的朋友往往有相同的文化观，显然还说同一种语言，并且年龄相仿，有相同的生活经历，所以你的朋友往往能很好地预测你喜欢什么类型的东西。这个概率不是100%，但是相当高。所以当我们运用大数据寻找建议时，例如在视频网站YouTube上，往往会获得很好的推荐。

现在重要的是，要知道人们可能会从隐私的角度来看这个问题，但假设你已经选择获得这些建议，我觉得它们非常有用。这并不意味着“软件”会成为与你交谈的某种智能生命。这是一个巨大的飞跃。我认为，我们现在知道的是，我们明白计算机视觉比人类视觉要好，所以像谷歌相册之类的东西运行得真的很好。至于它还可以走多远，我认为这是一个推测的问题。每个人都想要一个机器人，可以和你说话，并不断帮助你。问题是，这多久以后会发生？我想说，我相信将来会有一个相当不错的私人工作助理说：“埃里克，你需要打电话给那个普林斯顿的教授，你像往常一样迟到了。”我认为那样的人机互动是很有可能的。我认为除此之外，更多的是猜测。

作者：你认为是否可能出现一种趋势，人们被理解为以某种方式行事，被提供要做的事情以及阅读和观看的内容，这种趋势越来越多是关于“是什么”，而不是“可能是什么”？换句话说，机器智能实际上是强化了人们目前的个性，而不是给他们一个机会去尝试完全不同的东西并涉足新领域？

埃里克：在过去的10年里，这个问题以许多不同形式被提出，到目前为止还没有证据表明这种偏见存在。如果人们谈论的内容让大家变得更加狭隘，我则认为大数据世界的在线生活意味着，你接触到了以前没有接触的非常多的东西。

让我们回到谷歌之前的生活。在那种生活中，你去上学，有工作，有家庭，看电视。这里面没有很多不同的观点。而今天，当你花时间上推特、脸书，使用电子邮件等，你能接触到广泛得多的不同说法。顺便说一下，其中有些是假的，然后你用谷歌来揭穿它们。所以我不同意这种说法，我理解这种说法，但没有证据证明。相反，有很多证据表明，人们上网时会接触到很多新的东西，在许多情况下，它们会颠覆人们的观念。但人们不想听，也不同意。

作者：的确，在YouTube上我能反复看到推荐给我的相似内容，也有我从来没有想过我会看到的全新内容。

埃里克：对于产生我们所说的机缘巧合，这些系统可能会很擅长。你不知道你可能会对什么东西感兴趣，但它能发现，因为它知道一点点你关注的东西。正如你所知道的，从技术上说，所有这些东西都是经过训练的大型神经网络，所以它们不会十分精确。但是对于一般的观察式知识和对事物的一般熟悉上，它们将是非常有用的。

没有人认为它们会一直都是正确的，也没有人声称它们总是真实的。我们不说谷歌说的是真话。我们说的是，谷歌尽其所能将信息排序，以给出这种情况下的最佳答案，我们也已经做得很好了。

作者：说到人与人之间的交流，我想，过去只有电话，然后就有了一种叫电子邮件的东西。然后还有短信，还有社交网络，还有拍照并发送给其他人，然后是微信，WhatsApp，等等。有趣的是，工程师们非常努力地让我们进行同步视频聊天，而现在人们最喜欢的是非同步的联系，互相发送文本和语音信息。在你心目中，人们互相交流的理想方式是什么？

埃里克：你还记得“独自打保龄球”的说法吗？它认为社会将让人变成一个个孤立的个体，坐在沙发上看电视，而不进行任何社交。这种说法唯一的问题是，它是完全错误的。如果你看看今天的社会，你会发现人们总是在过度交流，我认为这就是技术的教训，人们总是想用各种可能的方式来交流，你会看到他们交流的方式多种多样。我不认为未来只会有一种交流方式。举例来说，电子邮件曾经是最好的沟通方式，而不是被理解为还有不同的形式。

我给你举个例子。微信有非常好的信息功能。你可以运行程序，还可以按下一个按键，给另一个人留下短语音信息。这些都是非常丰富的通信环境，是点对点的联系。所以我认为你会看到很多不同的通信方式。当我和你说话时，我在接收电子邮件、文本信息和语音信息，外面还有人想打断我。这在今天的世界是正常的。我不是说这对人类有益，但这是事实。有一个有趣的统计说，人在一周内会触摸 1 500 次手机，青少年平均每天发送超过 100 条文本信息。我刚读了一篇文章说，WhatsApp信息数量比短信发送总数量还要多 50%。因此，通信革命的程度不仅深刻，而且意义深远。这是所有通信形式的巨大爆发式增长。但你还是会听到有人抱怨这一点。但我们是人类，我们所做的只是沟通。这是我们从原始人时代就一直在做的事。

作者：是。现在通信也有代价。过去，你按通话时长付费，并获得移动设备的无限数据流量。现在，至少在美国，情况完全相反。你可以使用电话的通话功能，通话时长不限，但你必须按不同等级为移动数据，也许是家庭定价计划付费。

埃里克：原来的互联网并没有为服务收费，每当你为某个东西收费，就会创造一种稀缺性。电信运营商为带宽收费，因为它们必须向政府购买昂贵的带宽，而且租赁和运行都很难，所以它们受到容量制约。政府提出一个称为共享频谱的新建议，可以通过共享频谱进行通话，而不是让单一运营商拥有一大段频谱，这将在实质上释放带宽。

作者：那么你是说，按不同机会访问频谱，而不是静态分配，可以优化频谱的使用效率，达到更充分利用的程度从而降低成本？

埃里克：对。如果你看看今天的频谱，它基本上一直是空闲的。对此我们使用的比喻是，我们的公路由各家麦当劳拥有，要是只带你到你的那家麦当劳，其他什么地方都不去，这没有道理。你应该分享。所以从带宽的角度来看，共享是十分合理的，而且会成为现实。

作者：随着Nest智能温控、谷歌智能眼镜等物联网设备的崛起，人们看到智能家居、智能城市、智能工厂正在出现，环顾四周，你发现按钮可能是电脑，云可能会像雾一样下降到我们身边。但人们也担心隐私和安全问题，尤其是围绕网络边缘，消费电子设备剧增并联网。你怎么看待物联网的安全问题？

埃里克：一般说来，我们应该能够确保这些东西相对安全。运用现代加密和现代算法，通信应该是高度个人和高度安全的。这需要通过 2 048 位加密法、椭圆曲线技术加密一切静止和传输中的数据，所以你看到的问题是因为人们没有充分做到这一点，他们需要这样做。

作者：那么，如果其中有些设备没有足够强大的计算能力或能量，来运行最先进的加密技术，你会如何建议？还有其他的解决办法吗？

埃里克：我还是不同意问题的前提。现在网络的所有算法都使用HTTPS，这是基于SSL的HTTP。人们有很多争议，因为苹果手机是如此安全，连政府都不能拿来解锁，我相信你已经读过有关报道。计算机速度足够快，网络速度也足够快，可以不受限制地满足你所描述的需求。当然，最终还是存在局限性，但我们还没有看到。我最喜欢的例子是，互联网的主要用途是什么？视频。你怎么能想象可以点对点传输视频？嗯，不论如何，反正就是做到了。这就是网飞和YouTube所做的，它们做得很好，令人震惊。

作者：确实如此。说到YouTube，它无疑已经是并将继续成为一个非常成功的部署，在谷歌所做的一切事情中还有许多其他例子。我读了你的书，想知道，在你看来谷歌的创新方式有什么特别之处吗？

埃里克：如果你回到核心公式，你会发现谷歌公司是由技术人员管理，关注真正大赌注的技术，而且我们还有非常高的招聘要求。幸运的是，我们的广告系统产生了大量利润，我们就可以将其投入到这些新技术上。

作者：你提到了高标准的招聘要求。你认为当前在美国有足够的“人才”可以雇用吗？

埃里克：首先，美国的目标应该是把所有真正聪明的人从其他国家吸引到美国。不幸的是，我们的政府有一项非常愚蠢的政策，就是H–1签证限制。所以你知道，我们培养了最好和最聪明的人才，然后把他们踢出这个国家。这真的很愚蠢。所以我认为你永远不会有足够的人来创造未来。

作者：我想再问一个问题。想想你在谷歌的时候，如果你要举出一个你做过的最关键的决定，那会是什么？

埃里克：那很难说，因为当你管理一个公司，你只要尽量快速发展就可以，但我要说的是，我们做过最重要的事情是，我们建立了一个系统，将创新系统化。换句话说，我们有很多想法，并且不断检测它们，然后选择那些行之有效的方法，这样你就可以将创新系统化。你无法预测，但你可以将它系统化，并创造能扩展规模的产品。我们将创新与规模结合，生产快速成长的伟大产品，使你快速成长。如果你想看谷歌以外的例子，那就看优步吧，那是一个相对简单的想法。它的内部是复杂的，但一旦你做得对，它在任何地方都能用，所以它们可以迅速扩展到世界各地，除非被法规或政府禁止。但产品是有效的，一旦它在一个地方起作用，你就可以在任何地方应用它。

作者：这让我想起了福特将生产流水线系统化的事情。当你说将创新过程系统化时，是如何对创造性观念进行评估，然后做出放弃，改进或以后重新评估的决定的？这如何进行？

埃里克：我们有一个叫"20%时间"的做法，鼓励人们在他们感兴趣和好奇的事情上花 1/5 的工作时间，许多想法就来自 20%时间。这是好消息。坏消息是，今天做一个产品需要 100 人。这些产品又大又复杂，但它们总是从个人或小团队的想法开始，这些想法让他们感到兴奋，然后被付诸实施。因此，你带上了解技术发展的高级技术人员，创造更多这样的开端，你就会变得更有创造性。

作者：最初的想法，从 20%时间探索到决定将其变成产品，通常需要多少轮的审查和完善？

埃里克：我不认为有一个单一规则。有些东西发展得更快，有的发展得慢。但关键是，要不断地回顾它们，看它们是否取得了进展。有的想法有用，有的没用，没关系。显然，一旦清楚它不会有用，你越快放弃它并重组团队就越好。

作者：我想，人们一旦习惯了这个过程，就会享受这个过程吗？

埃里克：这很难。人们不希望自己的项目失败，不喜欢受到审查。这不容易。

作者：到目前为止，它的表现非常棒。埃里克，谢谢你分享你的想法。

第三部分　大众很聪明

零售购物、看电影和上课只是我们受到互联网影响的三种日常活动。因为有亚马逊等电子商务网站、网飞等内容分发网站，以及慕课等在线课程网站的提供者，我们可以在舒适的家中进行这些活动。

通过在网上做这些事情，我们会增加对人们行为和偏好的了解。当我们浏览网站时，我们的行为通常会被存储，在许多情况下，它会被用于改变那些随后访问网站的人的体验。例如，当你在亚马逊上写下对一件产品的反馈，它可能会影响该产品在亚马逊的页面列表中出现的排序。当你在网飞上给一部电影打分，它可能会影响到这部电影是否会被推荐给别人。

在本书的这一部分，我们将探讨亚马逊产品排序背后的理念（第 6 章），网飞如何推荐电影（第 7 章），以及人们如何在慕课中互相学习（第 8 章）。这些应用运作的核心是“群众智慧”的概念，意思是随着人群数量增加（即关于产品或项目的更多信息被收集），人们的集体决策会更好（即对产品或项目质量的估计更准确）。然后，在第四部分，我们将转向群众不那么明智的方面。

在这段进入社交网络的旅程开始之前，我们要提醒你，对这些类型的网络建模总体上棘手得多，模型与现实之间有巨大差距。在第三和第四部分，我们必须注意模型解释和预测能力及其基本假设的局限性。同时，我们必须对“平均”和“概率”等术语的潜在滥用提高敏感度。

第 6 章
合并产品评级

无论是鞋、DVD、教材还是其他商品，越来越多的零售购物通过互联网进行。2014 年，人们在网上购物中花费了总计 1.3 万亿美元，这大约是当时零售市场总额的 6%，并且可能有更大的增长空间。到 2018 年，这一支出预计将翻番。面对这么多可供选择的产品和项目，给客户提供有力的“质量”提示，以指导他们的决策，是网上零售取得成功的关键。

流淌电子商务的“河”

美国最大的电商公司是亚马逊（图 6–1）。亚马逊网上书店由杰夫·贝佐斯于 1994 年创立，该公司最初追求相当不寻常的商业模式，直到世纪之交才开始盈利。虽然其最初增长缓慢，但在互联网泡沫破裂后，亚马逊是少数几个生存下来的电子商务公司之一。事实上，在此后不久，该公司于 2001 年第四季度首次实现盈利。

图 6–1　亚马逊注册商标

今天，亚马逊的收入每年都在增加，从衣服和鞋子到软件和电子设备，任何产品都可以从其网站上购买。你甚至可能就是从那里买的本书！

亚马逊的服务也延伸到电子商务之外。2007 年，该公司开始生产自己的电子图书阅读器 Kindle（我们在第 3 章智能数据定价的讨论中提到过）。3 年后，亚马逊宣布，Kindle 的销量已经超过其网站的精装书销量。

多年来，街边的实体零售商与顾客面对面交易，他们和亚马逊等网上零售商之间有明显区别。后来，许多商店零售商进行扩张，开始利用新兴的电子商务行业。一个典型的例子是沃尔玛，它是最大的实体零售商，同时一直在网上零售商中排名前五。2012 年，亚马逊来自在线销售的收入仍超过沃尔玛 8 倍，如图 6–2 所示。同年第二季度，据估计，亚马逊网站的访问量达到 1 亿人次，超过沃尔玛一倍。

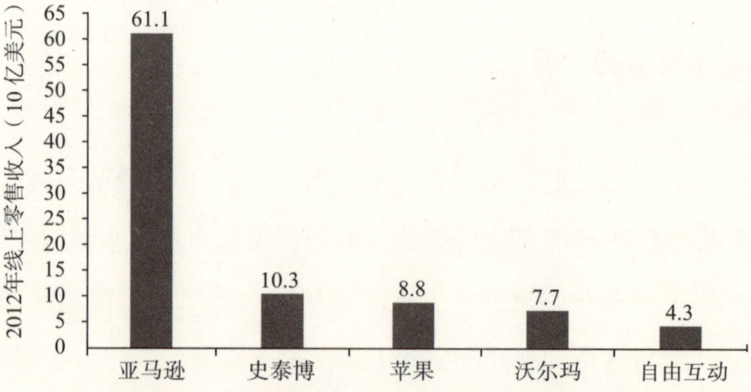

图 6–2　五大在线零售商 2012 年线上销售总收入

那么，亚马逊为何如此成功？除了它的许多功能（例如广泛的选择，某些情况下的两日免费运送）和有竞争力的价格，使该网站吸引人的一部分原因是，它有一个让顾客提供反馈的机制：通过产品评论。亚马逊将汇总对某件产品的评价，形成一个数字，即平均星级评分，使消费者了解产品的“质量”。在本章，我们将探讨亚马逊等在线零售商可以使用的汇总意见的方法，并以此确定显示给消费者的产品列表顺序。

你相信平均评级吗？

假设你在亚马逊选购一台新的高清电视。在浏览搜索结果列表后，你最终根据价格将搜索范围缩小到两个，如图 6–3 所示。

东芝 32C120U 32 英寸 720p 60Hz 液晶高清电视（黑色）
全新：~~379.99 美元~~　249.99 美元起
47 件全新 249.99 美元起
14 件非全新 201.95 美元起
19 小时内下单并选择单日配送，10 月 8 日周一可送达
(95)
可享受免费配送
商品描述：“东芝 32C120U 32 英寸 720p 60Hz 液晶高清电视”

松下 VIERA TC-L32C5 32 英寸 720p 60Hz 液晶高清电视
全新：~~249.99 美元~~　点击查看商品详情
15 件全新 & 非全新 219.95 美元起
19 小时内下单并选择单日配送，10 月 8 日周一可送达
(8)
可享受免费配送
商品描述：“……C5（32 英寸级）是 720p 液晶高清电视（冷阴极背光）……”

图 6–3　亚马逊上的两台高清电视列表

注：右侧商品平均评级较高，为 4.5 星，而左侧商品为 4 星。但左侧商品的评分人数更多，为 95 人，右侧商品为 8 人

应该选择哪一个？乍一看，右边的似乎是更好的选择，因为它有更高的评级：4.5 星。

我们漏掉了什么吗？让我们想想这些数字是如何确定的。亚马

逊允许顾客对其购买产品发表评论。这些评论包括三个部分：

1. 评级，也就是所给的星级数（即 1、2、3、4 或 5）；
2. 文字评论，这解释了为什么给某个评级；
3. 说明有多少人认为该评论"有用"的提示。

某件商品的所谓平均顾客评价（也就是图 6–3 中的 4 和 4.5）是所有顾客对商品的平均评级。它试图总结评论者的意见，并采取单一数字的形式。对于大多数没有时间逐一阅读评论的人来说，这是有帮助的。但我们考虑这个总结评级时，是否应该关注给出评级的人们，考虑他们的个人声誉和所发表评论的总数？

剖析平均数

在图 6–3 中，有 8 人为右边的高清电视评级，而有 95 人为左边的评级。这对平均顾客评价有什么意义？直观地说，如果更多的人对一件商品发表评论，那么他们的平均评级就更值得信赖：它更不容易受到有过严（即发表比其他人评分较低的评论）或过宽（即发表比其他人评分较高的评论）倾向者的影响，也不容易受没有用过产品的人随机发表的评论的影响。要理解这点，假设一件产品已获得一个 3 星评论。如果有人决定随机输入 5，平均评级将变为：

$$\frac{3+5}{2}=4$$

这整整有一星的差异。如果一开始有 101 个 3 星评论，然后如果有人随机输入 5，平均评级只会变为：

$$\frac{101\times 3+5}{102}=3.02$$

保留小数点后一位（这是亚马逊的做法），3 星的平均评级会保持不变。

显然，并非所有的 5 星评价都过于宽松，也不是所有的 1 星评价都太苛刻。这些评论实际上对购物者很有用。事实上，亚马逊在视觉上突出关于其产品“最有帮助”的正面和“最有帮助”的负面评论，从而对比人们总体上认为最有帮助的极端评论。你可以在图 6–4 中看到一个例子：两个评论的星级数差别很大（4∶1），但从认为其有帮助的人数来看，两个评论都受到欢迎。

最有帮助的好评		最有帮助的差评
106 人中有 104 人认为以下评论有用 ★★★★☆ **电视不错，但算不上特别好** LG 的中低端电视有游戏延迟低、颜色准确度高和在相同甚至更高价格水平的电视里功能和画面选择最广泛的名声。CS560 系列在这些方面仍然能做到，但表现不如以前的型号。 电视造型和质量整体上非常好。	VS	533 人中有 502 人认为以下评论有用 ★☆☆☆☆ **在 2012 款中，他们减少了 2011 同款中的很多功能** 在 2012 款中，他们减少了 2011 / 2010 同款中的很多功能。原因不清楚。我想只是为了赚更多的钱，从顾客身上薅到更多羊毛。他们删除了这么多使这款电视如此卓越的功能，但价格保持不变，而且我觉得这个价格已经很高了。

图 6–4　亚马逊突出关于其产品最有帮助的好评和差评

不过，我们可能会猜测，一件产品有越多评论，平均评级越可能值得信赖。所以再看看图 6–3，我们不能马上就说，基于 8 个评分的 4.5 星平均顾客评级比基于 95 个评分的 4 星平均顾客评级更好。

评论可靠性

评论也许是不可信的。然而，它们在我们生活中的许多方面都很重要：从网上购买各种商品，到前雇主写的推荐信，再到学生写的课程评价。要提高评论的可靠性，需要采取什么方法？

一方面，我们需要筛选出“差”的评级方法。禁止人们匿名评论和限制每人对每件商品发表一个评论都是很好的开端。如果亚马逊没有这些机制，结果会怎样？如果鲍勃在亚马逊销售产品，他可以对自己的商品输入许多好评，来提高自己的平均顾客评价，并且每次都是匿名发表，这样就没有人会知道他在给自己刷评分。此外，如果他发现某件产品与自己的产品竞争销售，他可以对其输入大量差评。即使采取这两种筛选方法后，还需要考虑许多其他低质量的评级来源。例如，你可以随机输入与产品无关的评论（如含有自己网站的链接）。

因此，在考虑其他问题之前，我们需要检查用于输入评论的机制。谁能发表评论？顾客在多大程度上被鼓励发表评论？你需要先购买产品，然后才能评论吗？刚创建账户的人可以发表评论吗？此外，进行评价能输入的数字范围是多少？例如，人们注意到，1~10、1~3 和 1~5 的范围会引起不同的心理反应。

这些因素提出了棘手的问题，评价没有唯一“正确”的答案，而是取决于正在评论的产品类型：电影（如互联网电影数据库）评论非常主观，电子产品（如亚马逊）则相对客观得多，而酒店（如猫途鹰）和餐厅（如 Yelp）则介于两者之间。它们还取决于评论者的质量：例如，亚马逊通过发布“最佳评论者排行榜”，对提交有用评论的人进行奖励。如果某个评论者全年排名较高，将被提升到“名人堂”。在这个类别中的人应该会得到更多信任。不过，信誉很难进行量化。

面对这些挑战，你可能会认为汇总意见不太可能有效。但也有明显的例外。

三个臭皮匠赛过诸葛亮

早在 1906 年，英国普利茅斯的一座农场举行了一场有趣的比赛。在一场家畜展览会上，一头公牛被展出，村民们负责猜测它的体重。787 个参与者中，每个人都仔细观察了这头牛，然后在一张纸上写下自己的估测结果，中间没有和任何人交流（图 6–5）。

图 6–5

注：1906 年，一头牛在英国的一座农场里展出，大约有 800 名村民试图猜测它的重量。虽然每个人的估值都相差甚远，但所有估值的平均值和正确答案仅相差 1 磅

弗朗西斯·高尔顿爵士是当时著名的统计学家，负责统计结果。乍一看，他看到五花八门的数字，从非常低到非常高，其中没有一个数字是真正的重量 1 198 磅[①]。但值得注意的是，当他计算出所有估测结果的平均值后，结果是数字 1 197 磅，与真实数值相差不到 0.1%。即使中位数（所有数值中间的数字）1 207 磅与真实数值相差也不到 0.8%。

既然每个人的估测结果彼此相去甚远，为什么简单的平均值却能如此接近真实数值？有几个关键因素发挥作用，使平均值如此准确。首先，任务相对容易：猜测牛的体重有客观的答案，包含明确

① 1 磅≈ 0.45 千克。——编者注

的数字意义。此外，估测是公正的：每个人都仔细观察了牛，所以没有猜测太低或太高的系统倾向。另外，估测是独立的：没有村民看到其他人的数字，所以没有人受到其他人的影响（类似于密封拍卖原理，见第 4 章）。最后，有不少人参加猜测活动。

这些因素是高尔顿显著结果的核心，但每一个因素在评论创作中只在不同程度上存在。

群众的智慧

现在回到亚马逊，我们的希望是，当我们将顾客对产品的评级进行平均，结果将接近正确的评级。但我们能说“正确”的评级存在吗？这是否至少取决于具体顾客（例如，某一系列T恤可能对一个人有吸引力，但对另一个人没有吸引力）？一般来说，正如我们在高尔顿的实验中看到的，有三个因素是汇总个人意见时需要考虑的：

- **任务定义**：一个定义明确、目的清晰一致的任务（例如猜数字）更适合于意见汇总。
- **独立和无偏见的观点**：意见汇总的成功不是取决于许多可能猜测正确的聪明人，而是取决于每个人独立于他人的公正看法。
- **人数**：如果参与人数较少的话，高尔顿的实验也不会如此有效。

对亚马逊上的产品进行评论定义明确吗？不完全。对于哪些因素构成评级中的一颗星，观点因人而异。亚马逊的评论是相互独立的吗？有一点儿。即使你在输入自己的评论前，可以看到现有的评论，通常你的评级也不会受到太多影响。但有时一件商品的评论是对最近评论的回应，以反驳或加强这些观点（这是序贯决策的一个例子，我们将在第四部分具体讨论）。一般来说，任务越不明确，评论越不独立，我们就需要更多"猜测"来获得可信的平均值。如果我们有适当的机制来检测不一致或低质量的评论，就可以减少所需人数。

当这三个因素都实现时，意见汇总效果极好。比如说，有 1 000 个人在玩一个"猜谜"游戏，游戏有清晰明确的任务。最后，我们收集每个预估数值并进行平均。事实证明，我们可以在数学上预计，相比每个单独预估数值的预期误差，该平均值的误差将减少 1 000 倍：

$$\text{平均值预期误差} \approx \frac{\text{各估值预期误差}}{\text{人数}}$$

前提是所有估值均是独立的。

这个等式把我们目前讨论的内容体现为数学形式：**群众的智慧**（wisdom of crowds）。只要每个人都独立地猜测，并且不带任何系统性偏差，我们可以预计，他们作为一个群体的"集体预测"的准确性将与人数成比例提高（图 6–6）。所以，如果有 5 人，准确性

图 6–6

注：基于群众的智慧，许多人的综合知识将超越个人或少数人的能力

将提高 5 倍，如果有 10 人，将提高 10 倍，以此类推。群众是明智的，即使其中没有任何一个人能如此明智。在图 6–7 中，你可以看到一个将此原理应用于五人组预测的示例。

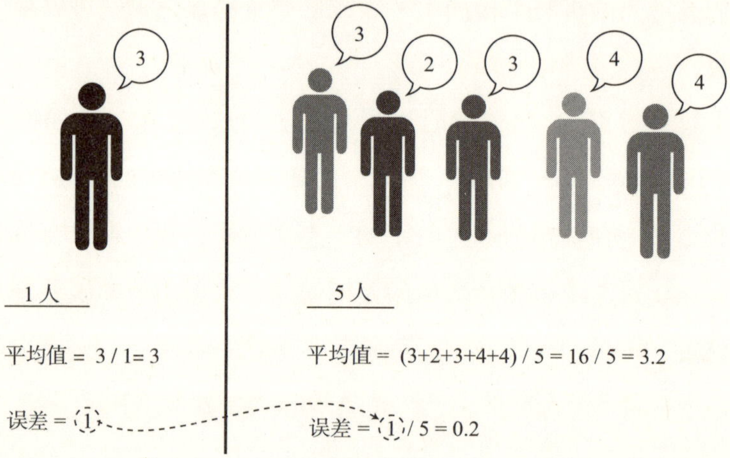

图 6–7

注：我们从左边的一个人开始，其预期误差是 1。当增加到五人，平均值 3.2 的误差预计将减少 5 倍，前提是每个人的估值都是独立和公正的

此时，你可能有两个关于这个方程的问题。首先，为什么会有≈，而不是等号？这意味着两者关系是约等，而不是完全相等，部分是因为，我们讨论的是概率（更多信息，请参考本书网站 Q6.1 部分）。第二，我们说的“误差”到底指什么？这个公式中的“误差”严格说来不是指预测值和实际值之间的差异，而是指这个差值的平方。我们将在第 7 章具体讨论平方误差。

汇总评级很难

如果亚马逊上有某产品的大量评论，之前的讨论是否意味着，平均评级将接近我们想要的“真相”？不一定。我们只是指出了一些复杂的问题，比如观点不（完全）独立。

其他困难也会产生。回到图 6–3，例如，有两台价格接近的高清电视机，平均评级不同：东芝电视机为来自 95 次评分的 4 星，而松下电视机为来自 8 次评分的 4.5 星。顾客面临权衡，要么选择具有较低平均评级和较大评分人数的产品，要么选择有较高平均评级和较小评分人数的产品。

即使两个产品有类似的平均评级和评分人数，评级分布也可能会有所不同。例如，图 6–8 中的两款手电筒的平均买家评分均为 4.5 星，且评分数量接近。而 65% 的人给美光手电筒 5 星，8% 的人给 1 星；62% 的评分者给菲尼克斯手电筒 5 星，2% 的人给 1 星。因此，美光的高分和低分比例均较高。较大的变量使平均评级更值得信赖，还是更值得怀疑？这是一个主观问题，没有明确的答案。

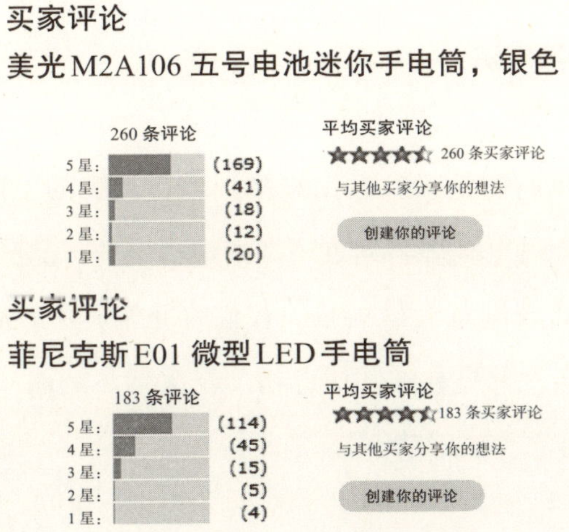

图 6–8

注：亚马逊销售的两种手电筒，平均评分和评分人数相似，但评分变化情况不同

最后，产品获得的评级可能会随时间波动。例如，在图 6–9 中，你可以看到亚马逊上某件产品 60 个最近评级和 60 个最有用的评级随时间而变化的对比情况。最近评级的平均值为 3.6，大大

低于最有帮助的评级平均值（4.4）。最近评级反映了真正的变化（如产品的一个新缺陷）或只是正常波动？哪个更适合作为平均买家评价？同样，这些问题的答案是主观的，对汇总意见提出了另一个挑战。

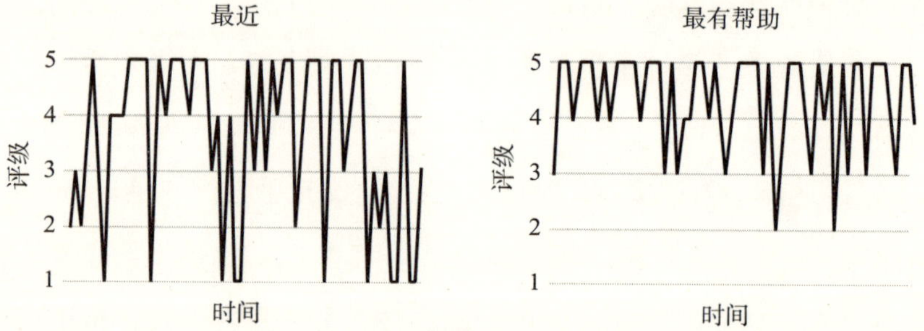

图 6–9

注：图为亚马逊某产品最近（左）和最有帮助的（右）评级之间的比较

找到一个“好”排名方法

在第二部分，我们讨论了谷歌用来排列项目列表的不同方法。亚马逊等电子商务公司也有排名列表（即指定类别的产品列表）的方案，以帮助买家高效浏览大量项目。我们将介绍其中一种方法，它被称为贝叶斯排名，并且在实践中已被广泛采用。然而，亚马逊并没有透露自己的排名算法细节。

简单平均

表 6–1 显示了亚马逊的五台 DVD 播放机的评级。每个类别中的星数和评论总数均已给出。让我们先用这些数字来计算亚马逊显示的每个产品的平均评级。

如何做到这一点？我们把所有星数相加，除以评论总数。对于松下，有 5 个 5 星评级，共有 $5 \times 5 = 25$ 颗星；3 个 4 星评级，共有 $4 \times 3 = 12$；3 个 3 星评级，共有 $3 \times 3 = 9$；没有 2 星或 1 星评级。所有星数是 $25+12+9 = 46$，评论总数是 $5 + 3+ 3 = 11$，所以平均为 $46 / 11 = 4.182$。

其他四件商品呢？你可以遵循相同的程序，得到以下结果：

$$\text{索尼：}\quad \frac{18\times5+9\times4+5\times3+2\times2+3\times1}{18+9+5+2+3}=\frac{148}{37}=4$$

$$\text{飞利浦：}\quad \frac{23\times5+15\times4+11\times3+5\times2+13\times1}{23+15+11+5+13}=\frac{231}{67}=3.448$$

$$\text{柯蒂斯：}\quad \frac{18\times5+14\times4+2\times3+6\times2+11\times1}{18+14+2+6+11}=\frac{175}{51}=3.431$$

$$\text{东芝：}\quad \frac{19\times5+10\times4+10\times3+4\times2+11\times1}{19+10+10+4+11}=\frac{184}{54}=3.407$$

如果把它们按平均评级从最高到最低排列，顺序从上到下如表 6–1 所示。

表 6–1　亚马逊的五台 DVD 播放机的评级

DVD 播放机	5 星	4 星	3 星	2 星	1 星	共计
松下	5	3	3	0	0	11
索尼	18	9	5	2	3	37
飞利浦	23	15	11	5	13	67
柯蒂斯	18	14	2	6	11	51
东芝	19	10	10	4	11	54
共计	83	51	31	17	38	220

这是“正确”的顺序吗？回到我们之前的问题：如果一个产品只有 2 个评分，即使都是 5 星，也应该被排在有 100 个评分，平均为 4.5 星的竞争产品之前吗？直观地说，这将是错误的，我们正面

临这个问题：松下有最高平均评级 4.182，但评论数也最少。

贝叶斯排序原理

我们如何将不同数量的评论纳入考虑？我们应该用人数来衡量原始评分。知道评论数量使我们提前了解，我们可以对其加以利用。

因此，除了将每个产品分开考虑，让我们把所有相关产品的信息进行整合。类似于计算每个产品平均评级的方法，我们可以算出所有产品的总平均评级。结果是什么？如果我们将图 6–10 中的各列数字相加，将得到每个星级的总数，如最后一行所示。然后我们可以计算：

$$\frac{83\times5+51\times4+31\times3+17\times2+38\times1}{83+51+31+17+38}=\frac{784}{220}=3.564$$

这个整体平均评级基于 220 个总评级。直观地说，我们可以将其作为每个单独产品的备份评级。一个产品的评级越多，其平均评级相对于整体平均值就越可信。在这种情况下，我们应该更加重视个别评级。相反，一个产品的评级越少，其平均值就越不可信。在这种情况下，我们应该倾向于相信整体平均评级。

我们可以将其看成个别和整体之间的“滑动标尺”，如图 6–10

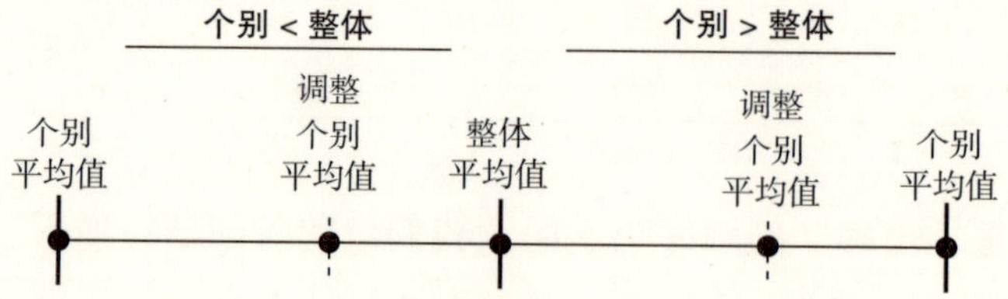

图 6–10

注：调整后的平均评级位于个别和整体平均值之间。在左边的情况下，产品的个别平均值小于整体，在右边，个别平均值大于整体

所示：调整后的个别评级位于两者之间。对于每个产品，调整值可以通过以下公式确定：

$$\frac{\text{整体数量} \times \text{整体平均值} + \text{个别数量} \times \text{个别平均值}}{\text{整体数量} + \text{个别数量}}$$

贝叶斯排序（Bayesian ranking）是贝叶斯统计方法下的推理方法之一。这类统计法以英国牧师和数学家托马斯·贝叶斯命名。他于 18 世纪中期发现其基本定理的一个特例。（主要工作实际上是由皮埃尔–西蒙·拉普拉斯完成，他于 18 世纪末再次独立发现该原理，并进行延伸。）

有趣的是，在整个 19 世纪和 20 世纪很长一段时间里，贝叶斯派理论遭到所谓频率统计学家的否定甚至强烈抵制。他们倾向于从数据中做出推断和估计的经典方法。但多年来，贝叶斯派理论被用来解决一些频率统计方法无法攻克的重大问题。这里有几个历史上的例子：

- 19 世纪 90 年代，法国军官阿尔弗雷德·德雷福斯被诬陷犯下叛国罪，数学家亨利·庞加莱引用贝叶斯定理来证明其清白。
- “二战”期间，英国计算机先驱阿兰·图灵使用贝叶斯系统破译德国军方通信密码。
- 20 世纪五六十年代，哈佛和芝加哥的研究人员使用贝叶斯派分析方法，表明有争议的《联邦党人文集》很可能由詹姆斯·麦迪逊所著，而非亚力山大·汉密尔顿。

随着时间的推移，这些成功的例子与计算技术的进步逐渐增加了贝叶斯建模的接受程度。到 21 世纪，它已被广泛接受。今天，它被用于机器学习和大数据分析等领域。让我们明确一点：贝叶斯建模确实有其风险，但它揭示了一些值得讨论的群众智慧。

假设总评级数为 100，总平均值为 2 星。如果其中一个产品有来自 5 个评论的 4 星平均值，那么该产品的贝氏评级是什么？利用方程，我们得到：

$$\frac{100\times 2+5\times 4}{100+5}=\frac{220}{105}=2.10$$

这距离 2 比距离 4 近得多。这是有道理的，因为个别评级数远远小于总评级数，所以我们更依赖后者。相反，如果 4 星平均值基于 40 个评论，那么贝氏评级将上升到：

$$\frac{100\times 2+40\times 4}{100+40}=\frac{360}{140}=2.57$$

这已远离 2（图 6–11）。

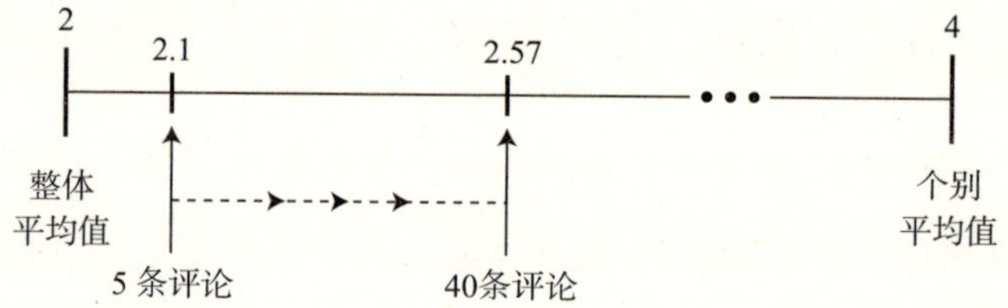

图 6–11

注：在我们的例子中，评论数从 5 增加到 40，会使调整后的平均值从 2.1 变为 2.57，更接近个别平均值

让我们在图 6–10 的例子中应用贝叶斯法调整，看顺序是否有变化。记得总评级数为 220，我们计算的整体平均评级为 3.564。那么，松下播放机的调整值是多少？该商品有 11 个评级，其个别平均值为 4.182，通过贝叶斯公式得出：

$$\frac{220\times 3.564+11\times 4.182}{220+11}=\frac{784.08+46.002}{220+11}=3.593$$

经过贝叶斯法调整后，注意到松下的评级已非常接近平均值 3.564 了吧？为什么？由于该播放机评级数（11）相对于总数（220）较小，这使得整体平均值在公式中的权重大得多。其他 DVD 播放机的计算按照同样方式进行：

$$\text{索尼：}\quad \frac{220 \times 3.564 + 37 \times 4.000}{220 + 37} = \frac{784.08 + 148}{220 + 37} = 3.626$$

$$\text{飞利浦：}\quad \frac{220 \times 3.564 + 67 \times 3.448}{220 + 67} = \frac{784.08 + 231.016}{220 + 67} = 3.537$$

$$\text{柯蒂斯：}\quad \frac{220 \times 3.564 + 51 \times 3.431}{220 + 51} = \frac{784.08 + 174.981}{220 + 51} = 3.539$$

$$\text{东芝：}\quad \frac{220 \times 3.564 + 54 \times 3.407}{220 + 54} = \frac{784.08 + 183.978}{220 + 54} = 3.533$$

结果是什么？现在，按照贝氏评级，产品排名从最高到最低分别为索尼、松下、柯蒂斯、飞利浦和东芝。你可以在表 6–2 中看到运用贝叶斯排名前后的并列对比情况。经过贝叶斯法调整后，松下和索尼播放机，以及飞利浦和柯蒂斯播放机互相交换了位置。此外，所有评级都更接近平均值。

表 6–2 基于原始平均值和贝叶斯调整值的 DVD 播放机排名比较

DVD 播放机	评级数	简单平均		贝叶斯法调整	
		排名	评级	排名	评级
松下	11	1	4.182	2	3.593
索尼	37	2	4	1	3.626
飞利浦	67	3	3.448	4	3.537
柯蒂斯	51	4	3.431	3	3.539
东芝	54	5	3.407	5	3.533

在这个例子中，贝叶斯法调整显然改变了产品顺序。但调整后

的评级不会在所有情况下都改变顺序。你能想到一个排名保持不变的例子吗？

实践中的贝叶斯排序

不少网站在实践中采用了贝叶斯排序。例如，互联网电影数据库的 250 佳电影列表完全遵循之前的方程。有时，最好对用来调整评级的“整体数量”设置最大值。随着时间的推移，所有产品的评级总量将保持上升，贝叶斯调整评级的数值范围将变得越来越小。最终，我们将有针对如此多产品的如此多的评级，以至于每次使用该方程，基本上都会默认采用整体平均值。Beer Advocate 的啤酒排名（http://beeradvocate.com/lists/popular）为了避免这个问题，试图通过选择“整体数量”作为需要在页面上列出的最小评论数目。

在本部分讨论中，我们假设产品评级有单一、真实的数值，与我们期望它对顾客的符合度对应。但事实上，真相因人而异。某些产品只会产生两极反应：有些人喜欢，而有些人讨厌。你可以在图 6–12 中看到亚马逊上索尼 DVD 播放机的一个例子：一方面，大多数人给它 4 星或 5 星评级，另一方面，有的人给 1 星，而 2 星和 3

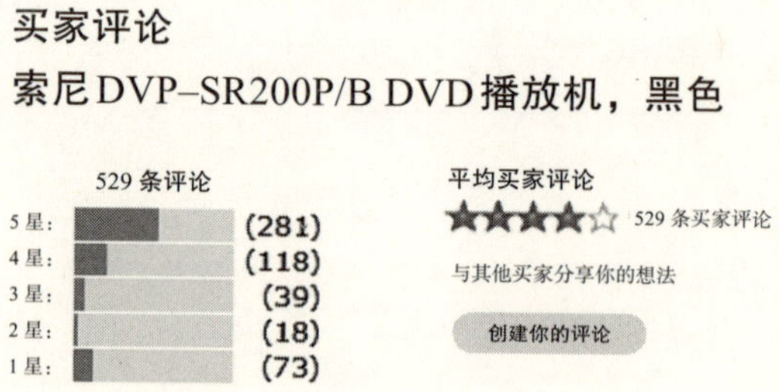

图 6–12

注：对亚马逊上的产品产生两极反应的例子：一些人很喜欢，给它 4 星或 5 星，而其他人讨厌它，给它 1 星

星评级则不常见。有时，只有带着这两种强烈感受之一的人才愿意写评论。这样的评级集合被称为遵循多重模态分布（即包含许多中心）。虽然我们关注单峰分布，但贝叶斯分析也可以扩展到多重模态的情况。

最后，我们要提醒，贝叶斯法调整只适用于调整可比产品系列的评级（如一组DVD播放机，一组笔记本电脑）。它不能简单地用于调整不同产品的评级（如任意一组电子产品）。将一组对象作为整体进行评级，需要有一个使调整值有意义的整体平均值。

此时，你可能会想知道：亚马逊具体是如何对产品列表进行排名的？它们实际上按照某一个秘密公式，将平均评论与至少三个其他因素结合：根据评论人数进行贝叶斯法调整（如我们在本部分的讨论），评论的新旧程度，以及评论者的声誉得分。具体公式不为亚马逊以外的人所知，但如果你有兴趣阅读关于其排名如何确定的一个具体例子，请参考本书网站Q6.2 部分。

到目前为止，我们已经看到，对网站上输入的评论进行评级汇总，对于了解产品的“真相”是有用的。群众智慧是网络中的一个重要原则，它指导了许多组合人们意见的算法设计。下一步，我们将关注网飞的电影推荐，它不是为所有人形成一个评级，而是为每个人都预测多个评级。

第 7 章

推荐观看的影片

继续我们关于意见汇总的主题，现在转向推荐。从广义上讲，产品推荐利用现有的产品评级知识，建议顾客下一步消费什么。

如果你是网飞的用户（图 7–1），你可能已经处于其电影推荐的接收端。它们如何确定（它们认为）哪些是你最有兴趣观看的影片？进行推荐时它们需要利用已有的关于用户偏好的数据，来预测它们没有的电影评级。这往往假定和利用群众的智慧：他们开始时拥有的评级数越多，其预测结果就会越好。

图 7–1　网飞的商标标识

大规模在线播放电影

在 1997 年，曾有一个人对在音像店积累的大笔滞纳金感到十分沮丧。他所认为的“逾期”是一种新的收费模式：与其每次租赁时向人们收取费用，何不按月向他们收取固定费用呢？其他机制，如同一时间可以租借的电影数量限制，则可以用来激励人们归还 DVD。

里德·哈斯廷斯就是这个故事的主角。他于同年成为网飞的一位创始人。网飞最初作为传统实体DVD出租店，实行每次租赁定价收费模式。随着电子商务开始飞速发展（在第 6 章提到过），他们于 1998 年创办网上商店，允许人们在线购买DVD，并等待邮寄送达。然后，在 1999 年，他们引入按月收取会员费的模式，顾客每月向网飞支付费用，而不是每次租赁时付费。在这个方案下，用户可以将租来的电影保留自己希望的时间长度，但对用户可以同时借出的数量有限制。

多年来，网飞已经具有良好的用户可扩展性和黏性。可扩展性意味着网飞在已经有很多用户的前提下，获得一个新用户的成本大大下降。黏性意味着那些已经使用网飞服务的用户往往会继续使用，而不是改用另一个视频提供商。

到 2008 年，在美国和加拿大约有 900 万名网飞用户，这个数字相比世纪之交时增加了 10 倍。大约从这个时候起，网飞转向另一种娱乐提供形式：通过互联网向联网设备提供流媒体电影和电视节目。这些设备包括所有我们每天都在使用的产品：电视机、机顶盒、智能手机、游戏机等。这种形式的租赁服务已经在很大程度上超越传统音像店，例如，百视达于 2010 年申请破产，并转向邮件投递领域。

视频流使网飞用户数量扶摇直上，到 2015 年达到 6 600 万，比 2008 年增加 7 倍多。目前，网飞公司是美国领先的视频流媒体服务提供商。在所有家庭中，有 36% 订阅网飞服务，而亚马逊和 Hulu Plus（两者是网飞最大的竞争对手）分别为 13% 和 6.5%。有趣的是，网飞视频流在 2011 年 3 月产生了巨大流量，占互联网所有数据流量的 1/4。在一些统计数据中，这个数字更高。

推荐："读心术"游戏

网飞提供若干功能来帮助你选择电影。在进行选择前，你可以按类型过滤，按评级排序，看影评家的选择，参考网飞前 100 佳影片，等等。

这些功能中的一部分是"一刀切"式，对你和对别人显示的内容一样。但网飞也会向你推荐它认为你会喜欢的电影。好像它在读你的心，在你观看或进行评价之前，就预测哪些内容会适合你的口味！

这是如何进行的？当你使用网飞时，他们会在数据库中建立关于你的行为的历史数据。这些信息被输入算法，来预测你将如何给其他电影评级。你提交评级，添加电影到播放队列，或者告诉网飞哪些是你不感兴趣的，这些行为都会影响未来哪些影片将被推荐给你。

一个有效的**推荐系统**（recommendation system）对于网飞很重要，因为它改进了用户体验，提高了用户的忠诚度，并有助于库存控制。除了视频分配，这些系统在许多其他应用中也很重要。例如，在第 6 章中，我们谈到亚马逊如何得出某个产品的平均评级和排名。类似的做法是亚马逊如何根据你的购买和浏览历史，向你推荐产品，并在你每次浏览时进行调整。另外，在第 9 章中，我们将简要介绍 YouTube 如何在你观看结束时，向你推荐视频。

网飞公司一直倡导一个超越传统推荐方案的系统，利用其收集的所有用户行为的丰富历史，建立档案，记录每个用户的电影品味，以及用户如何对每部电影评级。其算法发现电影评级“群众”提供的数据中隐藏的模式，并以此建立这些模型。让我们仔细看看这个系统的输入和输出，如图 7–2 所示。

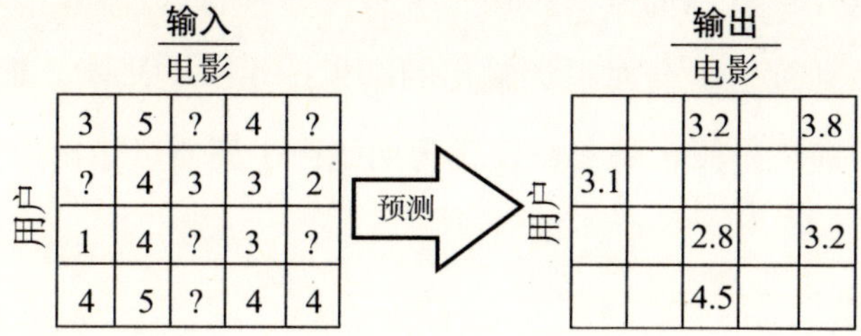

图 7–2

注：用户对电影的已知评级被输入进预测公式，然后将输出对所有未知值的预测

输入

每次用户对电影进行评级，其评级就会被存储在网飞的数据库中。这些数据的集合构成了系统的输入信息。每个评级包含四组数字：用户身份、电影编号、星级数量（从 1 到 5），以及评级日期。

这个输入量有多大？非常大。网飞有超过 6 000 万名用户，加上 75 000 个不同的电影标题，共有超过 4 万亿（4 000 000 000 000）组可能的用户和电影评级配对。当然，这些评级中只有一小部分是实际存在的，因为只有一小部分用户看过某部电影，其中又只有一部分愿意给它打分。换句话说，这个数据集十分稀疏，因为这些可能的条目中只有一小部分是真正存在的（记得我们在第 5 章说过网络图是稀疏的）。尽管如此，数据库中输入的用户和电影评级配对总数仍然达到几十亿。

我们可以用一张图表直观地表示这些输入信息，行代表用户，列代表电影，如图 7–2 左侧所示。对于表中的每个元素，其位置表示（1）哪个用户；（2）哪部电影，条目本身表示；（3）星级评级。问号（？）表示未知评级。

这些输入信息是用来做什么的？它们被用来调整系统预测算法的不同参数。你可以把参数看作一个可调的旋钮或按钮，改变参数的值（即转动旋钮）会对系统输出的结果产生一些影响。输入数据用于系统的训练阶段，将参数设置为期望产生高质量输出的数值。

输出

推荐系统会输出给我们什么？首先，输出是一组预测值，表示用户会给自己还没有看过电影的评级。这在图 7–2 的右侧显示，其中图左侧的问号已被一些预测值替换。你看到这些输出值包含小数（也就是说，它们不只是 1 到 5 之间的整数）。我们如何进行解读？比如说，预测值 4.2 介于 4 和 5 之间，但更接近 4，其 20% 靠向 5，80% 靠向 4。所以我们可以将 4.2 解释为，用户有 20% 的概率会给这部电影 5 星，有 80% 的概率会给它 4 星。

不过，这些预测评级并不是最终真正显示给观众的形式。系统最终输出的是一系列推荐给个人用户的简短、有序排列的电影列表。我们如何使用预测，来确定推荐给每个用户的列表是什么？我们可以使用不同的标准。例如，我们可以推荐用户还没看的预测评级最高的 5 部电影，或所有预测评级超过 4 星的电影。

评估预测

我们如何确定这种系统的质量或性能？真正的检验方法是，有多少用户真的喜欢推荐给他们的电影。但是这个信息很难收集。相反，我们需要一些可以作为指标的度量值。

如果除了对我们未知的评级做出预测，也对已知评级做出预测，结果会怎样？那样我们就可以知道，我们对已知评级的预测与实际数值的匹配程度如何。两者匹配度越高，我们对未知评级的预测就可能越准确。这种思路常用来评估以下类型的系统：（1）使用一些数据来调整系统的参数；（2）使用系统来预测目标值（有的已知，有的未知）；（3）比较已知目标的预测值与实际值，以了解预期质量。

要做到这一点，我们必须确保将训练和评价中使用的数据分开，如图 7–3 所示。这两组数据都是已知的，但它们必须是不同的，因为我们需要测试算法预测其没有见过的评级的能力。换句话说，在训练阶段，我们需要隐瞒（或保持，因为它是已知的）来自

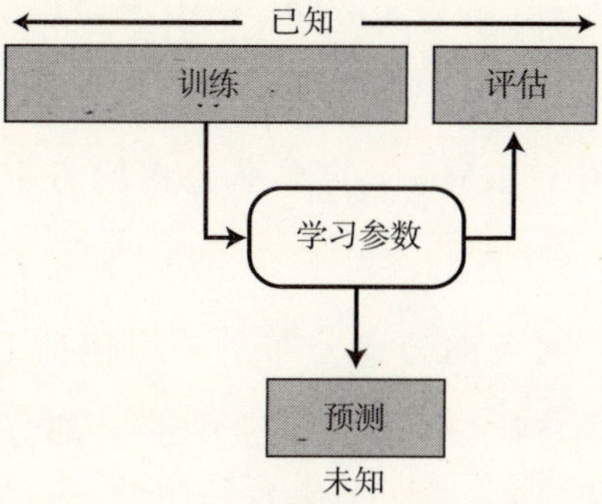

图 7–3

注：对于评估，已知数据（即数据库中已有的评级）被分成两组：一组用于训练，一组用于评估

我们输入系统的数据的评价等级。

一旦我们将预测和实际评级进行比较，如何确定质量？一个标准方法是**均方根误差**（root mean square error），缩写为RMSE。它的定义既长又拗口：找到数据集上所有点的误差，将其平方，找到均值（即平均数），并计算平方根。我们也可以参考均方误差，这节省了最后一步（平方根）。例如，将数字1、2和3作为三个值的误差，将其平方得出 $1^2 = 1 \times 1 = 1, 2^2 = 2 \times 2 = 4, 3^2 = 3 \times 3 = 9$。平均数为：

$$\frac{1+4+9}{3} = 4.67$$

这是均方误差。然后计算平方根得出均方根误差：$\sqrt{4.67} = 2.16$。均方根误差（或均方误差）越低，系统输出的预期质量就越高。

在对评级预测算法进行具体讨论之前，让我们看看它们在网飞的历史上发挥了多么重要的作用。

网飞大奖赛

网飞最初的预测算法是CineMatch。意识到拥有最好的评级预测算法有多么重要后，网飞于2006年10月推出了一项挑战赛。这场公开、在线、跨国的比赛称为**网飞奖**（Netflix Prize），提供100万美元奖金给能在CineMatch的水平上将均方根误差改善10%的团队。

比赛开始时，网飞向公众公布了一组包括1亿多个评级的数据，这是其1999年到2005年间记录中的一部分。在2006年，这一数据量可以装进标准台式电脑的内存，使世界上任何人都能轻松参加比赛。评级数据来自 480 000 多个用户和 17 770 部电影。平均每部电影被超过 5 000 个用户评级，平均每个用户给超过 200 部电影进行过评级。

这个数据集是参赛者检验其算法所需的。它是否有足够的信息来为每个用户进行预测？乍一看，似乎如此。进一步分析后，事实证明，只有少数用户通过评估大量电影（有一个用户为超过 17 000 部电影评级！）将这个平均值提高至 200。对于大多数用户来说，只有少数评级，这对汇总用户个人喜好构成了一个有趣的挑战。

网飞把只有其有权得知的几百万条评级从训练数据中提出。测试集中的 140 万条评级将作为最终的评估标准，以确定获胜者。CineMatch 对测试集的均方根误差为 0.952 5，网飞为参赛者定的目标为将测试集的均方根误差降低至 $0.9 \times 0.9525 = 0.8573$。这似乎没有太多区别，但是哪怕将均方根误差降低 0.01，在最后的推荐中都能产生显著差异。

总体而言，这场比赛激发了近年来推荐系统研究方面最激烈的活动。全球 5 000 多个团队提交了超过 44 000 条结果。2006 年 10 月，比赛开始仅一周，CineMatch 就被打败，但直到几乎 3 年后的 2009 年 6 月，才有团队将误差水平改善了 10%。最后，前两名团队，The Ensemble 和 BellKor’s Pragmatic Chaos，对测试集的均方根误差均改善了 10.06%。由于后者提交算法时间比前者早 20 分钟，因此他们被宣布成为获胜者。

关于这场比赛的进展情况和对数据集进行训练和评价分区的更多细节，请参考本书网站 Q7.1 和 Q7.2 部分。

建立基线预测值

对于网飞数据集的均方根误差，要取得最后百分之几的进步，需要将很多算法组合在一起，将成千上万个模型参数调整妥当。我们无意解释这些程序所涉及的细节。相反，我们将关注最初环节中的两步：基线预测和邻式模型，并尽可能简化其中涉及的数学概念。正如你将看到的，在这些方法内部是这样的概念：我们可以利用已有数据“群”中的信息，推断用户喜好和电影特征，以进行预测。

我们的数据集示例

请看图 7–4 中的数据集示例。它包含 6 个用户（A~F），每行一个，以及 5 部电影（I~V），每列一部。既非黑体也非问号的条目将被用来作为训练数据，作为我们预测的基础。5 个黑体条目将作为测试数据，这样我们就可以评估我们对此数据集的算法性能。5 个问号是系统预测的最终输出。

	I	II	III	IV	V
A	5	?	4	?	4
B	4	3	5	**3**	4
C	4	2	?	?	3
D	2	**2**	3	1	2
E	4	?	**5**	4	5
F	4	2	5	4	**4**

图 7–4　包含 6 个用户（A~F）和 5 部电影（I~V）的数据集示例

显然，比起网飞包含数百万名用户和数万部电影的数据集规模，这个例子是小巫见大巫。同时，网飞的数据更为稀疏：在我们的例子里，表中有 83% 的条目填充了内容，而网飞只有所有可能评级中的不到 1%。不过，这个小数据集足以说明主要观点。

简单预测值

如何建立预测式？对于初学者，我们可以尝试计算训练集中所有条目的平均值，并应用于所有未知的条目。对于训练数据中的 20 个数字，结果为：

$$\frac{5+4+2+4+4+3+2+2+\cdots\cdots}{20}=3.5$$

你可以在图 7–5 的右侧看到这一结果。

	I	II	III	IV	V
A	5	?	4	?	4
B	4	3	5	3	4
C	4	2	?	?	3
D	2	2	3	1	2
E	4	?	5	4	5
F	4	2	5	4	4

平均 →

	I	II	III	IV	V
A	3.5	3.5	3.5	3.5	3.5
B	3.5	3.5	3.5	3.5	3.5
C	3.5	3.5	3.5	3.5	3.5
D	3.5	3.5	3.5	3.5	3.5
E	3.5	3.5	3.5	3.5	3.5
F	3.5	3.5	3.5	3.5	3.5

图 7–5　原始评级（左）和简单预测值（右）

让我们通过计算均方误差，以评估这一预测值的质量，我们可以将其简称为“误差”。如前所述，我们必须采用“平方差”的平均值。我们将关注该测试集，但可以在训练集上采用相同的步骤。

首先，对于测试集中的每个元素，我们找出原始评级和预测评级之间的差值，并平方。以用户 B 和电影 IV 为例：预测值为 3.5，原始评级是 3，因此平方差为 $(3-3.5)^2=0.25$。用户 D 和电影 II 如何？结果是（2–3.5）^{2}= 2.25。

一旦我们得出图 7–5 测试集中每个点的平方差，就能算出所有这些值的平均值：

$$\frac{(4-3.5)^2+(2-3.5)^2+(5-3.5)^2+(3-3.5)^2+(4-3.5)^2}{5}$$
$$=\frac{0.25+2.25+2.25+0.25+0.25}{5}$$
$$=1.050$$

对于训练数据，你可以得出误差为 1.350。

基线预测值

依赖网飞数据集的整体平均评级会相当幼稚。这就像在第 6 章，对亚马逊上的所有产品使用相同的平均买家评论一样。也许我们可以把那章中学到的两点结合：一些评论者往往更加宽松（苛刻），同时有的项目（在这种情况下是电影）本来就比其他的更好（更差）。

例如，看看用户 D。她给的最高评级是 3，这是给电影（III）的，该电影得到其他用户的评级均为 4 和 5。她还给了两个 2，并且实际上是唯一给评级 1 的人。因此，用户 D 似乎是一个苛刻的评论者，她给电影 II 的预测评级应该能反映出这一点。同时，看看电影 III：除了一个评级 3（来自苛刻的评论者 D），它得到的都是 4 和 5。我们预计这部电影更可能得到那些尚未评级者的好评。

换句话说，每个用户和每部电影都有其评级偏差。**基线预测值**（baseline predictor）假设，特定用户–电影对儿的评级会被相应偏差从整体平均值中抵消，也就是：

$$\text{评级}=\text{平均值}+\text{用户偏差}+\text{电影偏差}$$

我们已经知道如何得到（整体）平均值。那么偏项呢？我们可以通过考虑用户与电影的相互作用（即某个用户如何给电影评级，以及某部电影如何被用户评级）来计算偏项。在一般情况下，要找到可能的最佳值，我们需要解决一个优化问题。比起这样做，让我们采取一个直观的方法：对于某个用户，找到其对所有评级电影（在训练数据中）的平均评分，并与整体平均值比较。如果它更高，这表示他相比整个数据集有多么宽容；如果更低，这表示他有多么苛刻。同样，对于每一部电影，我们找出所有用户给它的评级，并与整体平均值进行比较。

回到图 7–4。对于苛刻的用户 D，有四个评级的训练数据：2、3、1 和 2。因此，

$$\text{偏差 D} = \frac{2+3+1+2}{4} - 3.5 = -1.5$$

这明显低于零，正如我们所预计的：她的平均评级远低于整体平均值。好电影 III 怎么样？也有四个评级：4、5、3 和 5。因此，

$$\text{偏差 III} = \frac{4+5+3+5}{4} - 3.5 = 0.75$$

正如我们所预计的，结果大于零。你可以以同样的方式算出其余偏项。数值在图 7–6 中，在行（用户）和列（电影）的末尾。

有了这些偏项，我们可以做出基线预测。对于用户 D 评级电影 III，我们将得到什么结果？

$$\text{平均值}+\text{偏差 D}+\text{偏差 III} = 3.5 - 1.5 + 0.75 = 2.75$$

	I	II	III	IV	V	
A	5	-	4	-	4	0.83
B	4	3	5	-	4	0.50
C	-	2	-	-	3	–1.00
D	2	-	3	1	2	–1.50
E	4	-	-	4	5	0.83
F	4	2	5	4	-	0.25
	0.30	–1.17	0.75	–0.50	0.10	

图 7–6　用户和电影偏项在对应行（列）末尾

这距离用户 D 的实际评级只有 0.25。选取我们没有的评级，我们对用户 A 和电影 II 会得到什么结果？

$$平均值+偏差A+偏差II=3.5+0.83-1.17=3.16$$

你可以对 30 个用户–电影对儿中的每一个重复这个过程。图 7–7 右侧显示完整的基线预测。你会注意到，没有一个预测值低于 1，也没有一个高于 5。为什么？当预测值超出这个范围（例如，对于用户 E，电影 III，预测值为 3.5 + 0.83 + 0.75 = 5.08），如果保持原样，只会使误差更严重，因为实际评级不可能超过 5 或低于 1。我们应该始终将预测评级限制在这个范围内。

	I	II	III	IV	V
A	5	?	4	?	4
B	4	3	5	3	4
C	4	2	?	?	3
D	2	2	3	1	2
E	4	?	5	4	5
F	4	2	5	4	4

基线 →

	I	II	III	IV	V
A	4.63	3.16	5.00	3.83	4.43
B	4.30	2.83	4.75	3.50	4.10
C	2.80	1.33	3.25	2.00	2.60
D	2.30	1.00	2.75	1.50	2.10
E	4.63	3.17	5.00	3.83	4.43
F	4.05	2.58	4.50	3.25	3.85

图 7–7　基线预测值显示在右侧

那么，使用基线预测时的误差是多少？比较图 7–7 中测试集的预测与实际评级，我们得出：

$$\frac{(4-2.80)^2+(2-1.00)^2+(5-5.00)^2+(3-3.50)^2+(4-3.85)^2}{5}$$

$$=\frac{1.44+1.00+0.00+0.25+0.023}{5}$$

$$=0.543$$

相比简单预测的测试集误差 1.050，我们提高了（1 – 0.543 / 1.050）× 100% = 48%。你可以得出训练数据的基线预测误差为 0.223，它相比 1.350 提高了 83%。不错啊！

“邻居”的帮助

到目前为止，我们一直在计算评级数据各行或各列的平均值，以找到用户与电影的相互作用。如果利用不同电影和不同用户之间的相似性，结果会怎样？这是**邻式模型**（**neighborhood model**）的精髓，如果两个用户关于电影有特别相似（或不同）的意见，或者两部电影的用户评级特别相似（或不同），我们便称之为“邻居”。邻式模型是**协同过滤**（**collaborative filtering**）中一个更直观的方法，我们通过观察实体如何“合作”（在这种情况下，其如何评级或被评级），将数据集过滤，寻找模式。接下来我们转向这个方法。

相似性和相异性

假设安娜和本都喜欢电影《心灵捕手》和《美丽心灵》，同时都不喜欢《狮子王》和《阿拉丁》，如图 7–8 所示。在这种情况下，安娜和本似乎是**正相关**（positively correlated）用户（即他们有类似的喜好）。所以，如果我们知道安娜喜欢《侏罗纪公园》，我们预计本也喜欢它；如果我们知道安娜不喜欢它，我们预计本也不会喜欢它。相关性也反向成立：如果本不喜欢前两部电影，而喜欢后两部，那么安娜和本似乎高度**负相关**（negatively correlated）。在这种情况下，如果安娜喜欢《侏罗纪公园》，我们预计本不喜欢它，反之亦然。

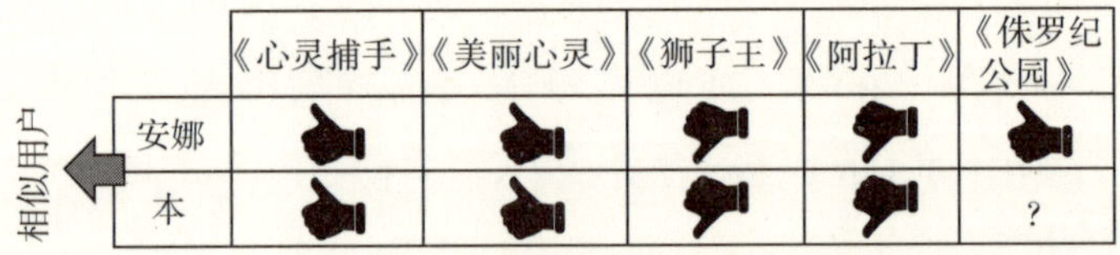

图 7–8

注：两个用户对电影倾向于有相同观点时，他们具有相似性

再举一个例子。假设《心灵捕手》和《美丽心灵》都获得安娜和本的高评级，并且都获得查理的低评级。那么，如果达娜给《心灵捕手》高评级，我们预计她也会给《美丽心灵》高评级，因为别人的意见表明这两部电影呈正相关（即有相似的类型、质量等）。同样，如果达娜给其中一部电影低评级，我们预计她也会给另一部低评级。反之亦然，你可以在图 7–9 中看到：如果安娜、本和查理给《美丽心灵》与给《心灵捕手》的评级相反，那么这两部电影呈负相关，我们预计达娜也会给这两部电影相反的评级。

我们如何量化相似性的概念？标准度量称为**余弦相似度**（cosine similarity）。对其进行计算需要一点儿几何知识，所以我们不会进行具体的数学运算。如果你对其中的细节感兴趣，请参考本书网站 Q7.3 部分。电影间相似度的计算结果在图 7–10 中给出。例

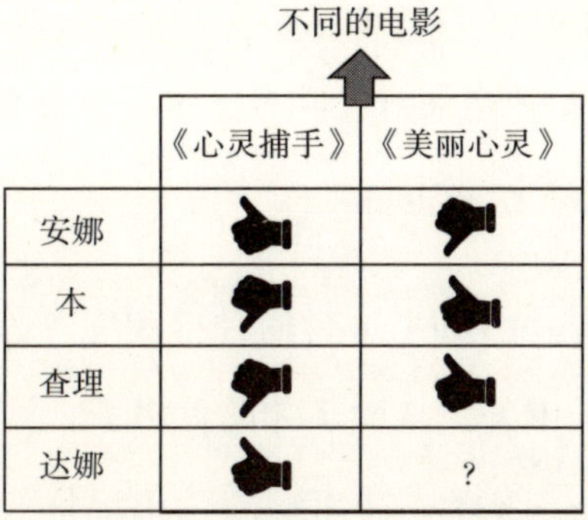

图 7–9　两部电影获得用户反馈相反则相异

	I	II	III	IV	V
I	---	-0.11	-0.82	0.01	-0.74
II	-0.11	---	-0.74	-1.00	0.88
III	-0.82	-0.74	---	0.50	0.79
IV	0.01	-1.00	0.50	---	0.48
V	-0.74	0.88	0.79	0.48	---

图 7–10　电影与电影间的相似度表

注：在每部电影的列中，与其最接近的电影被高亮显示

如，根据这张表，我们可以说，电影 III 和 IV 之间的相似度为 0.50。

我们如何解释这些数值？这里有几个重要的余弦相似度性质，将给我们提供帮助：

- 它将永远处于 –1 和 1 之间。
- 完全正相关值为 1。一个接近 1 的值是强正相关（即有很高的相似度）。
- 完全负相关值为 –1。一个接近 –1 的值是强负相关（即有很高的相异度)。

- 完全无相关值为 0。一个接近 0 的值表示只有弱相关(即既不相似,也不相异)。

我们可以对电影III和V进行何种推测呢?因为 0.79 接近 1,因此这两部电影呈正相关。从图 7–4 的评级看,这是有道理的:用户A和B对这两部电影的评级都比较高,用户D对这两部电影的评级都比较低(我们无法考虑其他用户,因为他们没有对训练集里的两部电影评级)。电影I和II怎么样?因为– 0.11 和 1 或– 1 都不接近,这就是说,它们既不正相关,也不负相关。

明智地选择你的近邻

这些电影之间的相似度值,或者用户之间的相似度,是我们在建立邻式模型时所使用的数值。那么我们如何从“相似”发展到“近邻”?我们可以使用各种规则来确定某部电影的近邻。例如,我们可以沿着各列,选择三部具有最高相似度值的电影。或者,我们可以说,如果任何电影有高于某个阈值的相似度值,那么它们都是近邻。我们这里说的“更高”指的是绝对值较高:可以是强正相关或强负相关。这两种类型都是有用的。

为了简化后面的数学计算,让我们为每部电影选择最佳的单个邻居。你可以在图 7–10 中看到结果:一个高亮的框表示列中的电影将选择行中的电影作为其近邻。例如,V选择II作为其近邻。这是否意味着II将选择V?不是,尽管相似度值是**对称(symmetric)**的(即II对 V的相似度和V 对II的相似度相同),近邻选择则不必如此。II与IV的相关度大于和V的相关度,所以II选择IV作为其近邻。

我们也可以将近邻选择体现为一张图。你可以在图 7–11 中看到：每部电影都是一个节点，指向它选择的近邻。如果我们允许电影选择更多的近邻，图中每个节点将有更多的传出链接。

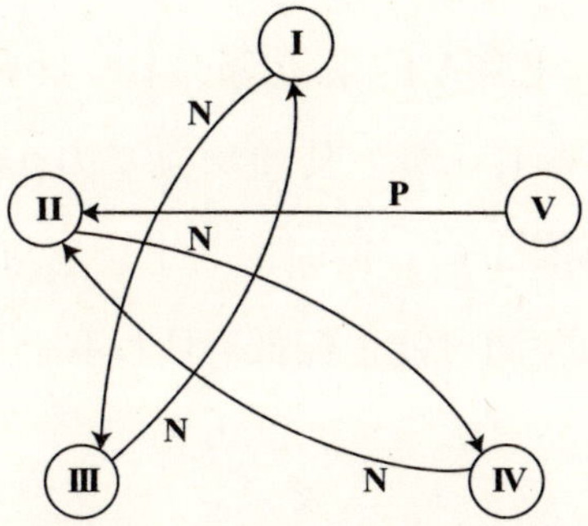

图 7–11　最近邻电影关系图

注：来自节点的连接表示其最近邻。“N”表示负相关，“P”表示正相关

现在，这些近邻怎么办？我们使用它们的方式希望能提高我们的预测质量。要做到这一点，我们对从图 7–7 中的基线预测获得的误差加以利用，希望用这种方法校准误差，否则其可能从训练集传导至测试集。通过从原始评级中减去基线预测值，我们得到每个用

	I	II	III	IV	V
A	0.37	?	-1.00	?	-0.43
B	-0.30	0.17	0.25	---	-0.10
C	---	0.67	?	?	0.40
D	-0.30	---	0.25	-0.50	-0.10
E	-0.63	?	---	0.17	0.57
F	-0.05	-0.58	0.50	0.75	---

图 7–12　基线预测误差表

户–电影对儿的误差，如图 7–12 所示。这些都是成对误差（即每个用户–电影对儿只有一个误差）而不是均方误差那种用来衡量整体质量的单一总结性误差。

现在我们有了应用近邻法需要的所有条件。让我们先以电影V和用户C为例。电影V的最近邻是II，具有很高的正相关性（0.88）。用户C对电影II评级，其预测误差为 0.67。这个误差说明什么？我们的预测偏低 0.67，同时因为电影V与II相似，我们对用户C给电影V评级的预测可能也偏低。所以我们给 2.60 的基线预测加上 0.67：

$$2.60 + 0.67 = 3.27$$

与实际评级 3 相比，这里的误差较小：偏高了 0.27，而不是偏低 0.40。

让我们再举一个例子：用户B对电影IV的评级。电影IV的最近邻是II，两者为完全负相关（–1.00）。用户B对电影II评级的预测误差为 0.17，表示预测偏低 0.17。由于IV和II相异，因此我们对用户B给电影IV的评级预测可能过高。那么在这种情况下该怎么办？我们从基线预测 3.50 中减去 0.17：

$$3.50 - 0.17 = 3.33$$

同样，这里的误差较小（0.33 比 0.5 小）。

所以，如果相关性为正，那么我们加上近邻的基线误差；如果相关性为负，那么我们减去误差：

$$\text{评级}=\text{基线预测} \pm \text{近邻误差}$$

这是一个**邻域预测**（neighborhood predictor）的简单形式，在这里我们只使用最近邻。如前所述，这种方法可以扩展到使用更多的近邻，但我们不会进行讨论。

我们可以将邻域预测情况作为第一部分提到的一种负反馈。它利用基线误差作为一种“反馈信号”，对输出中的潜在“错误”进行修正，就像功率控制根据目标信号质量差异进行调整那样。

完整预测显示在图 7–13 右侧，其中一些值与图 7–7 中所示的基线预测值相同。这是怎么发生的？当用户没有对近邻电影进行评级，或者近邻评级不是训练数据的一部分时。例如，以用户 C 对电影 I 的评级为例。电影 I 的近邻是 III，而 C 没有对其评级。所以我们没有改变基线预测。

	I	II	III	IV	V
A	5	?	4	?	4
B	4	3	5	3	4
C	4	2	?	?	3
D	2	2	3	1	2
E	4	?	5	4	5
F	4	2	5	4	4

近邻

	I	II	III	IV	V
A	5.00	3.17	4.63	3.83	4.43
B	4.05	2.83	5.00	3.33	4.27
C	2.80	1.33	3.25	1.33	3.27
D	2.05	1.05	3.05	1.50	2.10
E	4.63	3.00	5.00	3.83	4.43
F	3.55	1.83	4.55	3.83	3.27

图 7–13　邻域预测显示在右侧

我们不能期望每个评级的误差都会降低。以用户 F 对电影 V 的评级为例：近邻法预测评级为 3.27，相比 3.85 的基线预测，其距离实际评级 4 更远！但即使在个别情况下，邻域预测可能会偏离，我们预计它整体上仍然利大于弊。要对此进行检验，让我们找出整体误差。对于测试集，我们得出：

$$\frac{(4-2.80)^2+(2-1.50)^2+(5-5.00)^2+(3-3.33)^2+(4-3.27)^2}{5}$$
$$=\frac{1.44+0.25+0.00+0.11+0.53}{5}$$
$$=0.466$$

同样，我们可以评估训练数据的误差为 0.134，相比原来的简单平均预测，对测试集的预测提高了 56%，对训练集的预测提高了 90%。与基线预测相比，两者分别提高了 14% 和 39%。

作为总结，在图 7–14 的例子中，你可以看到从训练数据和测试数据中获得的各种预测误差的比较。前三组条形是我们在本章讨论方法的结果。第四组显示，如果我们对每部电影使用两个最近邻，而不只是一个最近邻，将产生什么误差。事实证明，训练集的误差保持大致相同，而在测试数据上则显著上升，所以在这种情况下，一个近邻实际上是更好的选择。

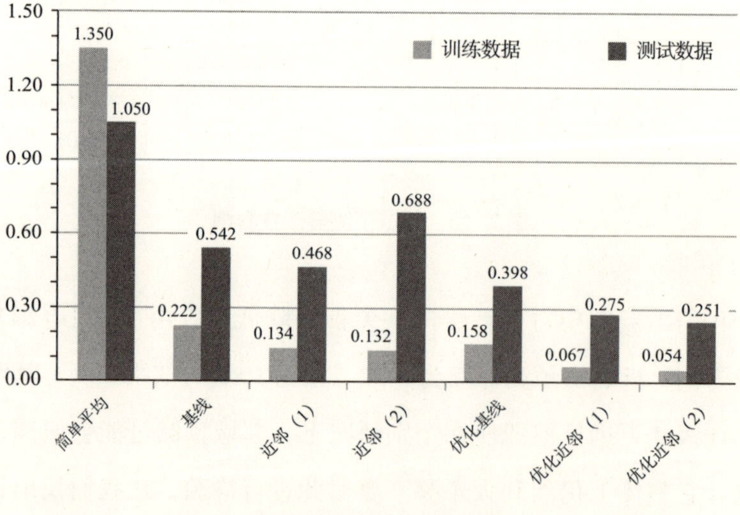

图 7–14　在不同预测的例子中使用训练和测试数据产生的误差

我们以前说过，基于列（行）的平均值计算基线预测的偏差值不是最佳方法。第五组条形显示，如果我们解决了偏项的优化问题，将产生什么误差：它降低了第二列中的误差。最后显示了，如果我们使用优化基线的近邻法，将产生什么误差。事实上，事后看来，使用两个近邻将是更好的选择：在图 7–14 的所有方法中，这将是给本示例带来的最大改进。

我们在本章中的目的，不是解释网飞奖比赛获胜算法的所有细节。这需要很多高级的数学技巧。但是你现在知道网飞进行电影推荐背后的基本思路：寻找用户之间和电影之间的模式，并利用这些模式来预测未知意见。

第 8 章
社会化学习

我们刚刚看到，如何根据从“群众”中收集的信息做出决定。在本章中，我们将讨论人们互相学习的情况，每个人都将自己的智慧带到人群中。

技术与教学：扩展学习

创造互联网背后的动机之一是，使获取内容变得更容易。今天，我们除了一次次地浏览特定的信息块，还可以参加围绕某个学科内容组织的整个课程。相比于去真正的课堂参加讲座，互联网使我们有了在电脑上观看讲座视频的可能。

正如人们所言，在线学习已经流行起来了。许多高等教育机构现在提供在线全学位课程，大多数高校至少为学生提供部分在线课程。事实上，在 2012 年秋季，超过 25% 的大学生在网上至少学习了一门课程。

在过去 10 年中，因特网在两种意义上扩展了学习。学习网上课程的总人数已经大大增加，在同一时间学习同一课程的人数也大大增加。在某些情况下，后者人数已达到数 10 万！当一个班的学生人数变得非常庞大时，对于老师来说，要回答所有问题并满足学生的所有需要就变得很有挑战性了。学生需要社交性学习，也就是相互学习和指导。

远程学习

说**远程学习（distance learning）**始于互联网就像是说交通始于汽车一样。多年来，大多数通信系统被用来以各种方式促进教育。一些学位课程通过邮寄方式进行，将学习材料和作业寄到人们家里，这早在 19 世纪中叶就已经出现。20 世纪早期和中期，当广播电视变得流行，一些大学也开始通过这些类型的网络广播课程讲座。

随着网络的兴起，在线课程、在线学位甚至在线大学在 20 世纪 90 年代开始蓬勃发展。到 2003 年，80% 的大学至少有一门课程在某种程度上使用了在线技术。到 2014 年，只有不到 5% 的公立高校没有提供任何形式的在线课程。

在线学习提供了哪些以前远程学习没有提供的东西？对各种技术支持的教学模式进行比较是很有帮助的。一个基本场景如图 8–1 所示。听教师讲课（听觉），看到正在书写的信息（视觉），阅读材料（文本），与同学讨论（社交）并实时（同步）提出问题。正如我们在学校所经历的，面对面的课堂形式支持所有这些模式。除了同步学习，互联网可以实现以上所有功能，它可以提供预先录制好的讲座视频（听觉和视觉），学生讨论论坛（社交），以及补充材料（通常为文本）。其他每项技术只能支持一种或两种模式。

	听觉	视觉	文本	社交	同步
课堂	✔	✔	✔	✔	✔
邮寄		✔	✔		
广播	✔				
电视	✔	✔			
网络	✔	✔	✔	✔	

图 8–1

注：按其便于支持的学习模式，比较教学中所应用的技术

不同类型的在线学习也已经出现。有些课程开放给任何人报名，而其他课程被作为学位课程的一部分。一些课程大量招生，而另一些则按照传统课堂规模招生。

最新的在线学习类型可以追溯到 2002 年，当时麻省理工学院创建了一个免费提供本校课程材料的网上资源库，任何人都可以访问。许多人对这种大胆而似乎不必要的举动感到困惑。为什么麻省理工学院决定将课程材料免费在线提供？麻省理工学院如此广泛地传播知识，会得到什么回报？事实证明，这是一次有启发性的探索行为，最终成为一股潮流，它将普通课堂大小的在线课程转变为慕课。最近 10 年，美国许多顶尖大学加入了这一行动，其中一半追随麻省理工的倡议，与 Coursera、edX、Udacity、Udemy 等慕课网站合作，提供自己的课程。实际上，本书的前身就是 2012 年的第一门关于网络的慕课课程。

慕课（MOOC）中的“MOO”

现在有十几个慕课提供商，每个在操作上都有一定差别，但其中大多数有一些共同属性。凭借“慕课提供商”的名称，它们的课

程在网上提供，并向任何人升级，要么免费，要么费用低廉。教师教授慕课最流行的方式，是通过 YouTube 式的讲座视频，在其中嵌入检测问题，如图 8–2 所示。这些平台还通过讨论论坛，将社交网络融入其中，使学生可以互相提问和回答问题。

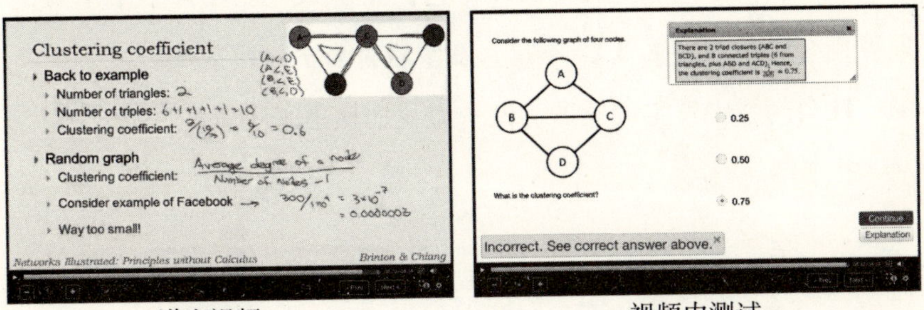

讲座视频　　　　　　　　　　　　视频内测试

图 8–2

注：讲座视频（左）和嵌入视频问答测试（右）示例，来自基于本书的一门网络课程（你会在第 14 章看到该材料）

作为开放式在线传输的副产品，慕课吸引了大量学习者。“大量”到底是多少？一个标准的慕课课程有上万到数十万名来自世界各地的学习者。想象和这么多人面对面在真正的课堂里吧！虽然这在生活中似乎不太可能，但网络技术的进步使许多人有可能一起在虚拟的在线课堂中学习。

即使在只有几十名学生的传统课堂里，任何教师都会尽力解决每个人的所有问题、关切和误解。作为教师，重要的工作是**个性化学习（individualizing learning）**（即进行一些调整，以将材料教给每一个学生）。在慕课中实现这一目标很复杂。庞大的规模使每个教师要对更多学生负责。开放学习往往会吸引不同背景的学生，他们的背景知识和对从课程中的收获期望不同，这要求教师在一开始就进行更广泛的区分。此外，如果师生只是在线互动，教师将更难了解每个学生的学习需求。

长话短说（获得更多信息，请参考本书网站Q8.1~Q8.6部分），将传统教学方法扩展到慕课的规模是具有挑战性的。**“一刀切式”**（one-size-fits-all）的教学风格适用于所有人，但即使基于课程的“平均”学习需求进行战略设计，它仍然不太可能在许多学生身上取得良好效果（图8–3）。不过，在线教育有一个组成部分是可扩展的：社会网络中发生的学习。这一点我们接下来将看到。

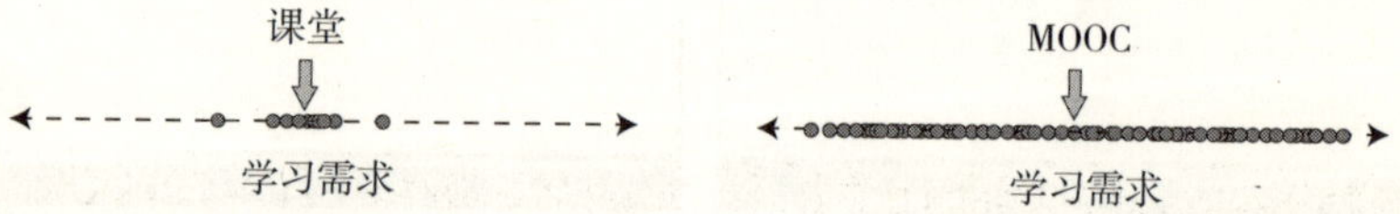

图 8–3

注：如果教师必须选择一种方法来教每个人，他最好的办法是基于每种情况下的学习需求“中点”进行教学。在课堂里，这仍然可以接近大多数学生的水平，但在慕课中，很多学生水平都相差甚远

社会化学习

如果鲍勃对所学课程中的部分材料感到困惑，他能做什么？如果他在一大群同伴中，教师不太可能满足鲍勃与其他人的所有具体学习需要。好处是，可能至少有一个同伴能帮助他，而且也会有许多人从他的问题得到解答中受益。

我们在这里描述的是**社会化学习**（social learning）的过程，学生通过互动和协作来学习。他们可以合作，讨论他们学到了什么，并回答对方的问题。社会化学习是慕课的重要组成部分，也是整个教育的重要组成部分。群众智慧不是从一个人的知识中获得，而是从许多人的集体知识中获得。

论坛讨论

网上课程社会化学习的工具是什么？学生间（以及师生）互动的主要手段是**讨论论坛**（discussion forum）。你可以在图 8–4 中看到一张论坛快照：人们通过消息序列交流，其中每条“消息”是一张帖子或对其的评论。消息由学生写的文本组成。一系列帖子（及其评论）将包含在一个更大的**线程**（thread）中，整个论坛就是这样的线程集合。

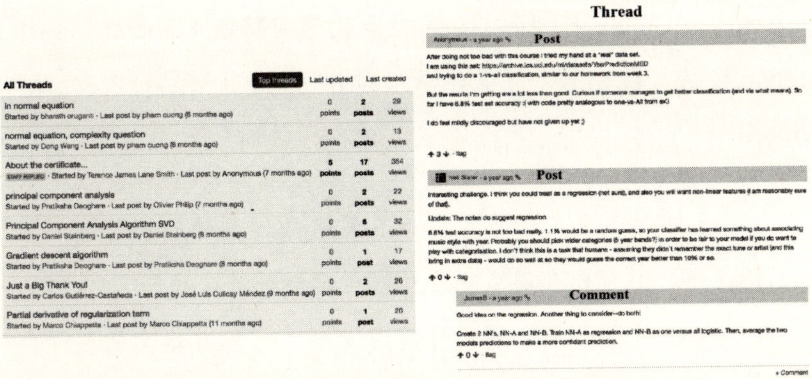

图 8–4

注：一个慕课的讨论论坛通常被分解成一系列线程（左）。在每个线程中是一系列帖子，每个帖子可能有评论回应（右）

学生如何使用论坛？让我们回到鲍勃的问题。他可以先检查，看是否有人已经在论坛上发帖问同样的问题，或者一个很类似的问题，或者问题的答案也可以。他可以通过输入问题的类似语句进入搜索栏，或通过手动浏览论坛来寻找相似问题。

如果鲍勃确实找到了一个已经在问他的问题的帖子呢？那他可以看到评论或其他帖子中是否有答案。如果有答案的话，假如答案好，那么他可以赞成该答案；假如答案不好，那么他可以反对该答案，以此给予反馈。如果还没有回答，那么他可以赞成这个问题，以便其他人注意到，并尽快回答。

如果他找不到这样的帖子怎么办？那他可以看看是否有类似线程的讨论，并发布一个新的帖子。如果他没有发现任何接近他想要的线程，他可以创建一个有适当标题的全新线程。你可以在本书网站Q8.7部分找到这一过程的流程图。

社会化学习网络

基于同伴的学习创造了一个**社会化学习网络**（Social Learning Network），简称SLN。社会化学习网络的三个主要特征都包含在它的名字中：

- 学习是发生的过程，代表对有关话题的知识获取。通常情况下，它可以分解成一组构成学习材料的主题。
- 社会化学习依赖同伴间的互动。可能有指定的教师，但如果没有个别学习者之间的合作，网络将不会有效。
- 同伴间的社会化网络取决于学习过程，进而又影响学习过程。

社会化学习网络对如何实现个性化这个问题给出了有趣的阐述。相比依靠教师对出现的个别需求做出回应，我们可以在社会化学习网络内部搜索解决方案。学习过程变得可扩展，因为更多的学生应该会带来更多的问题和更多的潜在问题解答者，这就保持了两者之间的平衡。你可以在图 8–5 中看到这个想法。

类似于网飞获取用户电影评级和亚马逊收集顾客对产品评论的方法，慕课平台可以在学生学习课程时记录数据。这些数据包括他

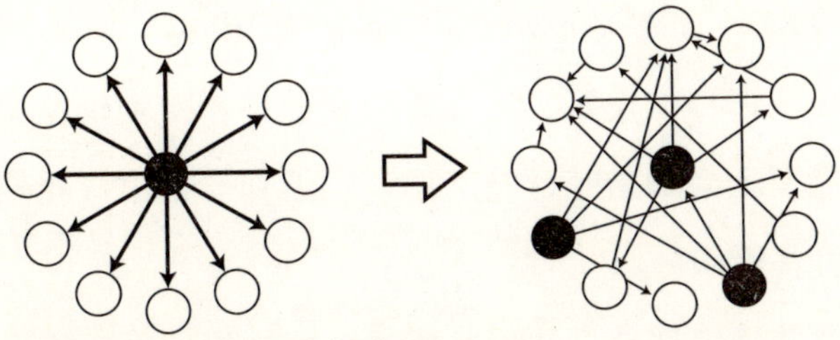

图 8–5

注：当教师（中心节点）需要应对课程中的所有需求时（左），学习过程是不可扩展的。社会化学习网络的前提是，学习者自己也可以成为教师（右）

们之间如何互动（例如通过讨论论坛中发布的帖子、评论和投票），以及他们如何消化课程内容（例如通过他们在观看讲座视频时点击的顺序）。最终，问题就变成如何分析和利用这些数据。

社会化学习网络在哪里？

到目前为止，我们已经讨论了在线教育背景下的社会化学习网络和慕课。我们还能在哪里找到这些网络？社会化学习网络存在于任何社会化学习发生的情况中。以**翻转课堂**（flipped classroom）为例，观看通常在课堂上讲授的讲座成为作业的一部分，而上课时间则用来讨论和互动。当教育技术和这些课程结合起来部署，就可以收集关于社会化学习网络的数据。

相关应用也存在于教育之外。除了教室里的学生，还可以考虑公司雇员的情况。当员工刚被雇用时，他们通常要经历一个入职过程，学习完成工作所需的额外材料和技能。在职业生涯中，他们还经常参加企业培训课程。为了促进这类培训和其他情况下的社会化学习，公司通常建立**企业社会网络**（enterprise social network）平台，如 Jive 和 Yammer。

最后，考虑**问答网站**［Question and Answer (Q&A) sites］的

情况，如Quora、雅虎Answers和Stack Overflow。问答网站在功能上类似于在线课程的论坛，它在提问和回答者中创建社会化学习网络。它们也实施激励措施，鼓励建设性的参与，用户收到提问或回答点赞时可获得积分。

在本章的其余部分，我们将概述这些网络的重要研究领域。这是撰写本书时的一个最新主题，你会看到许多有趣而尚未解答的问题，它们将激励后续研究。同样重要的是，你会看到将不同关系可视化的构建网络的例子。

将社会化学习网络有效可视化

想象一个论坛中的一系列讨论，如图 8–4 所示。关于社会化学习网络，我们可以获得很多信息。谁发布了一个线程？谁做出回复？帖子和回复的内容是什么？凡此种种，不一而足。我们如何根据这些信息将网络可视化？我们不能把所有数据放在一张图中，因为那样会太过混乱和复杂，无法从中得出有意义的见解。我们必须仔细思考，描述哪些信息对我们来说很重要。

我们如何表示网络？用图（如第 5 章的网络图）。在社会化学习网络的图中，我们应该把什么作为节点？链接应该代表什么？它们应该是有向（从一个节点到另一个节点）还是无向的？它们应该是加权（用数字给每个链接权重）还是不加权的？

也许首先应该问一个更基本的问题。相比我们目前为止看到的其他类型网络（如第 5 章的网页网络或第 1 章和第 2 章的设备网络），社会化学习网络有什么不同？一方面，社会化学习网络是一种人与人之间的社会化网络，而不是联网设备之间的通信网络，如

图 8–6 所示。在社会化学习网络中，人们之间的通信媒介可能仍然是互联网，但在这种情况下，我们更关心什么信息被共享了以及最终会形成什么社会关系，而不是信息如何在人和人之间传输的。我们将在第 10 章和第 14 章讨论其他类型的社交网络。

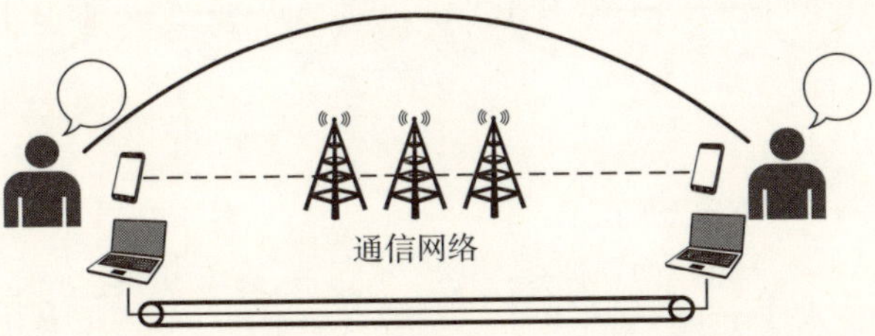

图 8–6

注：对于社会化网络，我们感兴趣的是人与人之间的互动，而在研究技术网络时，我们专注于人们手中的设备之间的通信和渠道

因此，讨论的图应描绘信息共享的过程。尽管如此，我们仍然可以选择作为节点和链接的许多变化形式，这取决于我们在可视化中的最终目标。

学生图

对于节点最明显的选择，是用它们来表示不同的学生。那么，两个学生（如爱丽丝和鲍勃）之间的连接表示什么？它应该代表他们之间如何分享信息的某种关系。四种可能性是：

（a）爱丽丝和鲍勃是否一起参加了讨论。

（b）爱丽丝和鲍勃有多少次一起参加了讨论。

（c）爱丽丝是否回复了鲍勃的帖子，反之亦然。

（d）爱丽丝曾多少次回复鲍勃的帖子，反之亦然。

这些表述之间的差异可能很小，但它们各自会产生不同类型的链接。在每一种情况下，这些链接是有向还是无向，加权还是不加权？你可以在图 8–7 中看到这些不同的类型。

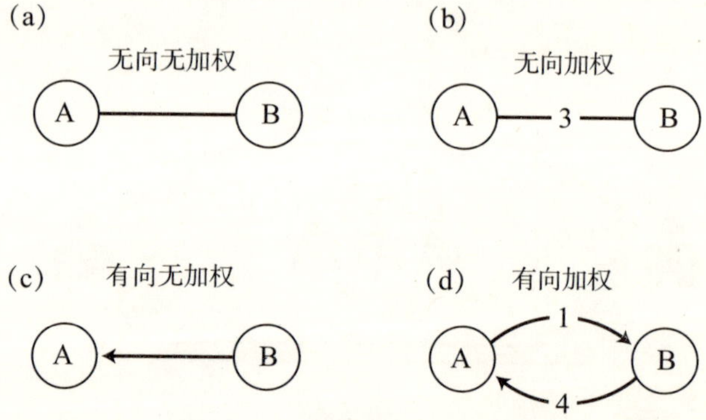

图 8–7

注：链路性能的四种不同排列组合方式，可用于将社会化学习表现为图的形式

在（a）中，我们得到一个无向的无加权图：如果我们发现了一个爱丽丝和鲍勃都发布的线程，那么他们之间有链接。在（b）中，我们使用一个**共同参与（co-participation）**计数来增加（a）的权重，得到一个无向加权图：例如，如果我们发现爱丽丝和鲍勃都在三个线程中发布，那么他们之间的链接权重是 3。

（c）与（a）不同，因为我们谈论的是回复。如果鲍勃回答了爱丽丝发布的一个问题，那并不代表爱丽丝回答了鲍勃发布的一个问题。我们需要用箭头来表示这个区别，所以我们得到一个有向无加权图。在（d）中，我们相比（c）更进一步，开始计算回复的数量，这给了我们一个有向加权图：如果鲍勃回复了爱丽丝 4 次，而爱丽丝回复了鲍勃 1 次，那么鲍勃对爱丽丝的链接权重为 4，而爱丽丝对鲍勃的链接权重为 1。

让我们用一个例子，以这些类型的图形表示图 8–8 中的（小型）

讨论论坛。有 4 个学生，爱丽丝、鲍勃、查理和达娜，都在不同程度上参与论坛。四个线程中的每一个都已经发布了不同数量的帖子，线程I有两个，线程II有两个，等等。每个帖子中都有一个人提问（上方列出的名字），并有一个人回答（下方的名字）。（现实中，对于一个问题，可能会有很多回复，而一个帖子中可能根本就没有提出问题。）

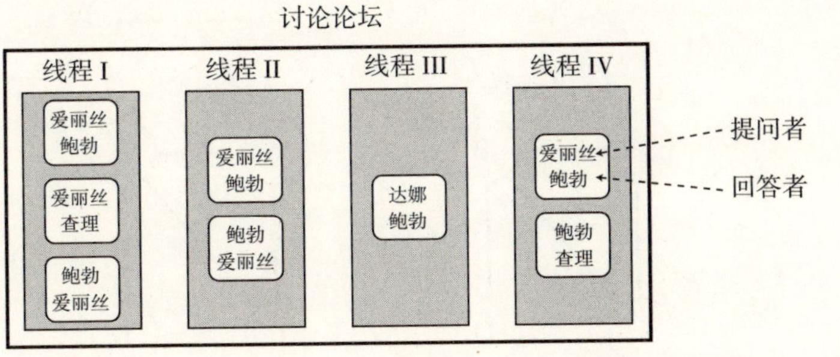

图 8–8　包含 4 个线程、4 个学生和 8 个节点的小型讨论论坛

对于每个图形类型，我们将以什么作为节点？我们将有 4 个节点，每个学生就是一个。那么链接呢？让我们分别分析每种情况，对于鲍勃和查理而言：

（a）无向，无加权：鲍勃和查理一起加入了线程吗？是的，他们都加入了线程I和IV，所以我们在图中画出他们之间的链接。

（b）无向，加权：鲍勃和查理共同加入了多少线程？两个。所以他们的链接权重是 2。

（c）有向，无加权：鲍勃回复了查理发布的帖子吗？没有。查理回复了鲍勃发布的帖子吗？是的，在线程IV中。所以查理连接至鲍勃，但鲍勃没有连接至查理。

（d）有向，加权：鲍勃回复了查理多少次？零次。查理回复了鲍勃多少次？一次。所以从查理到鲍勃的链接权重为 1。

在对其余的学生对儿做这样的操作后（我们鼓励你这样做！），我们会得到图 8–9 所示的内容。在有向的情况下（C和D），爱丽丝和鲍勃是唯一均指向对方的一对。爱丽丝回复了鲍勃两次（线程I和II中各有一次），而鲍勃回复了爱丽丝三次（线程I、II和IV中各有一次）。

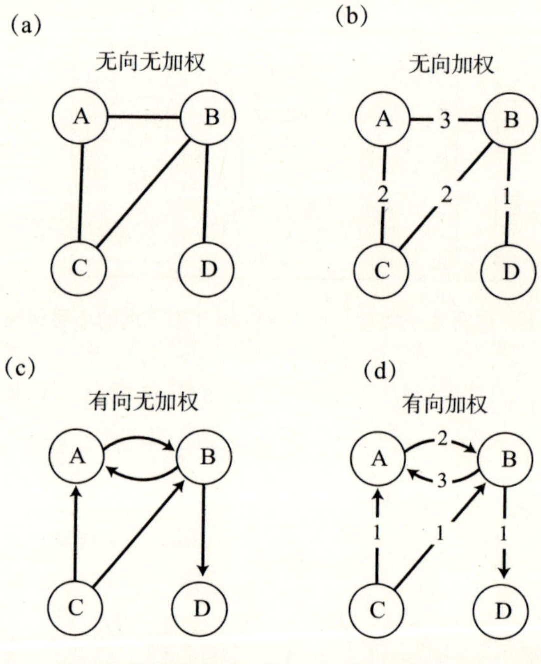

图 8–9　用四种图形类型表示图 8–8 中的可社会化学习网络

学生与线程图、线程与线程图……

使用学生作为节点有助于表示网络中的“谁”（即哪些学生在互动），但它并不能解释“什么”（即谈话中正在讨论的话题）。这也是需要描述的重要信息，因为它可以说明，例如什么话题讨论得最多或容易把人弄糊涂。

我们怎样才能发现关键话题是什么？原始讨论文本的未加工

形式往往太长，并且缺乏信息。我们可以做的，是从**自然语言处理**（natural language processing）中采用适当的方法，提取基于文本的主题。一个主题提取的输出内容示例如图 8–10 所示。我们得到一组主题，每个都由某些共同出现的关键字组成。每个帖子都可以与文本中包含的一个（或多个）主题相关联。

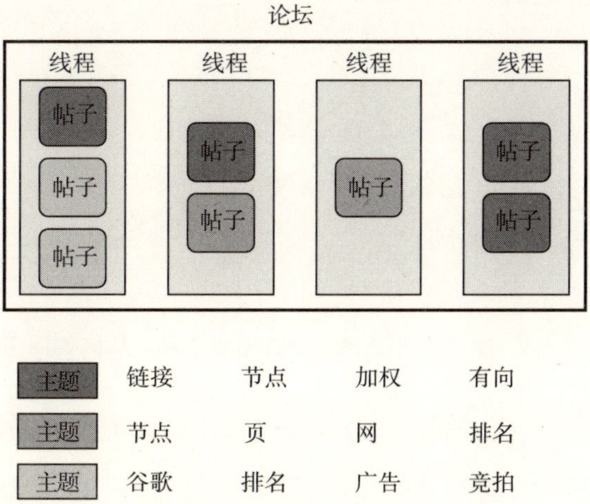

图 8–10　从论坛中提取主题时可得出信息的示例

注：主题由共同出现的词汇组成，每个帖子都与其最突出的主题相关

我们怎么能推断，是否每个学生都倾向于就特定主题提问或回答呢？这似乎是一个微不足道的问题：我们不能直接检查学生关于一个主题的帖子是否包含问号吗？不幸的是，这没那么容易，因为有很多反例，如提问时不使用问号（例如“请给我解释这是如何工作的”），以问题的形式提供答案（例如“你会认为它们是不同的，对吧？”），或干脆没有使用正确的标点。

主题提取和问题检测都是**信息检索**（information retrieval）领域的研究热点。请放心，这些功能的高质量处理现在已经存在。我们将假设（i）每个线程独特到足以表示一个单独的话题；（ii）我们已经准确地确定哪些帖子（评论）是问题，哪些是答案。

我们如何体现学生与主题之间的关系？我们可以将视觉效果与另一种节点结合，每个话题一个节点，而不仅仅是描绘图中的学生。回到图 8–8 中的例子，我们将最终得到如图 8–11 所示的结果。在这里，学生节点在顶部，主题（线程）节点在底部，每个链接表示学生加入主题的次数。

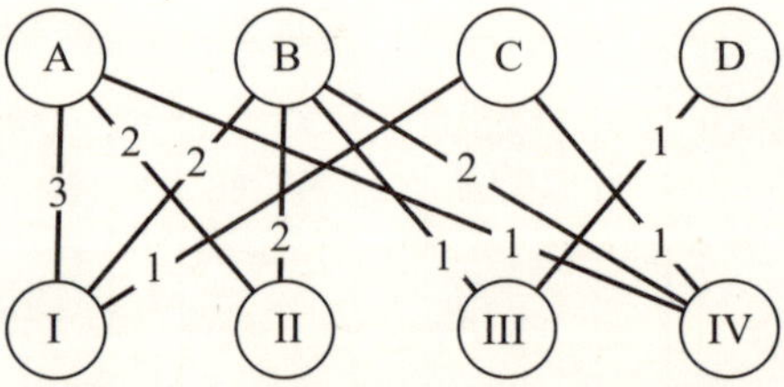

图 8–11　图 8–8 中论坛作为连接学生和主题的偶图显示

图 8–11 是一个**偶图（bipartite graph）**：它有两组独立的节点（这里是学生和主题），每个链接联系一组中的一个节点（即一个学生）和另一组中的一个节点（即一个主题）。这个图是加权的，但是如果我们只是对学生是否讨论了一个话题感兴趣，我们可以把权重从链接中移除，得到一个无加权偶图。

在这张图里，我们能获得许多有用的信息。我们可以看到，每个学生讨论了哪些主题，每个主题有哪些学生讨论，以及其被讨论的频率。它没有揭示的一点是每个学生的帖子的性质：它们是问题还是答案？例如，我们可以看到，鲍勃参与了每一个主题，共有 7 个帖子，但我们只有回到图 8–8 才能知道，提问和回答之间的比例大致是 1 ：1（前者有 3 个，后者有 4 个）。在寻找网络的简洁表现形式时，细节损失是我们付出的代价。

另一方面，根据我们所寻找的见解，图 8–11 可能包含太多与关键信息无关的信息。如果我们想知道两个学生在所讨论的话题上多么“相似”，或是两个主题对于参与的学生来说多么“相似”呢？解决这些问题的一种方法是利用偶图中的共同参与计数。对于学生，我们考虑每对学生，统计两人都发帖的线程数量。以鲍勃和达娜为例：线程 III 是他们唯一都发帖的地方，因此他们的共同参与值为 1。对于线程，我们也考虑每一对，统计在两个线程中都发帖的学生人数。以线程 II 和 IV 为例：爱丽丝和鲍勃都在这两个线程中发帖，所以他们的共同参与值是 2。

对其他每一对重复这一步骤，会得到图 8–12 中的图。在这里更容易看到，例如，线程 I 和 IV 有三个学生发了相同的帖，但我们再也看不到哪三个学生在 I 和 IV 中都发帖。为此，我们必须回到偶图，才能看到他们是爱丽丝、鲍勃和查理。这个学生到学生的网络和图 8–9 中的有向无加权图一样，因为在每一种情况下，我们都是使用共同参与值。

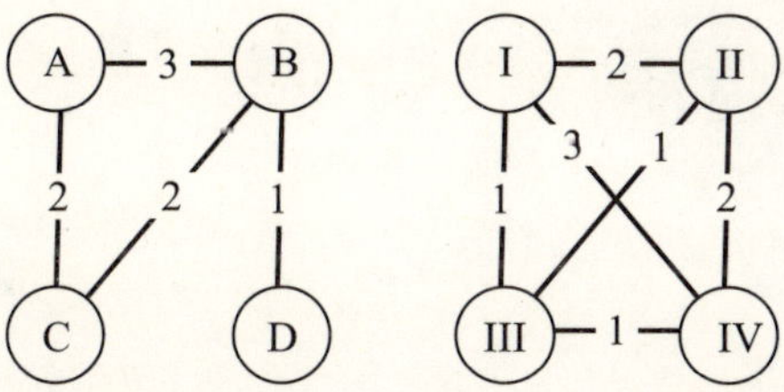

图 8–12　图 8–11 偶图中获得的学生到学生（左）和线程到线程（右）的共同参与图

将偶图划分为两个独立的图形，每个节点集一张图，这称为**网络投影（network projection）**。根据投影用来得出成果图中节点之间的权重的规则，可以区分不同的投影类型。这里所采取的类型称为简单加权，其中偶图的各个链接加权相等。

对社会化学习网络研究进行测试

现在我们已经了解了一些类型的图表，这些图表可以用来表示社会化学习网络的不同方面。但是我们使用的例子中的网络规模，比真正慕课论坛看到的要小几个量级。这些图表在实践中效果如何？

现实生活中的社会化学习网络

我们将看一看我们自己的一门慕课的讨论示意图。在图 8–13 中，我们使用无向、无加权、学生–学生的方法，使社会化学习网络实现可视化。

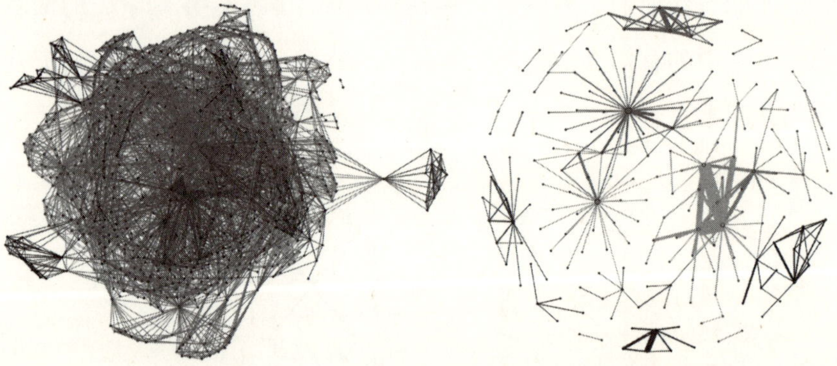

图 8–13　一门慕课课程的学生的社会化学习网络

先看看左边的图。两个学生之间的链接表明他们至少参与了一个线程。虽然图可能很美观，但要从中得出任何有意义的结论相当困难，因为节点和链接的数量太大。另外，我们只显示了在论坛发帖不止一次的 713 名学生，否则，这张图将更大。

要发现关于社会化学习网络的有用信息，我们需要“清理”这一图像。有什么可行的方法能做到这一点？想想我们可以如何利用线程共同参与计数。在左边，如果两个学生曾经共同参与线程，我们会将他们连接起来，要是将连接所需的共同参与值提到更高水平呢？这将移除图中较弱的连接，使我们能够找到参与程度最高的配对。在右边的图 8–13 中，你可以看到，将连接阈值设置为 3 时的效果。现在我们可以清楚地识别，经常共同参与（至少成对）的学生群体。这是一个非常简单的例子，它能说明社会网络中**社团发现**（community detection）的出发点。

人们应该明白，在慕课中的社会化学习网络遵循这个结构。庞大的规模使得学生很难与很多同伴建立联系，即使是在共同参与的同伴中，异步的交流形式也使他们难以维持牢固的联系。

帮助老师与帮助学生

研究社会化学习网络的一个最终目标，是找到更有效的教学方式和学习方式。如果老师获得了这里讨论的图像类型，他们能更有效地完成哪些任务？

一方面，这些图表可以帮助教师识别学习过程中有困难的学生。那些常常问许多问题的人很可能没有从内容中得到理想的学习体验。在这个类别中的学生，在（加权、定向的）学生–学生图中也有低入度，他们很可能真的想学习内容，但没有从同伴那里得到所需的帮助（如图 8–14 中的学生 C）。这些学生可能会从直接指导介入中获益不少。

另一方面，教师也可以通过这些图像识别“学生老师”。正确回答问题的学生不仅十分了解学习材料，而且愿意帮助不懂的学生。在学生–学生图中有高出度和高“重要性”（如第 5 章根据网页级别的定义）的人可能属于这个类别（例如图 8–14 中突出显示的节点）。老师可以要求这些学生帮助一些学习有困难的学生。

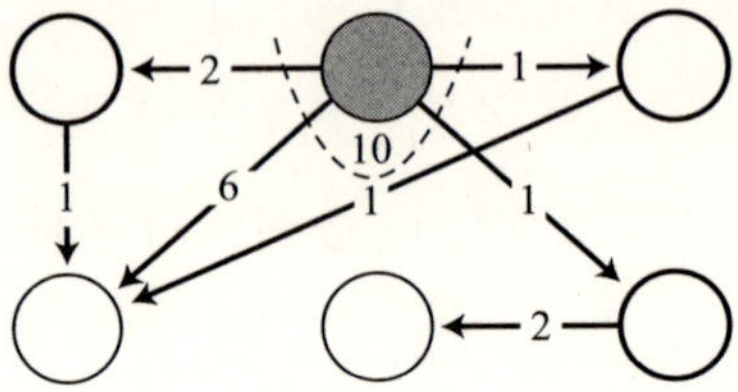

图 8–14

注：教师可利用学生–学生图，找到社会化学习网络图中的学习困难者和专家

这些图像还可以帮助老师确定，哪些课程主题受到学生最多（或最少）的关注。老师可能会想把自己的注意力集中在这些话题上。学生–线程偶图可以帮助识别这些，例如通过确定度数最高的线程来实现。

除了向老师显示图像效果，帮助他们得出结论，会有一些发现自动产生吗？尤其是那些一开始就更容易被智能机器识别的发现。例如，积极研究算法，在课程早期进行预测，看看学生以当前的学习进度，最终将会有怎样的学习成果。这些算法中，有些使用我们在第 7 章看到的协同过滤，只不过它不是预测用户对电影的评级，其目的是预测学生在测验、在学生论坛中，参与随着时间推移的变化或其他相关输出的表现。

最近，关于这个话题的有趣发现是，学生行为的某些特征，特别是学生行为的特定顺序，及其观看讲座视频时访问的地点，可以预测其会在测验和考试中取得的成绩。例如，最近的研究表明，完全基于学生在观看视频时所展示的行为，预测其能否正确回答问题，可能达到 70%~80% 的正确率。如果在课程开始时，计算机就标记出那些预测成绩不好的学生，那么老师就会及时知道应该帮助谁。考虑到最终未能完成一门慕课课程的人数比例，将正确率提高 1%，就相当于提前正确识别几十个学生。

可视化、推荐和预测只是三种社会化学习网络。最后，请记住，社会化学习网络的效果取决于一个概念：学生发布问题将促使同伴给出准确答案。社会化学习网络的可持续性的前提，是希望通过大量学习者的贡献和参与的融合，使学生的需求可以从内部得到部分满足。

THE POWER OF NETWORKS

Six Principles That Connect Our Lives

第三部分　总结

在本书的这一部分，我们探讨了三种网络活动：产品评级、推荐电影和社会化学习。这些应用方式看似多样，但每一个都依赖于群众智慧的某种变化形式：随着关于某些事实的更多意见或知识被收集，在适当的情况下，我们可以对真实情况做出更高质量的估计。

在第 6 章中，我们看到，群众智慧是一个有效的工具，它能根据一组用户评级对“地面实况”做出准确估计。当单个样本的规模不够大时，可以使用贝叶斯调整等技术，将其与更多人口进行比较。我们在讨论亚马逊产品排名背后的一些原则时，介绍了这些工具，不过它们从评级到排名的实际公式仍然是秘密。

然后我们转向第 7 章中的推荐问题。我们看到网飞如何通过“读心术”游戏，使用网飞已收集并存储在数据库中的历史电影评级，来预测未知的用户电影评级。我们探讨了网飞根据特定用户和电影历史形成基线背后的概念，随后根据不同用户或不同电影之间的相似之处进行调整。

最后，在第 8 章，我们探讨了社会化学习网络，这是学生之间在教育话题上合作形成的社会化网络类型。我们讨论了慕课和当前的研究，以表示、分析并利用在这些场景中出现的社会化学习网络。社会化学习网络的核心是希望学生群体可以合作，解决彼此的问题。

THE POWER OF NETWORKS

Six Principles That Connect Our Lives

第四部分　大众并不那么聪明

我们了解了群众的智慧，这一概念表示，相比个人决策，从大量人群中汇集信息往往会形成更好的决策。这一概念假设每个人的观点都是独立的。它们在什么情况下不是独立的？当它们不独立时会发生什么？

事实上，在许多情况下，别人的想法会影响你的行为。就像你看某个YouTube视频，是因为大家都在谈论它。你买了苹果平板电脑，是因为其他人都有。你为作业问题写上某个答案，是因为你的同学坚持认为它是正确的。此外，你看到采取这种行动的人越多，你就越可能受到驱使来做同样的事情。

鉴于这种行为，我们在本书这一部分的重点是社会网络中意见的依赖性。在第9章，我们将了解病毒式传播，在第10章，我们将讨论社会影响。在这一部分的最后，你可能会相信，在某些情况下，影响大众实际上是相对容易的。

第 9 章

让视频短片变成“病毒”

在用户生成视频内容的领域，YouTube（见图 9–1）是占主导地位的分享网站。浏览它的视频列表，我们可以找到的视频包括精彩的体育赛事短片、自诩为YouTube艺术家的音乐，以及教育专题讲座。到 2015 年，YouTube上每天有数亿小时的视频被收看。

图 9–1　YouTube商标标识

在关于YouTube的描述中，你可能听过**病毒式传播**（viralization）这个术语。你可能想知道，视频短片怎样才能实现病毒式传播？我们将在本章解释这个问题。与此同时，我们会认识到，YouTube视频浏览是一个通过信息传播创造依赖关系的好例子。

YouTube和病毒式传播

在进入病毒式传播的讨论前，让我们看一看YouTube的演变。该公司于2005年2月由三名PayPal前员工创立。自成立以来，该网站的增长速度非常快：到2006年7月，它每天新增65 000个视频和1亿次的访问量。几个月后，在2006年11月，该公司被谷歌以16.5亿美元收购。

在短短几年之内，由于很多人经常在YouTube上看视频，这让该网站成为一个搜索引擎，它的规模仅次于谷歌本身。YouTube的日均视频观看数增长情况如图9–2所示。2009年10月，该数字达到10亿；到2012年1月，该数字增加了4倍。如果你曾经体验过网站上使人上瘾的推荐栏，你就不会对这种增长势头感到惊讶，因为它会连续不断地将相关短片推荐给观众，你一次要看上几个小时才会退出。

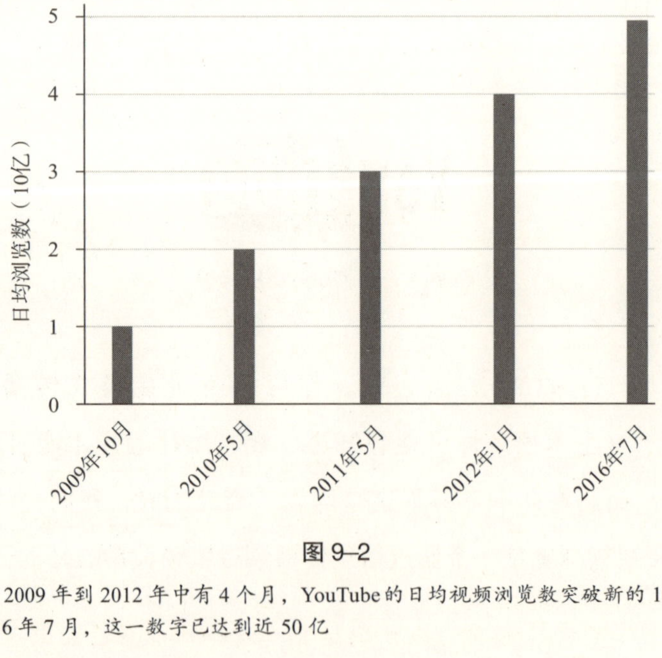

图9–2

注：2009年到2012年中有4个月，YouTube的日均视频浏览数突破新的10亿大关。截至2016年7月，这一数字已达到近50亿

到 2016 年年中，每天有超过 10 亿人访问 YouTube，这带来了近 50 亿的视频浏览量。平均每分钟有 400 小时的新内容被上传到 YouTube，每天有长达近 66 年的新内容。（换句话说，如果你收集了未来 24 小时内上传的所有视频，你要花 66 年才能看完它们！）YouTube 已经成为一种病毒式现象，这和该网站上的视频短片的目标一致。

病毒式风格

是什么让视频实现病毒式传播？这个问题没有一个简单的答案，但这并不能阻止人们研究它。

在本书第三部分，我们讨论了网站如何捕获和存储用户在网站上的行为。YouTube 也不例外：它可以记录用户行为，包括与视频播放器的交互。这些数据可以用来分析，以了解人们如何观看视频，以及哪些视频会出现病毒式传播。一些被 YouTube 用来强调整体观看行为的分析工具，如 YouTube Insight，已向公众开放使用。

最“臭名昭著”的病毒式传播视频是什么？是《江南 style》。它是由歌手 PSY（鸟叔）演唱的 4 分钟音乐视频，于 2012 年 7 月发布。《江南 style》成为第一个浏览量突破 10 亿的视频，它在短短 5 个月（到 2012 年 12 月）内达到该数字。在不到 2 年的时间里，这一数字达到了 20 亿（到 2014 年 5 月）。其浏览量随着时间变化的示意图由 YouTube 提供，如图 9–3 所示。

自 2013 年以来，另外 12 个 YouTube 视频的浏览量也突破了 10 亿大关。截至 2016 年年初，浏览量仅次于《江南 style》的是泰勒·斯威夫特的《空白区》（*Blank Space*），它获得 13 亿浏览量。但直到本书写作时，《江南 style》仍是唯一达到 20 亿浏览量的视频。事

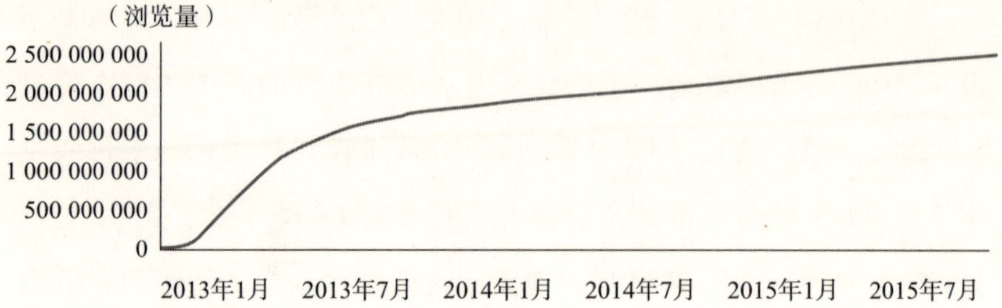

图 9–3

注：PSY演唱的《江南style》音乐视频在YouTube上的累计浏览量随时间变化的曲线

实上，当它于2014年12月达到2 147 483 647的浏览量后，YouTube似乎就已经无法计算浏览量了，显示在主页的数字也因此戛然而止。

为什么YouTube计数会停止在这看似随机的数字上？其实这是使用32位可以存储的最大数字，是YouTube为每个视频计数器预留的数量。没有人预料到，一个视频会累积达到这么多浏览量，以至于32位存储都不够。YouTube迅速修复这个问题，升级到64位计数器，将最大值提高至9 223 372 036 854 775 808。所以，在PSY、斯威夫特或其他人的视频浏览量达到100万的三次方之前，YouTube的计数器应该是安全的。

把观众带给视频

像《江南style》这样的视频怎么会如此受欢迎呢？要回答这个问题，我们首先可以看看引导观众点击YouTube短片的四个主要途径：

- 在谷歌等网站上，搜索包含视频标签的词组；
- 介绍（例如来自电子邮件、脸书或推广视频的广告）；
- 订阅的YouTube频道发布该视频；
- YouTube边栏给出的视频推荐。

相比视频的“赞”和“踩”的数量，订阅和推荐对决定视频受欢迎程度往往起到更大的作用。订阅很简单易懂，但YouTube如何产生推荐内容？它使用的是像网飞推荐电影那样的协同过滤算法，还是将视频片段按“重要性”排名的网页级别式的算法？

事实证明，这两种算法在该应用上都转化得不好。不同于网飞的电影，YouTube视频的长度和生命周期通常很短，并且观看行为变化大，很难建立用户评级视频片段的持续系统。对于网页级别算法，我们需要将视频片段以某种方式“连接”在一起（例如，通过搜索视频描述，找到其他片段的超链接，或比较不同视频的标签，找到匹配关键词）。但是标签和描述的质量是相当不可靠的。

YouTube视频推荐被认为是不同的，也要简单得多。还记得，在第 8 章，我们利用学生在讨论线程中的共同参与值，对学生之间的链接进行加权，也利用学生之间的链接，对学生在讨论线程中的共同参与值进行加权吗？YouTube记录视频对儿的**共同访问计数（co-visitation count）**，它代表某个最近的时间窗（如过去 24 小时）中，两个视频被同一观众观看的次数。因此，如果在过去的某一天，有 100 人观看了A和B两个视频，我们可以用权重 100 连接A和B。通过这种方法，我们可以构建一个加权的视频–视频图。你可以在图 9–4 中看到一个示例。

YouTube似乎采用这种共同访问图，并将其与视频标题、标签和摘要中的关键词匹配结合，生成给你的推荐。人们也注意到，往往只有那些观看计数与当前视频接近或略高的视频才会显示在推荐页面。这使得被广泛观看的视频更容易广泛传播：这是一个正反馈！

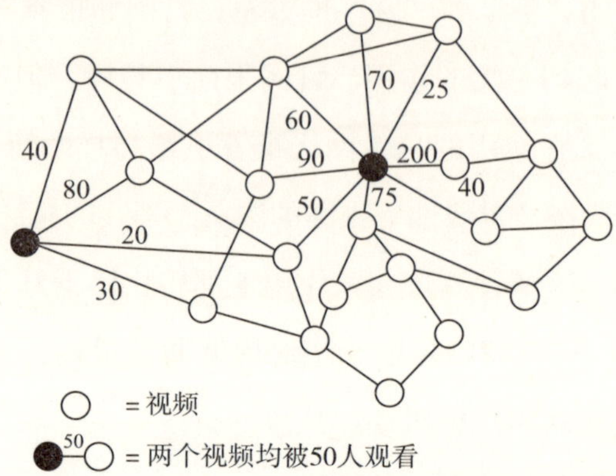

图 9–4　YouTube推荐利用视频之间的共同访问计数

注：图中每个节点都是一个视频，链接的权重是在一定时间内观看了这两个视频的人数

定义病毒式传播

病毒式传播到底是什么意思？虽然没有普遍接受的定义，但它通常表示，视频的总浏览量随时间变化的趋势，如图 9–5 中的曲线（c）。这里有三个重要特征：

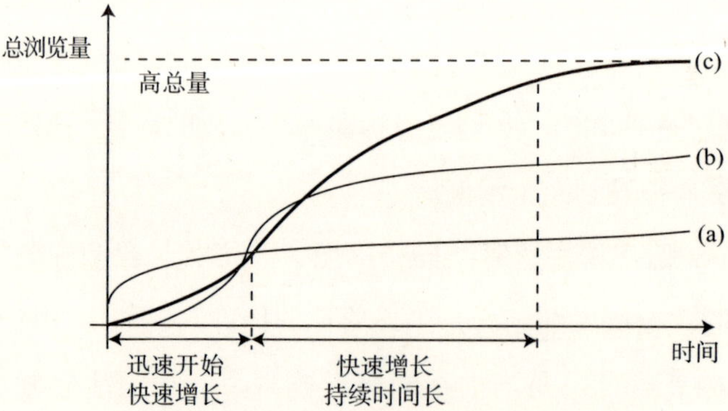

图 9–5　视频总浏览量随时间变化的典型趋势

注：视频（a）保持在低水平。视频（b）迅速上升，但随后迅速放缓。视频（c）在长时间内增长较快，并保持一段时间

1. 总浏览计数高；

2. 持续足够时间的迅速增长；

3.（有时）短时间后开始快速增长。

没有黄金公式可以让你遵循，以确保你的视频将实现病毒式传播。不过，已建立的**信息传播**（information spread）模型可以就病毒式传播发生的原因带来有趣的见解。这些理想化的模型已经被用来分析“项目”（范围从实体产品到疾病）在人群中的传播。把YouTube视频看成项目，我们将很快看到本章中一个简单但有启发性的信息传播模型。

受欢迎程度

让我们先考虑吸引人们选择某个项目的因素。其中之一当然是该项目带给人的**内在价值**（intrinsic value）。有些人可能喜欢它，不管别人怎么想。

然而，在许多情况下，一个人获得某个项目的决定将取决于其他人做了什么。**网络效应**（network effect）有两个可能发生的原因。首先，服务或产品的价值可能取决于使用它的人数。如果别人都没有电话，它对你有什么用呢？如果你是唯一使用过脸书的人，它还会这么有趣吗？这些产品和服务具有**积极的网络效应**（positive network effect）：使用它们的人越多，它们对每个人就变得越有价值。

第二，知道别人对一个项目的看法会影响你的决定。你有没有因为朋友告诉你某部电影好而看它，不管它是否是你平时喜欢的类型？在这些情况下，人们的意见和决定受到他人的影响。群众不再像第三部分那样“明智”了，因为我们在那里关于独立决策的假设不再成立。结果反而是**群众的谬误**（fallacy of crowds）。

这些因素中的哪个适用于在YouTube上选择观看视频的人？网站本身确实有积极的网络效应，但这并没有真正影响某人是否会选择观看某个视频。更具影响力的是其他两个成分（见图9–6）：该视频片段对此人的内在价值（即是否符合他的喜好），以及群众的谬误（即他是否看到很多其他人观看该视频）。后者基于将视频浏览通过人群传播的网络效应，因此对视频病毒式传播的影响较大。

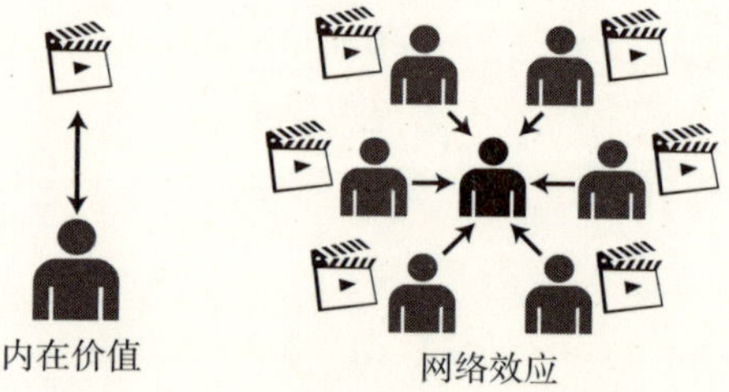

图 9–6

注：影响YouTube视频受欢迎程度的两个因素是其内在价值和网络效应

对网络效应进行量化并非易事，这取决于个人、项目和兴趣情况。接下来，我们将看一个**信息瀑布**（information cascade）模型，这是一个群众谬误的简单例子。

群众谬误：信息瀑布

如果你看见有人站在街角仰望天空，你会怎么做？你可能会认为她流鼻血了，然后继续做自己的事。但是，如果你看到10个人站在一起仰望天空，如图9–7所示，你会怎么做？那你可能会停下来看，认为可能出什么事了。这个人的行为会使人群变得更大，下一个经过的人将看到11个人，更会忍不住停下来看。

图 9–7　所有人都站在街角仰望天空

注：这会让路过的人认为有可能出什么事了，使他们也跟着看

这是一个典型的信息瀑布的例子，人们跟随人群的行动，而忽略自己的内部动因。当关于意见的独立性假设（本书第三部分群众智慧的前提）不成立，信息瀑布便会出现。事实上，它体现了截然相反的情况：决策过程不是完全独立的，而是完全取决于之前发生过什么。

关于信息瀑布的所有实例估计能写一整本书：从股票市场泡沫到时尚潮流，再到历史上集权主义政权的瓦解。它们如何被应用到视频的病毒式传播？你更可能会遇到一个已经流行的视频，即使它不符合你的口味，你可能还是会忍不住想看看它是怎么回事。如果你不喜欢它，可能会决定停止观看，但这仍然会计入视频旁边显示的浏览数量，并部分决定其在推荐页的位置。更高的浏览计数将反过来影响更多的人，并且这种累积还在继续。

依次做出决策

我们需要看看最终触发信息瀑布的过程。在**顺序决策**（**sequential decision making**）中，每个人得到一个私人信号（例如，我的鼻子开始流血），并采取一个公开动作（例如，抬头望向天空）。随后的用户可以观察到公开动作而不是私人信号。如果此时有足够多的同一类型的公开动作（例如，有10个人仰望天空），那么所有后来的用户将忽略自己的私人信号，只会模仿别人的动作。此时，信息瀑布被触发。

多少公开动作才够触发信息瀑布？这取决于当前情况。例如，相比让人们仰望天空，要让所有人都看你的YouTube视频可能会难得多。这也取决于所涉及的人。如果人们更愿意把他人的公开动作作为动因，那么信息瀑布就可以更快启动。

信息瀑布可以通过**正反馈**（**positive feedback**）扩展到更大规模。你可以在图9–8中看到这一点：更多的人表现出相同的公开动作，给下一个人更多跟随的动力，这使得群体变得更大，从而提供更多动力，以此类推。还记得我们在本书第一部分对负反馈的讨论吗？正反馈与此相反。在前者中，我们系统地抵消某种效果以达到网络中的平衡（例如通过第1章的分布式功率控制或第3章的基于使用的定价）。在后者中，该效果依靠自己持续的影响力产生更多影响，并继续增长。这两种类型的反馈都是网络中的重要主题。

每个人都遵循的公开动作是正确的还是错误的？两者都有可能，错误的信息瀑布（例如，每个人都在仰视，但天空中没有什么有趣的东西）是群众谬误的缩影。但信息瀑布也是脆弱的：即使一些私人信号被泄露给公众（例如，在街道的拐角处有一个人大喊：

图 9–8　顺序决策中的正反馈

注：随着采取相同公开动作的人数增加，下一个人会更忍不住模仿该动作，使采取该动作的人数增加，以此类推

“我在仰望天空，因为我流鼻血了！”），它也可能会迅速消失，甚至逆转方向。为什么？因为人们在跟随人群，尽管许多人在做同样的事情，但他们对自己在做的事情几乎没有信心。

多年来，人们提出了几种顺序决策的模型。接下来我们将看看一个简单的模型。

“猜数字”思想实验

假设有一群人排队玩一个猜数字游戏。主持人选择数字 0 或 1 作为正确答案。每次会有一个人走上黑板，写下自己猜测的数字（图 9–9）。

当一个人走上黑板，主持人会向其展示一张卡片，上面写着“0”或“1”。这是此人的私人信号。如果正确答案是“0”，主持人有比如 80% 的概率会选择有“0”的卡片，有 20% 的概率选择有

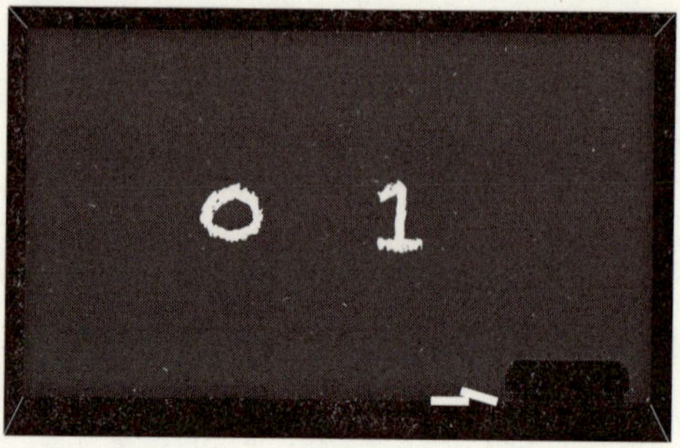

图 9–9

注：在这个思想实验中，一些人排好队，每次会有一个人被叫到黑板上写下自己的猜测。这有可能是当第三个人上去时，黑板的样子

“1”的卡片。如果答案是“1”，主持人有 80% 的概率会选择有“1”的卡片，有 20% 的概率选择有“0”的卡片。显示的数字不一定是正确的，但是每个人都被告知，他们看到的卡片正确比错误的概率更高。

黑板上每个人的猜测都是其公开动作。当有人进行猜测时，她会看到前面所有人的公开动作，但没有看到向他们显示的私人信号。作为示例，图 9–9 和 9–10 显示了，当第三人走上黑板时的情况：

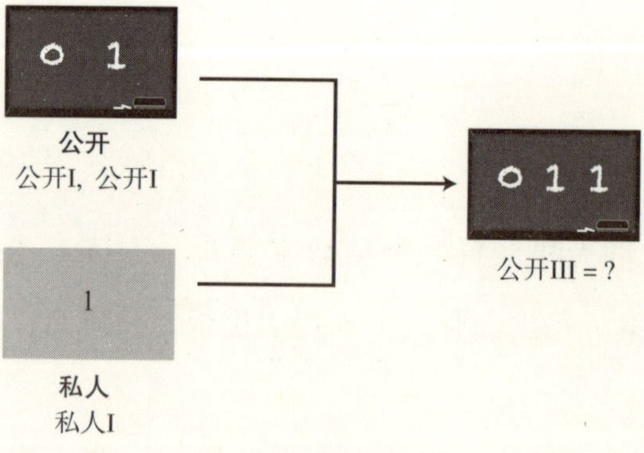

图 9–10

注：第三人看到前两人的公开动作（公开I和公开II），并得到自己的私人信号（私人III）。根据这些信息，她在黑板上写下自己的猜测（公开III）

- 她看到一张卡片上的私人信号，我们称之为私人III。
- 她看到了前两个用户在黑板上的公开动作，我们称之为公开I和公开II。
- 根据这些信息，她的任务是做出自己的猜测——公开III，并写在黑板上。

假设爱丽丝是第一个上去的人。她该怎么办呢？目前黑板上还没有内容，所以她只能依靠卡片上的数字。她知道这个数字更可能是对的。所以如果她看到0，她会写0，如果她看到1，她会写1。

鲍勃第二个上去。他的情况和爱丽丝有什么不同？他不仅看到爱丽丝写字的公开动作（公开I）和他自己的私人信号（私人II），还知道爱丽丝如何分析。他看不到她的私人信号，但知道它一定和公开I一样，因为爱丽丝进行猜测时没有其他信息。所以鲍勃实际上知道两个私人信号，私人I和私人II：

- 如果它们都是0，那么显然他会写下0。这比爱丽丝面对的情况更有利。
- 如果它们都是1，那么同样，他也会写下1。
- 但是，如果它们不一样呢？那他就没有提示表明哪个数字更可能是正确的。他的卡片和她的相互矛盾。在这种情况下，他会抛硬币，随机写下0或1。

现在是信息瀑布出现的第一种情况。当第三个人卡拉上去猜测，她有什么信息？她有一个私人信号（私人III），以及两个公开动作（公开I和公开II）。卡拉需要比较公开I和公开II。

首先，如果它们是不同的呢？那卡拉就知道爱丽丝和鲍勃的私人信号肯定也是不同的。鲍勃一定发现了信息不匹配，并随机猜测。这两个相互冲突的私人信号互相抵消，使卡拉处于和第一个人爱丽丝相同的情况。然后她仅基于自己的私人信号（私人III）进行猜测。

那么，如果公开I和公开II是相同的呢？

- 如果卡拉的私人III与其一致，那么结果显而易见：她知道有两个信号说出她的数字（她和爱丽丝的），另一个可能也一致（鲍勃的）。所以，她应该选择这个数字作为公开III。
- 这里是真正有意思的地方。如果卡拉的私人III与公开I和公开II不一致，她的猜测最好是无视她的私人信号，而和前两个公开动作保持一致！

所以如果前两个人（爱丽丝和鲍勃）写下相同的猜测，那么信息瀑布就启动了。第三个人（卡拉）的理性选择是与大家保持一致。如果第三个人这样做，那么第四个人也会这样，以此类推（直到发生其他事来打破信息瀑布）。

为什么信息瀑布会在前两个人后出现？让我们在逻辑上进行分解。卡拉知道爱丽丝的私人信号是什么。由于对方和她的不同，两者将抵消，所以卡拉的决定可归结为她对鲍勃私人信号的推测是什么。回到他的决定，有两种方式能让他的公开动作和爱丽丝的一致：

1. 鲍勃的私人II与爱丽丝的公开I一致（这意味着鲍勃的公开动作是其私人信号）；
2. 鲍勃的私人II与爱丽丝的公开I不一致，但是当他随机选择时，他决定写下公开I（这意味着鲍勃的公开动作不是其私人信号）。

第一种情况更有可能。所以，鲍勃更可能以他的私人信号作为猜测。因此，卡拉的最佳选择是以公开II作为其猜测，这样就形成了信息瀑布。

要是前两个人之后没有出现信息瀑布呢？那么一切重新开始，信息瀑布同样可以在接下来的两个人之后出现，或是后面两个人之后，以此类推。所需要的是，某个处于偶数顺序的人采取和她前面奇数顺序的人同样的公开动作。在图 9–11 中，在第三个和第四个人采取公开动作 1 之后，出现了 1 的信息瀑布。

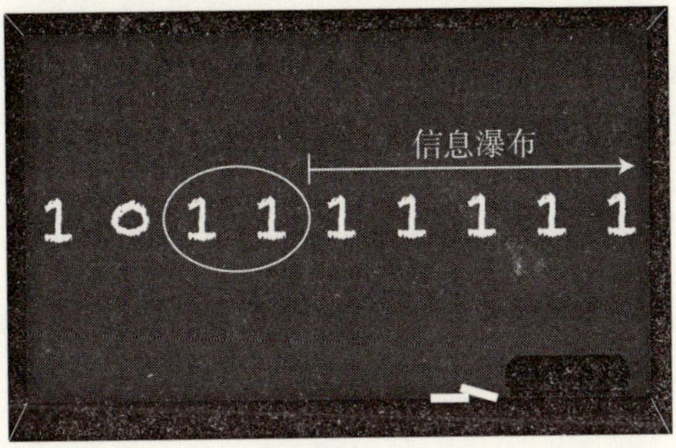

图 9–11

注：当第三个人和第四个人的猜测都为 1 时，便会触发信息瀑布

形成信息瀑布

我们要多久才能形成信息瀑布？打破信息瀑布有多容易？我们将在本部分通过猜数字实验的一些数值例子，探讨这些问题。如果你愿意，也可以跳过下面的计算，直接进入下一部分。

第一对猜测者

在我们的实验中，爱丽丝和鲍勃是第一对进行猜测的人。假设主持人已经决定将 1 作为正确答案，她向每个人展示 1 作为其私人信号的概率是 80%（我们称之为主持人的概率）。

要分解不同类型的瀑布，最简单的方法是通过如图 9–12 中的树形图，它显示了基于爱丽丝和鲍勃私人信号的 6 种不同可能性。其中，两种可能性导致不正确的信息瀑布（均为公开动作 0），两种导致正确的信息瀑布（均为公开动作 1），两种不会导致信息瀑布（公开动作不同）。例如，私人 I = 1，私人 II = 0，抛硬币 = 1，导致爱丽丝得到（并猜测）1，然后鲍勃得到 0，抛硬币并猜测 1，然后触发正确的信息瀑布 1。

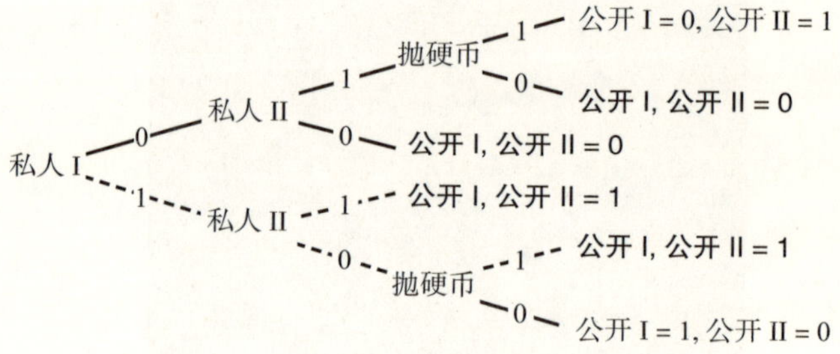

图 9–12　前两个猜测者所有可能发生的情况

注：四种突出显示的情况将触发信息瀑布

在回合结束时，没有触发信息瀑布的概率是多少？要使这种情况发生，我们需要前两个公开动作不同，也就是（i）公开 I = 0 且公开 II = 1 或（ii）公开 I = 1 且公开 II = 0。从图中，你可以看到，对于下列组合的私人信号，将出现这些情况：

- （i）私人 I= 0，私人 II = 1，抛硬币 = 1：爱丽丝得到私人信号 0 的概率是多少？由于看到 1 的概率是 80%，因此得到 0 的概率是 20%。那么，鲍勃得到 1 的概率是多少？ 80%。抛硬币得到 1 的概率是多少？ 50%。因为这三个独立事件中的每一个都必须发生，因此我们将它们相乘，得到发生这种情况的总概率：$0.20 \times 0.80 \times 0.5 = 0.08$，或 8%。

•（ii）私人I= 1，私人II = 0，抛硬币 = 0：这是我们刚刚看到的思路的逆向。爱丽丝看到 1 的概率是多少？80%。鲍勃看到 0 的概率是多少？20%。抛硬币得到 0 的概率是多少？50%。这些概率得到相同的结果：$0.20 \times 0.80 \times 0.5 = 0.08$，或 8%。

由于（i）和（ii）都没有产生信息瀑布，因此我们将它们相加，得到总概率：8% + 8% = 16%。

信息瀑布发生的概率是多少？答案很简单：16%是它不发生的概率，所以 100% – 16% = 84%是发生的概率。我们能进一步分解这个 84%吗？是的，因为可能发生两种不同的信息瀑布：正确（1）或不正确（0）。请记住，不正确的信息瀑布是这个模型中的群众谬误的缩影。

要得出这些概率，在图 9–13 中，六种不同结果将被分解。对于每一种情况，我们沿着分支把概率相乘：例如，私人I为 0 有 20%的概率，私人II为 1 有 80%的概率，抛硬币得到 0 有 50%的概率，因此这一系列事件发生的概率为 $0.2 \times 0.8 \times 0.5 - 0.08$，或 8%。把相关可能性相加，正确信息瀑布发生的概率是 64% + 8% = 72%，不正确信息瀑布发生的概率是 4% + 8% = 12%。

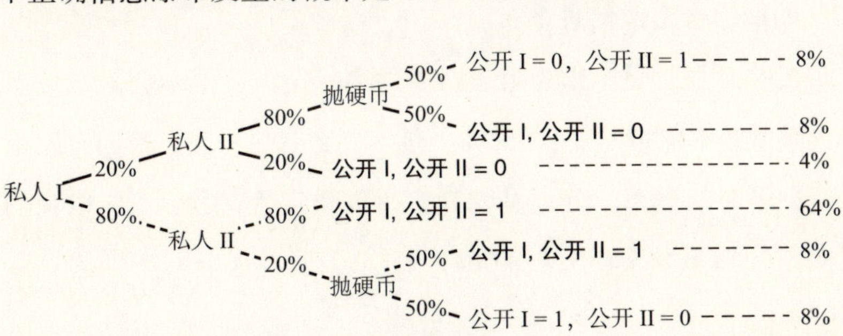

图 9–13

注：我们例子中的六种结果，每个发生的概率都显示在树形图右侧

出现正确信息瀑布的概率是相当高的。为什么？还记得我们在开始时对主持人做的假设吗？他有 80% 的概率向每个人显示正确的私人信号（1）。那也相当高。如果我们降低该数值，事实证明，不正确的信息瀑布和不出现信息瀑布都将变得更有可能。更多关于这段关系和更详细计算过程的信息，请参考本书网站 Q9.1 和 Q9.2 部分。

未来的猜测对儿

在爱丽丝和鲍勃之后，不出现信息瀑布的概率是 16%。那么在卡拉之后怎么样？请记住，第三个人自身不能触发信息瀑布。如果鲍勃之后没有触发，那么卡拉又从头开始（没有信息），和爱丽丝的处境相同。所以在前三个人之后，不出现信息瀑布的概率仍然是 16%。

达娜之后会怎么样？现在可以触发信息瀑布的方式有两种：一种是在爱丽丝和鲍勃之后，另一种是在卡拉和达娜之后。要在他们之后不产生信息瀑布，我们需要第一对（爱丽丝和鲍勃）和第二对（卡拉和达娜）都不触发。我们将每对参与者不形成信息瀑布的概率相乘：$0.16 \times 0.16 = 0.0256$，或 2.56%。因此，在达娜之后，有超过 97% 的概率会形成信息瀑布。

那么埃文之后呢？作为第三对中的第一个人，他不会触发信息瀑布，所以概率保持不变：2.56%。弗兰克之后呢？现在我们有三个产生信息瀑布的概率，分别是鲍勃、达娜和弗兰克之后，所以我们乘三次：$0.16 \times 0.16 \times 0.16 = 0.0041$，或 0.41%。这个不产生信息瀑布的概率很小。

现在你可能找出规律了，如图 9–14 所示。为了算出第“N”

对后仍然没有信息瀑布的概率，我们将 0.16 乘以“N”次。对于 5 对，它变成 $0.16 \times 0.16 \times 0.16 \times 0.16 \times 0.16 = 0.000\ 105$（即约 1 / 100 的 1%）。对于 50 对，小数点后第一个有效数字之前有 37 个零！

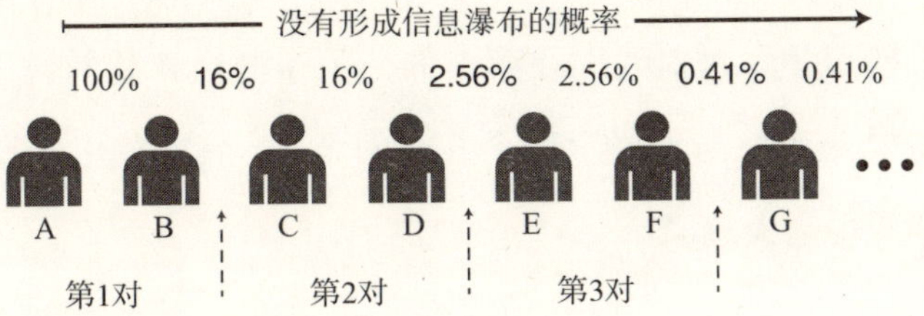

图 9–14

注：在猜数字实验中，随着更多参与者进行猜测，没有形成信息瀑布的概率会降低

显然，这个概率正迅速趋于零。所以在几对之后，我们差不多确定会产生信息瀑布。此时，未来人们的决定已经完全取决于目前的情况。

但请记住，信息瀑布可能正确，也可能不正确。在某一对进行猜测后，我们可以计算出每一种结果的可能性吗？是的，但相比反复相乘，这些公式需要更多的数学计算。事实证明，进行猜测的参与者对数不会在很大程度上改变每种信息瀑布类型的概率。例如，当主持人的概率为 80% 时，错误信息瀑布的概率从一对后的 12% 上升至三对后的约 15%，而正确信息瀑布的概率从约 72% 上升至约 85%。正确信息瀑布仍然明显更有可能。

无论有多少对数，主持人的概率都是影响信息瀑布类型的唯一因素。例如，如果主持人的概率下降到 60%，最终产生错误信息瀑布的概率将超过 35%，产生正确信息瀑布的概率将低于 65%。当主持人的概率为 50% 时，两者将同样可能出现！

要了解这些关系的详细图示，请参考本书网站 Q9.3 部分。可以说，如果我们的目标是触发正确的信息瀑布，我们必须希望主持人更为频繁地展示正确的数值而非错误的。这一点有些不合常理，因为当参与者的对数很大时，我们预计能获得大量信息（即更多的公开动作），正确的信息瀑布应该很可能会产生。但信息瀑布阻碍了独立信息的聚集，这对我们在第三部分关于群众智慧的讨论十分重要。只需要一对参与者展示两个 0 或两个 1，就能使未来所有的公开动作都变得毫无意义。

皇帝的新衣

现在你知道，信息瀑布的形成是多么容易。一旦被触发，信息瀑布会持续多久？答案是永远，除非出现某种干扰（如泄露私人信号）。需要多少次干扰？有趣的是，无论信息瀑布已经持续多久，通常几次干扰就足够了。尽管有很多人参与，但每个人都知道，他们基本上只是在玩一个跟随领导者的游戏，以最大限度地提高他们猜测正确的概率。

皇帝的新衣效应（Emperor's New Clothes effect）概括了信息瀑布的脆弱性。这个名称来自 19 世纪汉斯·克里斯蒂安·安徒生的短篇故事（图 9–15）：虚荣的皇帝得知，他的“新衣”是用最好的面料制成的，只有那些不称职的人才看不见。事实上，根本没有衣服。虽然每个人都在表演（即他们的公开动作），但都不想显得不称职（即他们的私人信号）。只要一个孩子喊道：“嘿，他什么都没穿！”大家都更加确信，皇帝确实在大庭广众下赤身裸体。

图 9–15

注：皇帝的新衣效应表示，信息瀑布可以很容易地被打破

回到我们的猜数字实验，如何打破信息瀑布？假设第一对参与者后出现 1 的信息瀑布。一段时间后，轮到弗兰克进行猜测，他得到 0 作为他的私人信号。作为公开动作，他猜测 1，但他也喊出他的信号是 0。

现在轮到格雷戈，他也得到了私人信号 0。他有以下关于私人信号的信息：

- 一方面，至少有一个 1，来自爱丽丝。但他不能确定鲍勃是否有一个 1，因为鲍勃可能得到的是 0，并抛硬币决定。
- 另一方面，至少有两个 0：他和弗兰克的。

那么，格雷戈会怎么做呢？他会猜测 0，因为有更多证据表明这是正确的。这个猜测打破了信息瀑布。请记住，信息瀑布只表示其出现时间前后的几个人采取的行动。如果大家都知道这点，另外几个人可能会打破它。

有许多其他因素

在猜数字实验中，只需要两个人就能引发信息瀑布。在更通常的情况下，要让一个人忽视其本能，所需要的人群大小取决于（i）具体情境和（ii）具体个人。例如，比起在黑板上匹配数字，一个路人可能需要看到更多人在街角仰着头，才会选择从众。比起一个无聊而好奇的人，需要更多人在街角仰着头，才会让一个匆忙赶路的过路人也这样做。

但也许我们在这里所做的最深远的假设是，每个人的行为都是理性的。我们假设每个人都可以也会基于他们的信息，决定什么是最好的猜测。这个假设总是正确的吗？绝对不是。每个人应该做的事情和他在现实中所做的可能完全不同。研究人员已经观察到，猜数字思维实验并不像理论预测的那样有效，可能是因为大多数人并没有在头脑中对概率进行这种推理。

我们如何能将顺序决策转化，以实现YouTube视频的病毒式传播？这并不容易，但主要观点应该是明确的：你希望你的视频引发信息瀑布，这样，当一个人看到或听说它之后（即公开动作），他很可能会观看它，无论它是否符合其内在利益（即其私人信号）。在一个人自动观看你的视频之前，需要多少公开动作？这样的数字是否存在？即便有此类数字，它对每个人来说都是不同的，这取决于人的顺从程度。这些都是有趣的问题，还没有明确的答案。

第 10 章
影响他人

第 9 章的主要信息是什么？接触公众舆论打破了群众智慧所需的独立性。在随后的谬误中，人们会受到他人行为的影响。

在本章中，我们将继续探讨关于影响的主题，这次我们会更多关注社会网络背后的图像。我们关于病毒式传播的研究对象是以人群为基础的场景，它假定不管两个人的关系是什么，一方的公开动作对另一方有同样的效果（如图 10–1 所示）。转向脸书和推特等社交网站，我们的讨论将围绕影响依赖拓扑的方面，而不是以人口为基础。

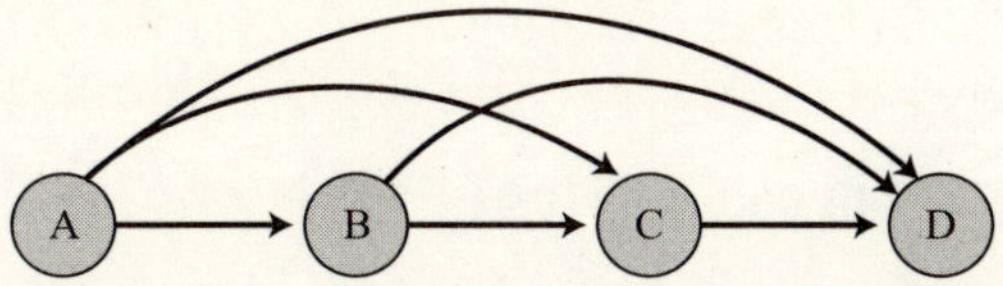

图 10–1　第 9 章猜数字思维实验中的假设人群关系

注：A 到 B 的连接表示 B 从 A 获得信息（即公开动作）

社会影响的场所

脸书中的友谊

如今最大的社交网络应用是什么？脸书（图 10–2）。2016 年 3 月，有 16.5 亿人至少登录过脸书一次，这个数字占全球总人口的 1/5 以上。

图 10–2 脸书（左）和推特（右）的商标标识

2004 年 1 月，马克·扎克伯格为他的哈佛大学同学推出了社交网站“Thefacebook”。它迅速吸引了超过一半的哈佛在校生，并在 3 个月内扩展到其他常春藤盟校，逐渐得到美国和加拿大多数高校的关注。2005 年，脸书从其名字中删去“the”，并向高中生开放，不久后又向公司员工开放。但直到 2006 年 9 月，该网站才开始允许任何 13 岁或以上的人，凭有效电子邮件地址加入，这种注册方式沿用至今。

在图 10–3 中，你可以看到 2004 年到 2015 年，脸书每月活跃用户数量迅速增长的情况。2012 年，它的用户首次突破 10 亿大关，并于同年进行首次公开募股（IPO）。

到 2015（2016）年，每分钟有超过 400 万个帖子被点赞，3 200 万个项目得到分享，240 000 张照片被上传到脸书。使用该网站比例最大的年龄组为 25~34 岁，占所有用户的 30%，在 2006 年脸书出现时，他们正在上高中或大学。来自美国的用户比任何其他国家都多，但脸书在国际舞台上也占据一席之地，其约 20% 的用户来自欧

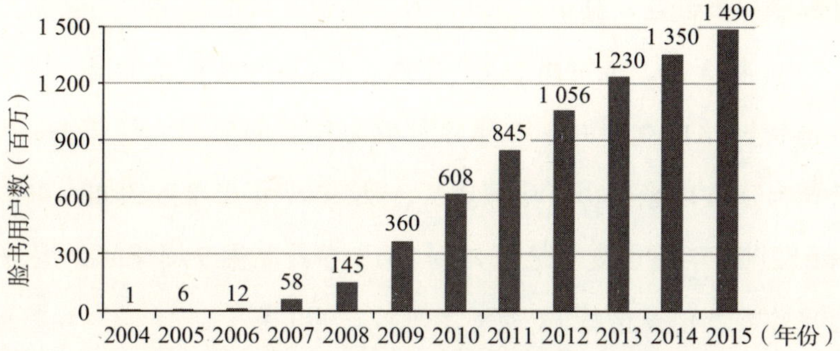

图 10–3　自 2004 年以来，脸书每年的活跃用户数

洲，还有 20%来自亚洲。

脸书的“好友”功能一开始就使它很受欢迎。想想过去多年来，人们通过“添加好友”按钮建立的所有联系。这些连接以及它们实现的互动，弥补了脸书作为社交媒体和社交网站之间的差距。

以脸书用户为节点，我们可以通过在所有互为好友的用户之间绘制连接，创建图像。在 2015（2016）年，大约有 15 亿名用户，平均每人有大约 350 个好友。这意味着图像有 15 亿个节点，以及 $1.5 \times 350 / 2 \approx 2\ 600$ 亿个链接（除以 2 是因为我们不想将同一个链接计算两次）。这是一个非常庞大和复杂的结构，也会使人产生疑问，到底是什么构成脸书上两个人之间的链接。友谊当然是定义链接的具体方式，但也许某些更强大的概念更有意义，如“好友”沟通的次数？

在推特上关注

推特（见图 10–2）是另一个流行的社交网站，它赋予用户使用微博的能力。人们通过它可以发送和接收长度最多为 140 个字符的文本“推特”，并“关注”其他人。到 2016 年一季度，约有 13 亿个

Twitter账户被创建，其中有3.1亿万名符合每月活跃用户的标准。

2006年3月，推特由杰克·多西在Odeo网站首先推出。同年7月，推特网站成立，并于次年4月成为独立的公司。像脸书一样，该公司自成立以来经历了快速成长，从2007年每季度约400 000条推特到2008年每季度1亿条。到2015年其诞生9周年时，用户每天几乎收发5亿条推特。（差不多每秒6 000条！）

推特的使用量常常在重大事件发生时迅速增加。在2011年夏季美国东海岸发生地震后，推特从弗吉尼亚到纽约的传播速度比地震还快。图10–4显示了，地震发生仅10秒和80秒后推特的活动情况。截至2016年，促使推特最多发送数量的一次事件是2015年2月举行的第49届美国“超级碗”（国家橄榄球联盟）大赛，在比赛期间人们共发送2 510万条推特。

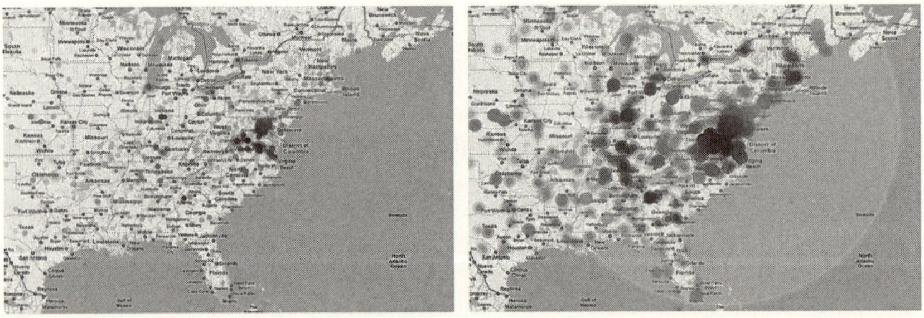

图10–4

注：2011年夏季，美国东海岸地震发生10秒（左）和80秒（右）后，推特的活动情况

截至2016年5月，凯蒂·佩里是推特上最受关注的人，她有8 800万名关注者，贾斯汀·比伯紧随其后，有8 100万名关注者。对于名人，推特上单向的关注关系（即你可以关注他们，而他们不需要关注你）对于向粉丝广播其最新动态特别有用。脸书上名人页面的“喜欢”功能也是这样。

谁是“重要的”？

脸书和推特只是今天存在的许多在线社交网站中的两个。其他网站都是围绕具体应用出现的，从 Instagram 上的照片和视频分享到 Yelp 的商业评论，再到慕课的社会化学习（在第 8 章讨论过）。

关于人们如何在这些网络中表现和互动，已经有过许多研究。人们试图回答以下两个重要问题：

1. 我们如何衡量个人的影响力？

2. 我们如何利用有关哪些人具有影响力的知识，对在线用户产生实际影响？

这些都不容易回答。理论和实践之间存在着巨大的差距，这也是在本书中能够看到的最大的问题。但这并没有阻止人们寻找答案。

例如，关于第一个问题，一些公司就在记录一些人在推特上的个人影响力。它们如何量化一个人的影响力？有几种可能的做法，例如，该人拥有的关注者数量、转发数量或转帖数量。一些公司也试图将脸书的整个社交图组合起来，这将使它们了解网络中哪些人是最重要的。我们将在本章中了解定义重要性的方法。

至于第二个问题，例如营销公司如何利用关于影响力的知识来销售产品？它们将设法把产品放到那些被认为具有最高社会影响力的人们手中。它们可能会鼓励一些有影响力的个人或大量随机选择但相对有影响力的人，希望别人看到这些人手中的产品后，会决定购买该产品。在本章后面的部分，我们将看到，找到宣传产品的最佳人选是多么困难和违反直觉的。

除了营销活动之外，关于识别和利用有影响力的个人，我们可以写一整本书。一个有趣的历史故事发生在 1775 年美国革命的前夜，保罗·里维尔和威廉·道斯进行了所谓的午夜兜风。在 4 月 18 日晚上，他们从波士顿和坎布里奇附近出发去提醒美国人，英国人计划在列克星敦和康科德发起攻击。他们各自沿着不同的路径去列克星敦，在那里会合之后，又共同前往康科德。在前往列克星敦的路上，里维尔成功提醒了极具影响力的民兵组织领导人，并最终比道斯更有效地传播了消息。这在第二天帮助美国人赢得了这场战争的第一次战斗。

社会重要性的常见定义

我们如何衡量一个人在社交网络中的重要性？从网络的社交图开始，每个节点都是一个人，如图 10–5 所示。社交图中的链接可以象征什么？这有很多可能性，正如我们在第 8 章社会化学习网络中看到的：它们可能是有向或无向，加权或不加权，这一切都取决于我们想要图像表示什么。

在图 10–5 中，链接是无向的（没有箭头）。假设这里的链接表示两个链接的节点“认识”对方（例如，达娜认识卡拉、埃文和弗兰克，而本只认识安娜）。脸书的朋友图也是无向的，因为如果你

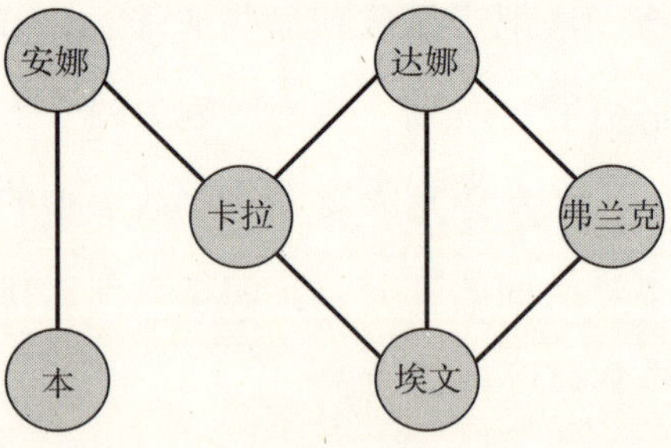

图 10–5　我们用于计算中心性的无向社交图示例

是我的朋友，那么我一定也是你的朋友。我们在第 8 章看到的学生之间的共同参与图也是如此。与此相反，推特的关注图是有向的：即使你关注了最喜欢的音乐家，可能对方并没有关注你。第 5 章中的网络图也一样。

有了图示后，我们如何衡量每个节点的重要性？事实上，人们已经提出了许多不同的指标。在这里，我们将了解节点中心性的三个常见测量标准。

简易方法：程度中心性

最显而易见的标准是**程度中心性**（degree centrality），也就是连接到相关节点的节点数量。在第 5 章，我们计算了有向网络图的入度和出度。对于无向图，两者没有区别，所以问题更简单。

图 10–5 中的度数是多少？安娜的度数是 2：她是本和卡拉的朋友。本的度数是 1：他只是安娜的朋友。卡拉、达娜、埃文和弗兰克的度数分别为 3、3、3 和 2。根据这一标准，我们将卡拉、达娜和埃文并列作为最重要的节点，其次是安娜和弗兰克并列作为第二重要的节点，最后是本，作为最不重要的节点。

这个排名合理吗？我们同意本应该是最不重要的：他唯一的联系是安娜。我们也可以认为，达娜和埃文的重要性应该相同，因为他们连接到相同的人。

可是卡拉呢？她提供了安娜和本与图像其余部分唯一的连接。没有她，网络将**分割**（partition）成两组，如图 10–6 所示。此外，没有安娜，本将不会连接到图像。如果我们在讨论中心性，那么，既然安娜和卡拉对图像的连通性更重要，我们不应该给她们更多分数吗？

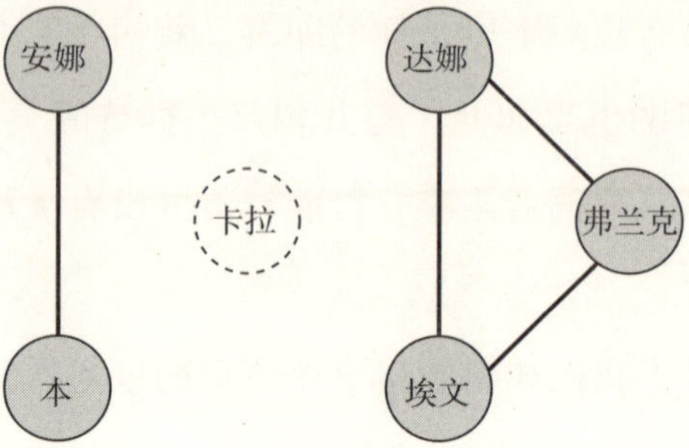

图 10–6

注：如果我们删除卡拉，那么安娜和本将不再连接到其他节点。这应该能多少证明卡拉的中心性

程度中心性没有考虑到的另一点，是我们在第 5 章网页排序中看到的：如果一个节点连接到许多重要节点，它应该比连接到许多不重要的节点更为重要。网页级别算法（第 5 章）通过将每个节点的重要性传播到其近邻，解决了这些问题。我们也可以在这里应用这个方法吗？确实可以，而且这是个你可以自己做得不错的练习。我们则将探索在社交图中定义中心性的其他方法。

统计路径：接近中心性

我们的第二个重要性标准——**接近中心性**（closeness centrality），着眼于节点到其近邻的距离。要找到这一距离，我们必须考虑图中两个节点之间的距离，这是包含它们的**最短路径**（shortest path）中的链接数。一条**路径**（path）是连接节点的一系列链接，最短路径则是利用尽可能少的连接的路径。我们通常用从头到尾通过路径时访问的节点，来表示一条路径。所以在图 10–5 中，从本到弗兰克的路径经过安娜、卡拉、埃文，然后是达娜，表示为（B，A，C，E，D，F）。这条路径的长度是 5，因为它有 5 个链接（我们将在第 12 章和第 14 章探索最短路径算法）。

除了这条路径，还有其他从本到弗兰克的途径。例如，我们可以在埃文之前访问达娜（B，A，C，D，E，F）。我们也可以使用更少的链接，因为没有必要同时使用达娜和埃文：（B，A，C，D，F）和（B，A，C，E，F）分别只有 4 个链接。这些是本和弗兰克之间的最短路径，其中之一在图 10–7 中高亮显示。

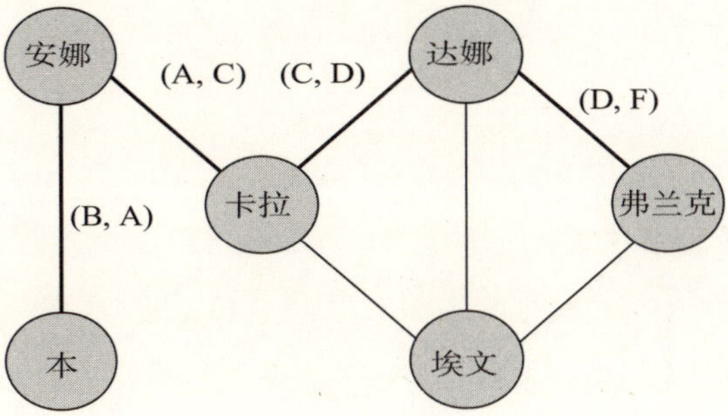

图 10–7

注：本和弗兰克之间最短的路径之一是（B，A，C，D，F），长度为 4

节点的接近中心性是基于距离其他每个节点最短路径长度的平均值。接近中心性较小的节点往往更接近其他节点，而且根据这个度量标准更为重要。

让我们为卡拉计算接近中心性。首先，在图 10–5 中，我们需要找到她和其他节点之间的最短路径：

- 从卡拉到本的最短路径是什么？只有一条路径（C，A，B），长度为 2。
- 到安娜的路径呢？最短路径包括一个链接（C，A），长度为 1。
- 到达娜的呢？最短路径是链接（C，D），长度为 1。
- 到埃文的呢？链接（C，E），长度为 1。

• 到弗兰克的呢？最短路径是（C，D，F）和（C，E，F），长度为 2。

你可以在图 10–8 中看到这些距离的概要。平均值是多少？我们通过将这些距离相加，再除以总数（5），得出平均值：

$$\frac{2+1+1+1+2}{5}=\frac{7}{5}$$

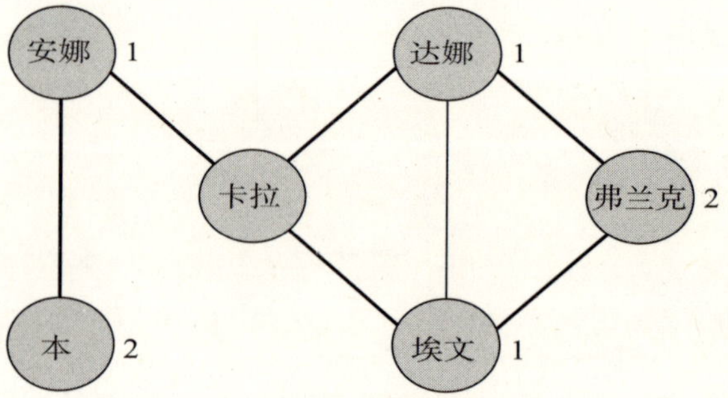

图 10–8　卡拉的最短路径链接和长度

答案即将揭晓，除了一个小细节。我们想要一个较小的平均值（而不是更大），以表示更高的中心性，表明该人距离更近。所以我们采用倒数：

$$\frac{1}{7/5}=\frac{5}{7}=0.714$$

你可以采取同一步骤，得出图中其他人的接近中心性。如果你对达娜中心性的具体说明感兴趣，请参考本书网站 Q10.1 部分。以下是计算步骤和结果的摘要：

$$\text{安娜：}\quad \frac{5}{1+1+2+2+3}=\frac{5}{9}=0.556$$

$$\text{本：}\quad \frac{5}{1+2+3+3+4}=\frac{5}{13}=0.385$$

$$\text{达娜：}\quad \frac{5}{2+3+1+1+1}=\frac{5}{8}=0.625$$

$$\text{埃文：}\quad \frac{5}{2+3+1+1+1}=\frac{5}{8}=0.625$$

$$\text{弗兰克：}\quad \frac{5}{3+4+2+1+1}=\frac{5}{11}=0.455$$

按照接近中心性来看，卡拉最高，其次是达娜和埃文（平分），然后是安娜，之后是弗兰克，最后是本。相比程度中心性，很多平分都被打破：卡拉第一，安娜现在比弗兰克高。卡拉和安娜对图像连通性至关重要，这说明了提高她们分数的合理性。

接近中心性非常直观：接近你的人越多，你对网络的中心性越高。这是我们能取得的最好结果吗？有人会说，我们例子中的排名仍然有一些矛盾之处。第一，为什么安娜不如达娜和埃文重要呢？达娜和埃文真的不像安娜那样，对图像连通性如此重要（见图 10–9）。其次，为什么卡拉的接近中心性只比达娜和埃文的稍高？她对图像连通性要重要得多。

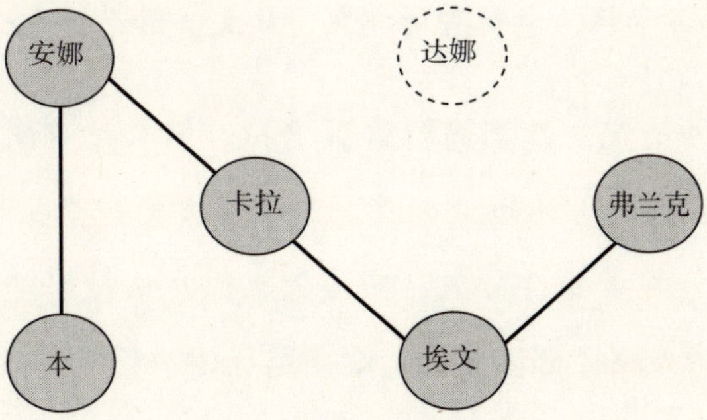

图 10–9

注：我们可以删除达娜或埃文，同时不让其余节点断开

另一个中心性的概念同样有用，也许能比接近中心性更加符合这种直觉。

衡量连通性：中介中心性

假设安娜需要通过网络中的最短路径，向弗兰克传递消息。参考图 10–10，她可以采取两条路线：

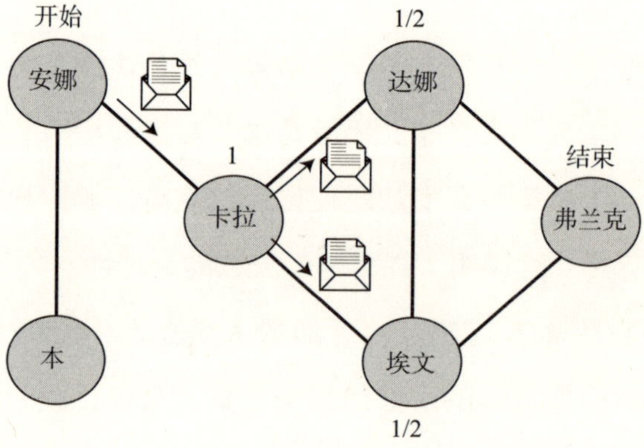

图 10–10

注：如果安娜想发送一条消息给弗兰克，她必须把它发给卡拉，而卡拉可以将它转给达娜或埃文

- 告诉卡拉，卡拉告诉达娜，达娜告诉弗兰克；
- 告诉卡拉，卡拉告诉埃文，埃文告诉弗兰克。

无论哪种情况，她都需要告诉卡拉。但卡拉有两种可能的选择：她可以选择告诉达娜或埃文。对于安娜发送给弗兰克的消息，如果我们要分配重要性分数，应该怎么做？卡拉可能得到最高分数，因为这两条路径都涉及她。两条路径中，只有一条涉及达娜或埃文，所以他们可以各得卡拉的一半分数。

另一个例子是，如果本想给达娜发消息怎么办？这里只有一条最短路径：发给安娜，安娜转发给卡拉，卡拉转给达娜。分配分数时，安娜和卡拉可能得到相同的分数。相对第一个例子中给卡拉、达娜和埃文的分数，他们应该得到多少？以前有两条路径都是可能的，但现在只有一条，这使得它更加关键。没有安娜或卡拉，本无法给达娜发送消息，同样，没有卡拉，安娜无法给弗兰克发送消息。因此，安娜和卡拉为这一条路径得到的分数，可能和之前卡拉为两条路径得到的同样多。

基于此，当一个节点位于网络中其他节点之间的多条关键路径中时，**中介中心性（betweenness centrality）**认为其更加重要。从A到B的最短路径越多，每条路径对于另一个节点的中心性就越低，因为每条路径对于这对节点都不太重要。如果从A到B有 3 条最短路径，其中两条包含C，那么C能从这对节点得到多少分数？ 2/3。在我们的例子中，对于安娜和弗兰克这对节点来说，我们要给卡拉2/2（她位于两条路径中），达娜和埃文各得 1 / 2（他们位于其中一条路径中）。对于本和达娜这对节点，安娜和卡拉将分别获得 1 / 1（他们都位于唯一的路径中）。

让我们计算卡拉的中介中心性。在开始之前，我们先凭直觉来判断一下，相对于其他人，她的中心性将是高还是低？估计是高：因为她把图像的两边结合在一起。你可能在自己的社交网络中就认识这样的人！

要找到卡拉的中心性，除了那些与卡拉有关的节点，我们还需要考虑图像中的每对节点。在这样做时，我们思考两个问题：这对节点之间有多少条最短路径？这些最短路径中有多少包含卡拉？

• 安娜和本：有多少条最短路径？只有一条，链接（A，B）。其中包含卡拉吗？不，所以她得到 0 / 1 = 0 分。

• 安娜和达娜：有多少条最短路径？一条（A，C，D）。其中包含卡拉吗？是，她得到 1 / 1 = 1 分。

• 安娜和埃文：还是有一条最短路径（A，C，E）。因为它包含卡拉，她再次得到 1 / 1 = 1 分。

• 安娜和弗兰克：有多少条最短路径？两条（A，C，D，F）和（A，C，E，F）。有多少条包含卡拉？两条都包含，所以她得到 2 / 2 = 1。

• 本和达娜：有一条最短路径（B, A, C, D）。它包含卡拉，所以她得到 1 / 1 = 1 分。

• 本和埃文：还是只有一条最短路径（B，A，C，E），并且包含卡拉，所以她得到 1 / 1 = 1 分。

• 本和弗兰克：有多少条路径？两条（B，A，C，D，F）和（B，A，C，E，F）。因为两条都包含卡拉，所以她得到 2 / 2 = 1 分。

• 达娜和埃文，达娜和弗兰克，埃文和弗兰克：其中每对节点有一条最短路径（D，E），（D，F）和（E，F）。它们都不包含卡拉，所以她为每条路径得到 0 / 1 =0 分。

这些数字相加，得到卡拉的中介中心性：

$$0+1+1+1+1+1+1+0+0+0=6$$

你可以为其他节点采取同样的计算过程。如果你对达娜的情况感兴趣，请参考本书网站 Q10.2 部分。经过计算，安娜的中介中心性是 4（仅次于卡拉），埃文和弗兰克的是 1.5（并列第三），弗兰克和本的是 0（并列第四，他们不在任何最短路径上）。现在，卡拉是迄今为止最重要的节点：她的中介中心性比安娜高 1.5 倍，比达娜和埃文高 4 倍。此外，安娜现在比达娜和埃文更重要：不像其他方法，中介中心性考虑到安娜对图像连通性的贡献。

在表 10–1 中，你可以看到我们在这个例子中运用的不同中心性标准概要：程度、接近和中介。我们也可以加入网页级别的重要性评分。采用哪一个标准取决于使用中心性标准的目标。基本论点是程度中心性相当简单，而接近和中介中心性产生的排名更符合我们的直觉，而且更能体现那个被认为很重要的人的潜在用处。

表 10–1

节点	程度		接近		中介	
	数值	排名	数值	排名	数值	排名
安娜	2	第二	0.39	第五	4	第二
本	1	第三	0.56	第三	0	第四
卡拉	3	第一	0.71	第一	6	第一
达娜	3	第一	0.63	第二	1.5	第三
埃文	3	第一	0.63	第二	1.5	第三
弗兰克	2	第二	0.46	第四	0	第四

注：本例子中使用的不同中心性标准概要分别是程度、接近和中介

通过传播产生社会影响

让我们记住中心性的概念，然后继续第 9 章对影响模型的讨论，这次会考虑到社交图像。我们将看到，一个人的社会关系如何影响他采用某个产品或项目。

考虑图 10–11 中的网络，其中有 8 个节点连接到中间的节点。

关于其是否已经采用某个产品、服务或项目，每对相邻节点有两种状态："Y"表示是，"N"表示否。处于"Y"状态的4个节点是否会产生足够的社会影响，以致中心节点翻转（即采用该项目）呢？

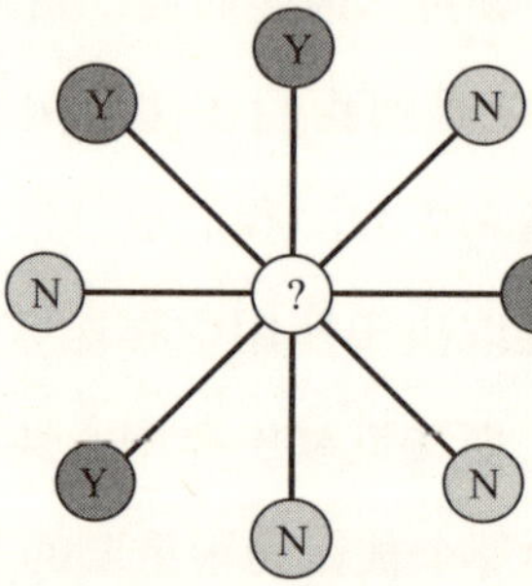

图 10–11

注：中心节点的4个链接已切换（"Y"），另外4个没有（"N"）

要理清头绪，可以假设你是位于中心的那个人，相邻节点是你的亲密朋友，有些人最近购买了最新的苹果手机（"Y"），其他人没有（"N"）。可以想象，你看到拥有它的人越多（假设他们满意），这对你的影响就越大，你就越可能也想买一个。有没有办法让我们知道，你最后到底会不会跟风？

一个典型的模式是为每个节点设置一个**翻转阈值**（flipping threshold）。这是某个节点翻转之前，其近邻需要翻转的比例。在图10–11中，中心节点50%（4 / 8）的近邻已经翻转。所以，如果他的阈值低于50%，他也会得到这个项目，但如果阈值更高，那么他就不会，因为这个项目没有足够的社会影响力。例如，如果他的阈值是80%，他将需要至少7个朋友已经获得该项目（因为7 / 8 > 0.8，但6 / 8不是）。

实际上，翻转阈值很难估计。这取决于很多不同的因素，就像

第 9 章引发信息瀑布需要一定的人群规模那样。其中一个因素是项目本身：例如，更便宜和更具吸引力的产品往往会降低阈值。另一个因素是个人：鲍勃可能相对容易动摇，只要一两个朋友这样做，他就会跟风，而爱丽丝可能永远不会动摇。还有几个网络因素，如人与人之间的社会关系的力量，以及链接代表的含义。对于我们的目的而言，我们假设知道翻转阈值，并且它对于图中每个节点都是相同的。

让我们考虑图 10–12 中包含 8 个人的社交图。查理已经翻转，而其他人都没有。假设阈值为 50%，图像将如何随时间变化？这个过程被称为**传染**（contagion），在另一个理想化的模型中它将这样展开。

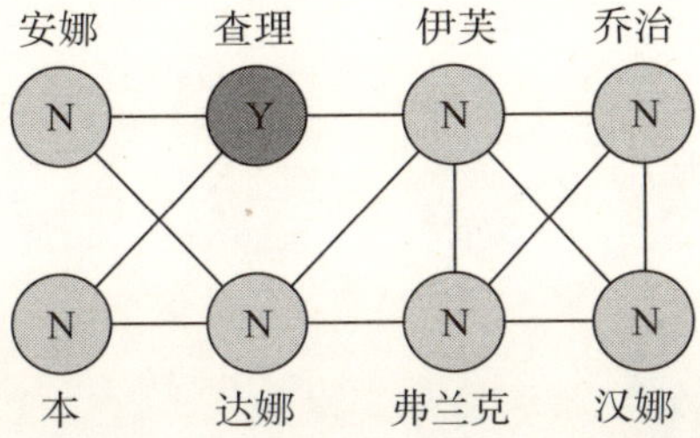

图 10–12　包含 8 个节点的社交图，用于说明传播问题

注：你可以将其看成一群人购买某个产品。最初，查理拥有该产品，并实现“翻转”，而其他人没有

第一步

在每一个时间点，我们对所有人逐个检查，看他们的翻转阈值是否达到，如果是，我们切换到“Y”。

- 安娜：最初，她的一个近邻出现翻转（查理），而另一个没有（达娜）。她会翻转吗？既然正好有 50%，这就证明安娜获得了足够的社会影响，所以她会翻转。

- 本：他的近邻中有多少人翻转了？一个（查理），而另一个没有（达娜）：50%足够了，所以他会翻转。

- 达娜：达娜怎么样？这有点儿棘手，因为我们刚刚确定，她的两个近邻将翻转。但是，这直到这一轮才会发生：此时，她的近邻都没有翻转。由于影响为0%，她也不会翻转。

- 伊芙：她的一个近邻翻转了（查理），而另外4个没有。她受到多少影响？1 / 5，或20%。由于这低于50%，因此不足以导致翻转。

- 弗兰克、乔治和汉娜：他们的近邻都没有翻转。

生成的图如图10–13所示。

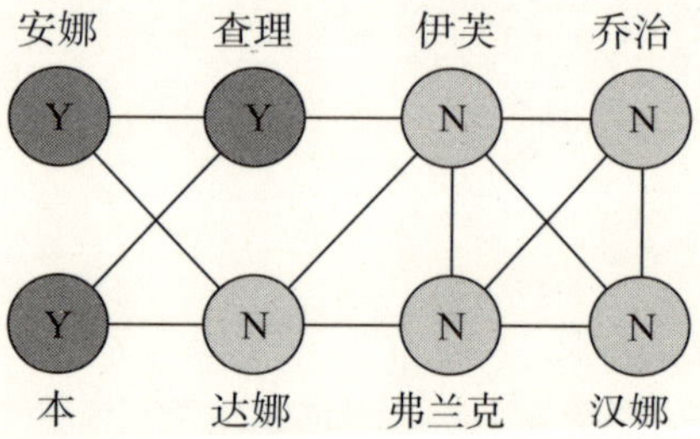

图10–13 第一步后的传播

第二步

现在情况如何？下一步使用更新后的图像（图10–13）：

- 达娜：她的两个近邻（安娜和本）已经翻转，另外两个没有（伊芙和弗兰克）：50%的影响足够她实现翻转。

- 伊芙、弗兰克、乔治和汉娜：情况没有改变。

在图 10–14 中，你可以看到第二次迭代结束时，每个节点的状态。网络的左半边已经翻转，而右半边没有。我们是否有机会让每个人都最终翻转？让我们看看。

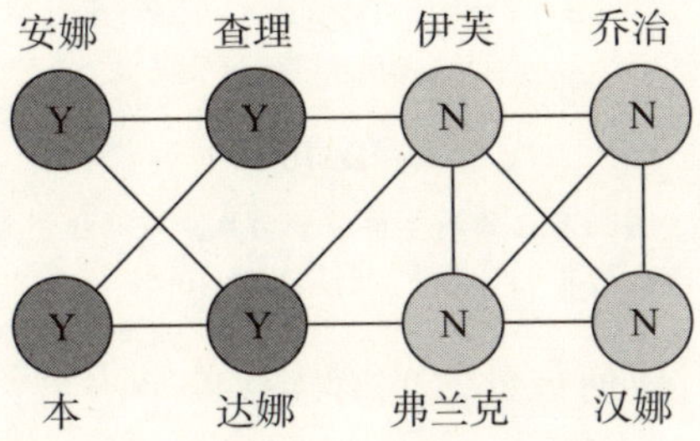

图 10–14　第二步后的传播

第三步

现在情况如何？

- 伊芙：她的两个近邻已经翻转，其他 3 个还没有，影响为 40%。不足以实现翻转。
- 弗兰克：他的一个近邻已经翻转，另外 3 个还没有。影响为 25%。影响还是不够。
- 乔治和汉娜：他们的近邻仍然都没有翻转。

因此，没有节点在第三步改变状态。为什么会这样？因为每一个节点都有太多没有翻转的近邻，却没有足够已经翻转的近邻。在伊芙、弗兰克、乔治和汉娜中，伊芙连接至“Y”状态的比例最高，而她能得到的影响仅为 40%。换句话说，这 4 个节点形成了一个不能从外部渗透的社会**集群**（cluster）（见图 10–15）。

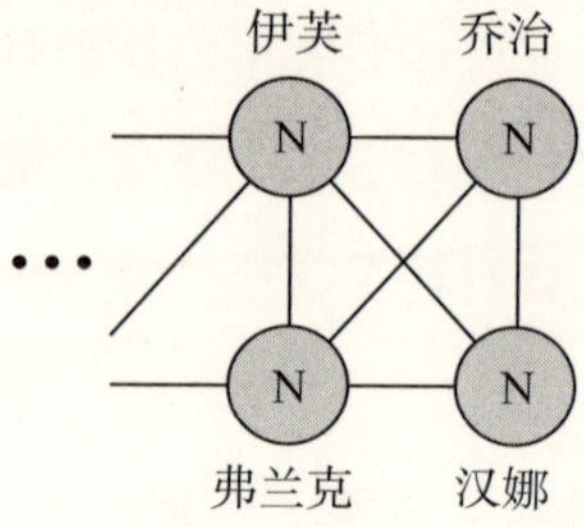

图 10–15

注：伊芙、弗兰克、乔治和汉娜的集群过于密集，外部社会力量无法渗透。伊芙有 60% 的连接在集群内，弗兰克有 75%，乔治和汉娜为 100%

更一般地说，任何彼此之间有连接的节点群都可以称为集群。以一个集群的未翻转节点为例，如果其中每个节点内部都有太多近邻，就不可能对其产生影响。如果你有兴趣了解如何确定集群的**密度**（density），请参考本书网站 Q10.3 部分。

战略营销：最大限度地扩大集体影响力

你能看到传播和战略营销之间的联系吗？其目的是，通过一开始选择合适的人来宣传产品，最大限度地增加会购买我们产品的人数。在图 10–14 中，我们已经接触到一半的人。

我们可以采取什么措施来让更多人翻转？如果我们了解社交图并信任传播模型，会有一些可能性。一个是尝试降低翻转阈值：如果阈值下降，即使只是减少几个节点，我们也会有更好的机会在某个时间影响所有人。另一种选择是尝试打破集群。如果我们以某种方式从内部切断社会关系，我们可以更容易地从外部渗透它们。或者可以尝试在集群内发展节点，从内部产生社会影响。

这些选择中哪些是可行的？调整阈值会要求我们改变人们的喜好，而打破联系则要求改变社会关系。这些都是营销公司可能无法控制的因素。另一种方法是，看我们是否可以向集群内的节点支付报酬，使其采用该产品。回到图 10–14，例如，选择发展伊芙、乔治、弗兰克或者汉娜中的任何一人，都可以达到这一目的。

更一般地说，假设每个人都能受到一定数额金钱的影响。据推测，那些更有影响力的节点将需要花更多的钱。（例如，一家设计公司可能会付给一个名人一大笔钱，让他穿上其品牌的衣服。）在总预算的约束下，我们应该发展哪个节点以实现平衡状态下最大程度的翻转，同时最大限度地减少达到这种平衡所需的时间？

这又是一个很难回答的问题。如果我们能像第 9 章的顺序决策那样，找到一种方法来触发正反馈，结果会很棒：我们发展的节点将影响其他节点实现翻转，产生足够的影响，使更多节点发生翻转，产生更大的影响，以此类推。如果我们只能发展一个节点，也许应该根据某个中心性标准，选择最重要的一个节点？这并不总是一个稳妥的做法。当我们可以发展多个节点时，情况会变得更加复杂。一般来说，我们不想选择最中心的节点。我们的目标是，选择那些“组合”影响力最大的节点。

以我们在图 10–5 中最初包含 6 个节点的社交图为例。根据接近和中介中心性来看，卡拉都是最重要的。如果我们最初选择发展卡拉，结果会怎样？经过两个时间步，我们将使三个节点翻转：安娜、本和卡拉。但我们能做得更好吗？是的：有趣的是，无论是发展达娜还是埃文，都将导致所有节点在 5 个步骤后翻转！这些中心性标准并不总是符合最大化影响，这使得对于发展节点的选择，很难找到一个有效的解决方案。

如果我们可以选择发展两个节点呢？也许我们会想，那就根据中介中心性选择最重要的两个节点：卡拉和安娜。这样会发生什么？其实并不会和只发展卡拉的结果相差太大。那么，是否存在一组两个节点，会导致整个网络的翻转速度比只发展达娜和埃文更快？是的，试想当我们发展安娜和达娜时的情况，如图 10–16 所示：

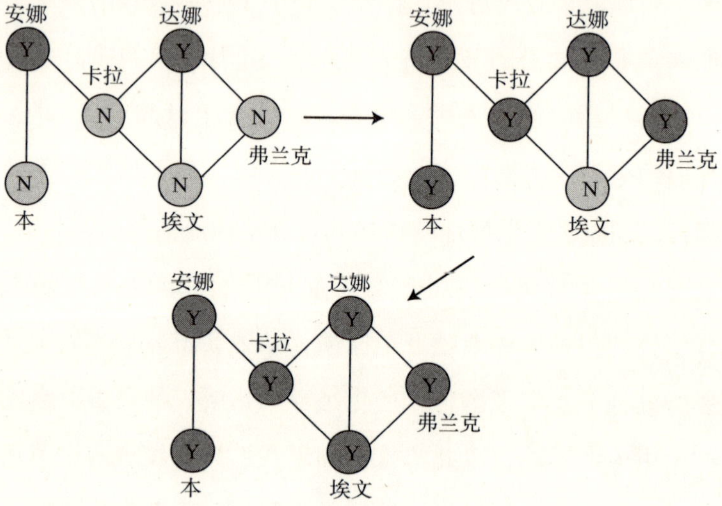

图 10–16

注：如果我们发展安娜和达娜，整个网络将在这两步后翻转

- 一步以后，我们能让所有人翻转，除了埃文。
- 两步以后，埃文也翻转，所以我们达到了目标。

同样，基于中心性的选择并不总是最好的策略。重要的是，要确保我们选择的节点拥有最大的集体影响并不是一件容易的事，特别是在可能包含数十亿节点的真实在线社交网络中。

第四部分　总结

在本书的这一部分，我们研究了人们受到他人决策影响的情况，比如在观看视频和购买产品上。我们看到了基于人口模型的信息瀑布是如何产生的，同时，这部分还揭示了为什么一些YouTube视频出现病毒式传播，而其他的却没有。然后我们结合网络拓扑，研究如何识别和利用在脸书和推特等社交网络平台上有影响力的人。

这里的首要主题与第三部分的原则相反。面对社会影响，人们的行为变得相互依赖，颠覆了群众智慧背后的基本假设。当人们遵循彼此的依赖时，他们就会将信息传播给大众，即使它是不正确的。

THE POWER OF NETWORKS

Six Principles That Connect Our Lives

第五部分　分而治之

在对前四条网络原则的讨论中，我们多次提到互联网。前几章讨论的大部分话题都依赖于它的存在。当提到它时，你可能会想，究竟什么是互联网？它是如何设计、建造和管理的？本书的第五部分和第六部分主要关于这些问题。剩下的两条原则包含互联网的一些关键方面。

在这一部分，我们将看到互联网是如何以可扩展的方式进行设计和管理的。随着连接设备数量和互联网规模不断扩大，可扩展性几乎在所有意义上都成为必须。我们将在第 11 章看到，它需要一种共享网络资源的有效方法，以及对管理责任的划分（无论是在地理上还是功能上）使各个部分可以更容易操作。然后，在第 12 章，我们将看到互联网的不同子网如何完成重要任务，以可扩展的方式将信息从一点传递到另一点，分之，而后治之。

第 11 章 发明互联网

作为不同网络的网络，互联网不但是一项非凡的技术和巨大的商业成就，还体现了重要的工程设计理念。我们开始后面三章的旅程，但不是介绍某种技术，而是介绍三个重要的设计理念，它们使互联网获得极大的可扩展性：分组交换、分布式层次结构，以及模块化。

回顾分享

你还记得在本书的第一部分，我们谈到了资源共享吗？我们研究了不同的使用户能够共享网络资源的多址访问技术。不同频率、不同时间和（或）不同代码传输，都是常用的划分通信介质的方法。

通过从手机到YouTube服务器的网络，如果我们把资源分配给你和其他所有人，所有传输都将沿着自己的路径，从头到尾被区分。像这样的**电路交换式**（Circuit-switched）网络属于给每个用户按固定比例分配资源的网络组。

你能想到电路交换可能是低效的情况吗？互联网数据应用的突发性质如何处理，如网页、电子邮件和文件传输？在这些情况下，并非所有的网络资源都会不断使用，因为这些传输发生在很多的短时间内。当普通用户不需要专用资源时，为什么不让他们共享这些资源呢？

我们可以混合并匹配分属不同互联网会话的信息，使其分享路径。这就是**分组交换**（packet switching）的木质：把要发送的信息分成更小块的数据包。每个会话可能穿过多个路径，并且每个链接由来自不同会话的数据包共享。

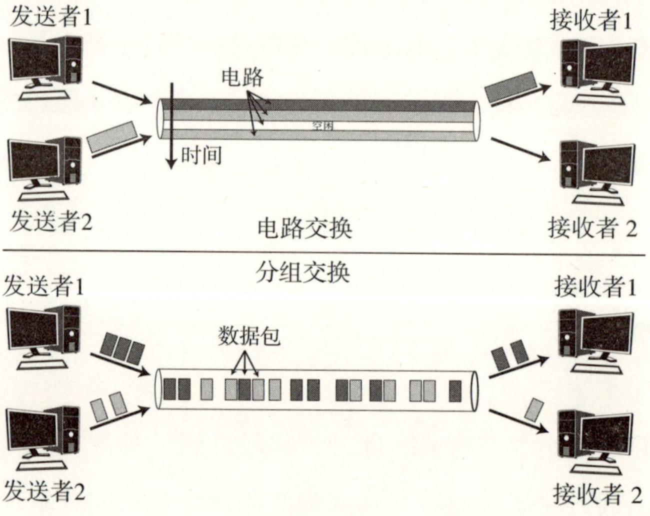

图 11–1

注：在电路交换（上图）中，每两个会话沿着链接各有一个专用资源（在这种情况下是时间）。在分组交换（下图）中，每个会话将其消息分成数据包，并在数据包到达时发送。路径沿着所有时隙和频率共享

究竟什么是互联网**会话**（session）？这是两个或两个以上通

过互联网连接的设备之间的信息交换或对话。当会话建立时，资源遍布从通信路径一端（发送者）到另一端（接收者）的整个路径。一个会话可以有多个来源（即发送者）和多个目的地（即接收者），但我们关注包含一个发送者和一个接收者的**单播（unicast）**会话。

在图 11–1 中，你可以看到分组交换和电路交换的区别。在电路交换中，每个电路可以占据一个特定的频带，或一组专用的时隙。在分组交换中，则没有专用电路。

互联网的演变

20 世纪 60 年代以前，通信网络主要基于电路交换。互联网的演变始于 20 世纪六七十年代，以分组交换作为网络基本范式的出现为标志。让我们花几分钟时间，来探讨一下这个转变是如何发生的。同时，这将向你介绍互联网背后的另外两个重大理念——分布式层次结构和分层。

阿帕网

20 世纪 60 年代中期，美国高级研究计划署（简称 ARPA）对创建一个基于分组交换的大型网络很感兴趣。到 20 世纪 60 年代末，ARPA 已经制订好了一项将永远改变我们生活的计划。

1969 年，ARPA 和 BBN 技术公司签订合同，来研发可以支持其计划的计算机（接口通信处理机）。配备了这些机器后，加州大学洛杉矶分校（UCLA）、斯坦福大学、加州大学圣塔芭芭拉分校（UCSB）、犹他大学共同组合出分组交换网络的第一代原型，后来被称为**阿帕网（ARPANET）**。同年10月29日，“lo”成为通过阿帕网发送的第一条文本消息，它从加州大学洛杉矶分校发送至斯坦福。实际上，程序员原打算发送“登录”（login）一词，但是由于编码错误，在前两个字母发送后，系统崩溃了，设计团队在一小时后才将其修复。

阿帕网迅速发展：1970年3月，它延伸至美国东海岸的马萨诸塞州坎布里奇；到6月，有9台机器互相连接；到12月，有13台；到次年9月，网络共有18个站点。你可以在图11–2中看到当时连接主机的分布图。1975年，阿帕网正式宣告运行，此时它已发展到约60台机器。

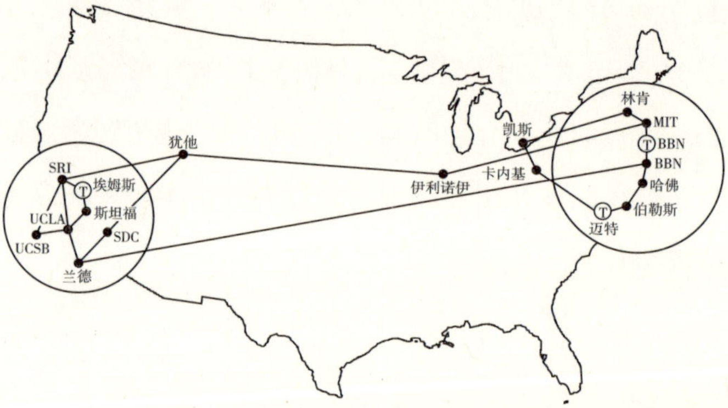

图11–2

注：阿帕网在1971年9月的分布图，显示出最初的18台主机。MIT表示麻省理工学院，SDC表示系统开发公司，SRI表示斯坦福研究所，UCLA表示加州大学洛杉矶分校，UCSB表示加州大学圣塔芭芭拉分校

大约在这个时候，罗伯特·卡恩和温顿·瑟夫（见第五部分和第六部分对他们的采访）发表了一篇具有里程碑意义的论文，这篇文章详细介绍了他们开发的分组交换网络的全新**协议（protocol）**。协议本质上是设备用来互相沟通的一套规则，规定了它们使用的共同“语言”（我们在第2章讨论了Wi–Fi随机访问协议）。这套协议

被称为传输控制协议/网际协议，简称TCP/IP，并通过分组交换网络上的端到端控制进行，为连接阿帕网中的主机提供了一种可扩展的方式。重要的是，当大量不同设备被添加到或从网络中删除时，该协议不需要修改，这使大规模的互操作性和连通性成为可能。大约在 10 年后的 1983 年，TCP/IP 取代了阿帕网的最初协议。

TCP/IP 也催生了一个重要理念：将互联网需要执行的任务划分为不同功能层。一层可以在不影响另一层协议操作的情况下改变。作为互联网背后的一个基本理念，我们将在本章后面的模块化部分详细讨论分层问题。

NSFNET 网络

20 世纪 80 年代中期以前，资金和授权问题使许多组织无法连接到阿帕网。在这个时候，美国国家科学基金会（NSF）接管其研发工作，目标是创造一个学术研究网络，使科学家能访问全美大型计算中心。从 1985 年到 1995 年，美国国家科学基金会资助创建和运行了一个不断发展的被称为NSFNET 网络的网络之网络。

如图 11–3 所示，NSFNET 网络建立在三层结构中，其中每种

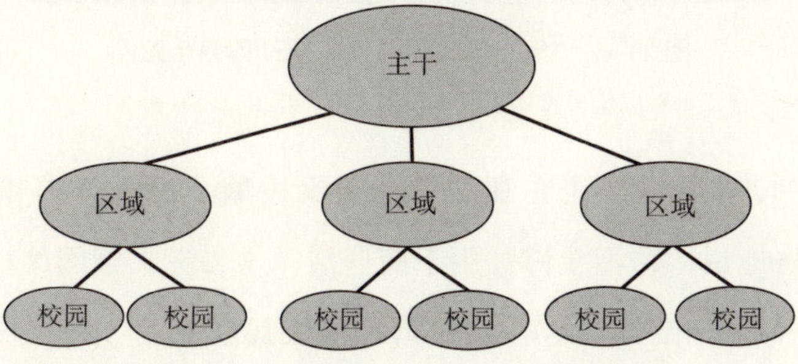

图 11–3　NSFNET 网络的三层网络之网络

类型的节点（校园、区域和主干）本身都是网络。校园网通过区域网连接在一起，区域网通过主干网相结合，将NSFNET网络黏在一起。主干网首先延伸至全美国，后来发展到其他国家。

随着更多网络提供商的加入，NSFNET网络不断发展。为了满足不断增长的需求，主干的规模（即组成主干的节点数量）和速度（即连接节点的链接速度）必须在不同时间有所改进。1986年主干有6个节点，链接速度达到56 kbps（56 000比特/秒）。到1991年主干已经扩展到14个节点，链接速度为1.5 Mbps(150万比特/秒)。在图11 4中，你可以看到，当时的网络连接已经变得非常密集和丰富了。

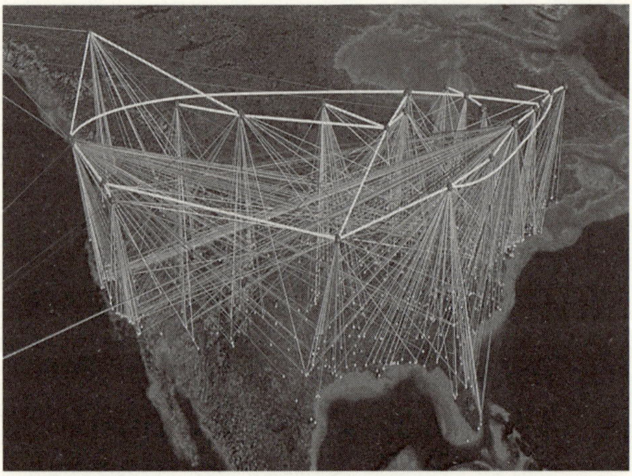

图11–4　1991年美国的NSFNET网络示意图

注：主干节点以粗线绘制在顶部，而区域网络在地图上被标出

NSFNET网络以研究和教育的名义拨款，用于科学和工程目的。严格地说，它不允许被用于商业活动（参考本书网站Q11.1部分，了解部分相关政策）。这种情况很快就改变了。随着需求的增加，在20世纪90年代早期，一些互联网服务提供商（ISP）出现，

它们将互联网扩展至公共用途（我们在第 3 章谈到，互联网服务供应商基于数据使用向用户收费）。商业利益和企业活动极大地扩展了这个相互关联的网络之网络。到 1994 年，作为用户界面的万维网和网络浏览器已经成熟，世界各地很快着手开发在网络上运行的商业应用程序，电子邮件、文件共享、浏览网页，应有尽有。

1995 年，NSFNET 网络正式退役，并被商业互联网取代。在接下来的 20 年里，互联网成为我们日常生活中必不可少的一部分，世界各地联网的人和设备数量每年都在迅速增长，这要部分归功于技术进步和可扩展的分而治之的设计原则。2005 年，在家上网的人数达到 10 亿，2010 年达到 20 亿，2014 年达到 30 亿。2014 年，世界上已有大约 120 亿台互联网连接设备，这表示全世界平均每个人拥有 1.7 台设备。随着**物联网**（Internet of Things，简称 IoT）蓬勃发展，到 2020 年，这两个数字预计将增加三倍，即有 330 亿台设备，每人 4.3 台。

了解互联网演变的简史后，我们现在看看三个关键的建构理念。首先回到之前提到的分组交换。

分组和电路

专用资源和共享资源分配之间的争论由来已久。电路交换或专用资源分配有一个很大的优势：保证质量。每个会话都有专门的电路。正因为如此，吞吐性能（成功传递消息的速率）和延迟性能（传递一条消息所需的时间）都可以得到保证。

与此相反，分组交换网络中的会话可以彼此共享路径。任何一个会话的流量也可以被分配到不同路径。一条消息的不同部分可以不按顺序到达目的地（接收器可以重新排序），而路径中的链接会变得拥挤。吞吐和延迟性能变得不确定。面对这种不确定性，互联网声称将提供**最大努力的（best-effort）**服务，这表示它将尽最大努力，以高性能来传递信息。不过，这一点没有任何保证，也许对其更准确的描述是并没有努力去保证性能。

但是分组交换有两大优势。首先，它提供了连接的便利性：不需要为每个会话搜索、建立和维护端到端的资源。网络不必确保你的资源为你保存，你也不必等待资源保存。只要遵循互联网协议，设备就可以随意传输。

第二个优点是可扩展性。我们已经看到，在很多情况下，可扩展性是网络的一个重要性质，从支持单元中的数百个用户间的功率控制（第1章），到在巨大的网络图中迅速运行网页级别（第5章），再到从大规模在线课程中获得有效的社会化学习（第8章）。在这种情况下，可扩展性是指分组交换网络承担大量不同会话的能力，有的会话持续时间短，其他的又会很长。

分组交换如何获得可扩展性？答案是，通过对网络资源的高效利用实现。是什么使它如此高效？有两个“秘方”，首先是**统计多工（statistical multiplexing）**：许多会话可以共享一条路径和路径上的资源。其次是**资源池（resource pooling）**，这是对统计多工的补充：一个会话可以使用许多路径。让我们对其进行详细讨论。

使更大的变得更好：统计多工

在分组交换网络中，在每条占用其中所有资源的路径上，不只有一个会话。由于会话没有专用资源，所以它们在空闲时不会浪费任何资源。其他在空闲期间有需求的会话可以使用任何未使用的资源。

看看图 11–5。在某些时隙，爱丽丝的需求比鲍勃高得多。在电路交换中，每个会话会分配到不同的时隙，每个都会保持在其电路中，这就会导致鲍勃分配到的许多时隙被浪费。分组交换允许爱丽丝填补这个空闲时间。只要还有未满足的需求，就有可供应的资源。

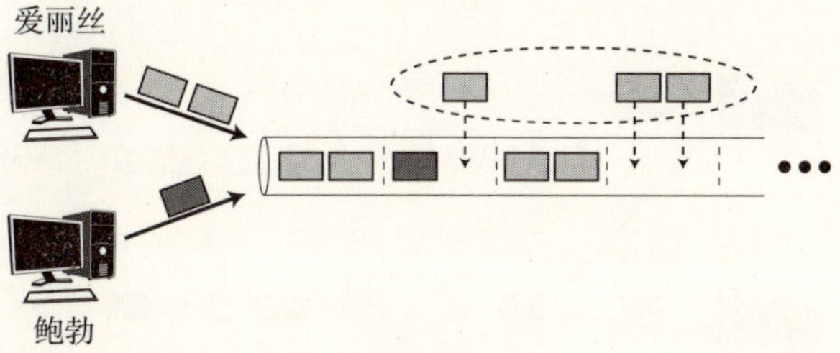

图 11–5

注：在线路交换网络中，鲍勃的部分专用时隙将在他需求低时被浪费。在分组交换中，多个会话可以使用相同的资源，允许爱丽丝填补鲍勃的多余供应

在第一部分，我们用鸡尾酒会的比喻来说明不同的多址访问技术。如果每个人在同一个房间里轮流发言（即共享一条路径），当轮到其中一组，他们却没有什么要说的时候，会发生什么？在电路交换中，什么都不会发生，而且将出现一个静默期，在此期间，其他人希望可以填补死区时间。分组交换将通过统计多工，避免浪费时间。

使更大的变得更好：资源池

一个会话还可以使用多个路径，在分组交换网络中传输信息。在突发流量的情况下，演示资源池的效率可能会相当复杂，但基本理念直截了当：与其拥有两套资源，如两条孤立的链接，不如把它们合并起来，将其作为一个大的资源使用。

看看图 11–6。有两个会话和两条链接。在某个时间，爱丽丝有很高的需求，需求不能被顶部链接上可用的容量满足。相反，在此期间，鲍勃在底部链接有较低需求和较低链接利用率。通过将两个链接聚合成一个更大的资源池，网络就能够满足爱丽丝在这段时间内部分剩余的突发需求（哪怕不能全部满足）。在将路径作为共享资源而不是专用电路时，分组交换采用资源池。

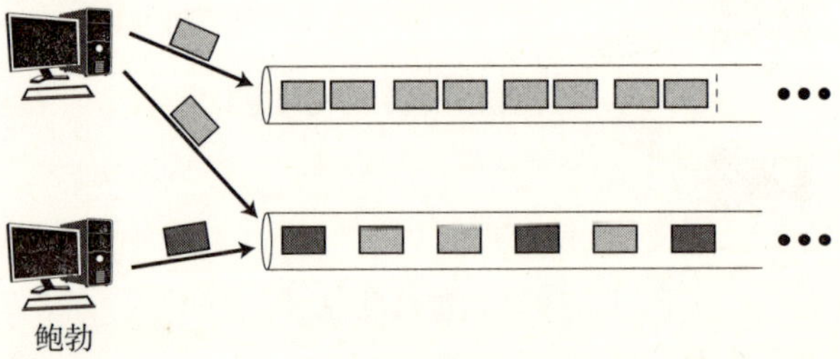

图 11–6

注：在某个时间，爱丽丝的需求超出顶部链接可以满足的范围，而鲍勃的需求比底部链接的容量少得多。在分组交换中，这两个链接被看作是一个汇集的资源，允许爱丽丝的一些消息通过底部链接传输

再次回到鸡尾酒会的比喻。假设有两个房间（即两个链接），每个房间内有 10 对人交谈。这些房间都很小，所以相当不舒服和拥挤。然后，在其中一个房间，有 6 对人决定离开。这个房间里剩下 4 对人，另一间里有 10 对人。分组交换将平衡每个房间的需求，让拥挤房间里的 3 对人换到较宽松的房间，以缓解拥堵。电路交换将这些房间视为两个独立的资源，不会试图将会话从一个房间转到另一个。

图 11–7 总结了我们已经讨论的分组交换和电路交换带给网络的三个关键区别。归根结底，相比保证质量，对于互联网来说，容易提供连接和为许多不同用户进行扩展的能力更具吸引力，不过人们直到 21 世纪初才完全明白这一点。质量保证固然不错，但另外两个特性对于互联网这样的大型动态网络也必不可少。一旦网络以

简单和可扩展的方式发展，我们就可以寻找其他的解决方案，以应对质量的变化。

特性	电路交换	分组交换
质量保证	✔	✘
连接便利性	✘	✔
可扩展性	✘	✔

图 11–7　分组交换与电路交换在三个重要网络特性方面的区别

分布式层次结构：空间划分

所以，分组交换非常适合处理动态、突发的流量。然而，管理这样的网络是相当复杂的，有如下几个原因。一个显而易见的问题是互联网的规模，我们说过，使用互联网的人数已经十分庞大。

与此相关的是，互联网已经延伸到地球上几乎每一个角落。许多不同的互联网服务供应商已经出现在世界各地，每个都拥有和负责网络的不同部分。任何给定的端到端网络会话都可能穿越多个供应商之间的链接。例如，一个从谷歌到你的苹果手机的YouTube会话将通过一个无线传输界面，然后（如果你没有连接到Wi–Fi）可能通过蜂窝网络核心的几个链接，之后是穿越不同供应商的一系列更多的链接。

每个供应商位于整体层次结构的不同级别。这些级别以类似于NSFNET网络结构的形式分布：有三个不同的层次，如图 11–8 所示。

在第一层中，有一些非常大的供应商，称为**一级互联网服务供应商（tier-1 ISPs）**。每个一级供应商都覆盖全球，它们可以不

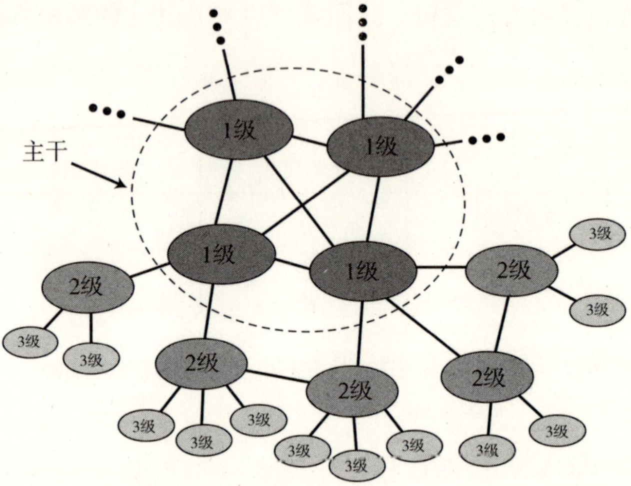

图 11–8　互联网将互联网服务提供商（ISPs）分为不同层次

注：一级互联网服务提供商都互相连接，组成互联网的主干。其中每个一级提供商都连接到多个二级提供商，二级提供商又连接到三级提供商

经过较低级别就到达其他一级供应商。这意味着它们形成了**同级（peering）**关系，并可以通过彼此的流量。一级供应商的全部网络有时也称为互联网主干网，就像NSFNET网络一样。这样的例子包括AT&T、威瑞森、英国电信、三级通信和日本电报电话公司。

在第二层，更多覆盖部分地区的供应商成为**二级互联网服务供应商（tier-2 ISPs）**。它们也可能在彼此之间形成同级关系，但无法不通过其一级供应商就到达互联网主干网。当一个二级供应商和一级供应商进行连接，两者形成**客户–供应商（customer-provider）**关系，二级供应商需要向一级供应商付费，以使其流量通过。

最后，每个二级供应商向许多**三级互联网服务供应商（tier-3 ISPs）**提供连接，形成另一种类型的客户–供应商关系。三级供应商只和客户产生流量往来，和其他供应商则没有。例如，学校、企业和农村地区的住宅互联网服务供应商属于这个类别。

每个供应商和互联网上的相关行政单位形成一个**自治系统**（autonomous system），简称AS。截至2014年年中，在整个互联网上有超过45 000个自治系统，而2008年年底时仅有30 000个。这是互联网规模之大和地理分布之广的另一个例子。事实上，处理保持在自治系统内部（简称系统内）的互联网流量，和处理穿越两个或两个以上自治系统（简称系统间）的流量大不相同。让每个自治系统管理自己的流量，是一种通过在空间上分配控制，扩展互联网的方法。

也不是所有的通信都必须通过整个网络。在物联网和沉浸式人工智能应用的推动下，比如说，**模糊**（fog）结构正准备使计算、存储、控制和通信更接近最终用户。

模块化：功能划分

互联网的复杂性来自它的规模及其需要处理的许多任务规模。它需要通过网络传递消息、控制拥塞、运行应用程序、建立会话以及执行许多其他功能。如何管理所有这些任务？当设计制造如此复杂的系统时，自然要将功能模块化，即将其分割成可以单独管理的更小的碎片。分之，而后治之。

堆叠协议：用分层进行分解

模块化网络任务产生所谓的**分层协议栈**（layered protocol stack）。协议栈中的每一层都有不同用途，负责可以共同管理的不同功能集。

图 11–9 显示了一个典型的与互联网相关的协议栈。这里有 5

个层级：物理、链接、网络、传输和应用。它们从底部到顶部被称为第 1 层（物理）至第 5 层（应用），每一层都会使用下层提供的服务，又反过来为上层提供服务。

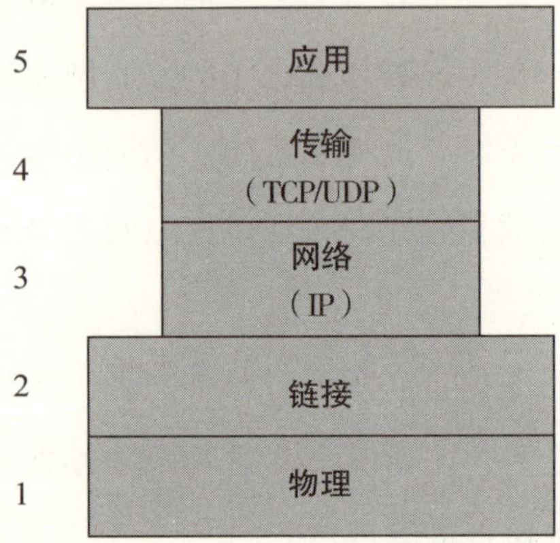

图 11–9

注：与互联网相关的典型协议栈，由 5 个层级组成（IP：互联网协议；TCP：传输控制协议；UDP：用户数据报协议。）

让我们具体看看这个协议栈。在底部是物理层和链接层，即 1 和 2。**物理层（physical layer）**处理信号在网络介质上的传输。这种介质可以是铜线、光纤电缆、无线接口等。**链接层（link layer）**反过来管理设备对网络介质的访问。它表现得像一个附近的交通警察，为争夺进入道路（即链接）的双方进行仲裁。例如，我们在第一部分看到的功率控制和随机访问就是在这些层上运行的功能。

在中间是网络层和传输层，即 3 和 4：

- **网络层（network layer）**负责逐跳和逐链接路由。它使用的协议是IP。路由的重要功能发生在这层，这一点我们将在第 12 章讨论。
- **传输层（transport layer）**主要管理端到端的会话，使用

TCP作为其主要协议。我们将在第13章了解拥塞控制，这是该层处理的重要功能。

在顶部是**应用层**（application layer），即5。作为互联网的最终用户，这层对于我们最显而易见。本书中讨论的许多网络都是由我们每天互动的不同应用组成：网络、电子邮件、移动应用程序、内容共享等。自20世纪90年代以来，这一层的一个共同协议是超文本传输协议，即HTTP，这是万维网的基础。

正如我们所说，每一层都为上层提供服务，并使用下层的服务。例如，传输层4为上面运行应用的第5层提供端到端连接，提供会话建立、数据包重新排序和拥塞控制的服务。反过来，传输层从它下面的网络层3获取服务，包括通过路由建立的连接。

在互联网发展的简短历程中，物理媒介的传输速度已经提高了30 000倍以上，从32 Kbps的拨号上网到10 Gbps的光纤和100 Mbps的无线网络。互联网上运行的应用程序，已经从适合专业人士的用于文件传输（现在仍然有它们的一席之地）的命令行工具，发展到适合消费者的网站，如网飞和推特。然而，互联网本身经过这些不可思议的转变，仍然继续运行，这在很大程度上要归功于TCP/IP协议，因为在应用程序和通信媒体变化时，它仍然大体保持不变。

图11–9中的水平线是指各层之间的边界。它们实际上是非常复杂的对象，表示对每一层可以做什么、能看到什么以及负责什么的限制。这些边界也是不明确的，因为各层之间出现了一些功能重叠。一个典型的例子是误差控制，它旨在检测和处理传输中的错误。每一层都执行一定量的该任务。重叠是故意制造的，产生的功

能冗余有助于确保稳健性，同时允许网络通过分层结构发展。

根据协议栈划分任务，互联网可以随着功能集的增长而扩展，管理每一层。

面向连接和无连接

你可能已经注意到，我们在本章开始介绍TCP和IP时，将它们并称为TCP/IP。如果它们是在不同的层中使用，为什么要这样称呼？事实上，互联网的初始版本将TCP/IP作为一个单独的协议，管理逐跳路由和端到端的会话。根据分层和模块化的原则，在20世纪80年代初，TCP和IP正式分为两部分，分别服务传输层和网络层。

在这两层之间，人们已经做出了许多有趣的建构决策。传输层负责端到端的管理，在TCP中是**面向连接的**（connection-oriented），而网络层负责逐跳管理，在IP中是**无连接的**（connectionless）。你可以在图11–10中看到这个区别。这种责任划分意味着，网络层不关

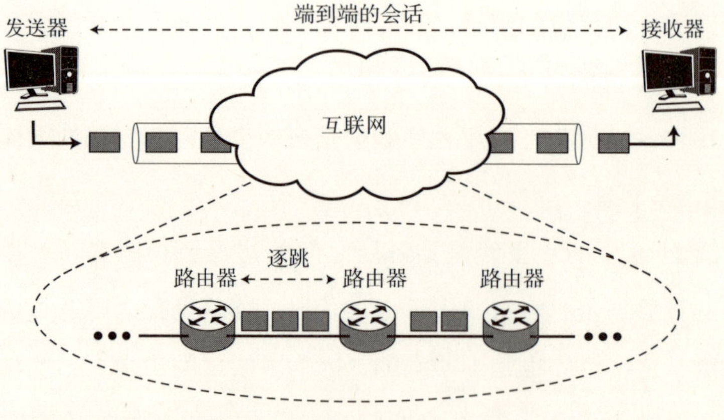

图 11–10

注：传输层（第4层，见图11–9）负责端到端的会话管理，而网络层（第3层）负责逐跳管理

心链接的拥塞或负载情况。这时就需要传输层来解决，TCP 在这种情况下，负责管理终端主机的需求。

面向连接和无连接通信之间的差异，也可以通过类比电话和邮寄信件（图 11–11）来理解。如果你打电话给某人，在你开始和对方交谈之前，他必须得知你在打电话（电话铃响），并拿起听筒。这样，你在通话之前就与对方建立起连接。相反，想想当你给某人写信时会发生什么。途中每一个收到信的中间邮局只关心它接下来去哪里，而不是它来自哪里或者最终应该到哪里。它只使用最终目的地来确定路径上的下一跳。在这个无连接的过程中，收信人甚至可能不知道这封信正在途中。我们将在第 12 章讨论路由系统时，回到这个邮政系统的类比。

图 11–11

注：打电话和邮寄信件类似于面向连接和无连接通信

模块化的开销

我们提到在互联网上发送的东西时，经常使用“消息”这个词，如电子邮件和即时消息等。从技术上讲，**消息**（message）是应用层产生数据的基本单位。一条消息被传送前，协议栈中的每层会在上面添加自己的**头信息**（header），这样网络中每个节点的协议栈各层可以解读其相应的头信息。从顶部的第 5 层开始，一直到第 1 层，以下是将数据**封装**（encapsulated）传输的过程：

第 5 层：当某个互联网用户想要发送消息时，他的设备让应用层生成一个要传输的消息序列。

第 4 层：每个消息在传输层被划分成**段**（segment）。每段包含两部分：**有效载荷**（payload），这是来自消息的部分实际内容以及在前面添加一个第 4 层头信息的有效载荷。

第 3 层：然后各段被传递到网络层，对方将其划分并封装为数据报或**数据包**（packet）。每个数据包前面都有一个第 3 层的头信息。

第 2 层：每个数据包被进一步传递到链接层，对方添加一个第 2 层头信息，以形成一个帧。

第 1 层：最后，所有帧都传递到物理层，作为比特传输。

你可以在图 11–12 中看到这个过程。

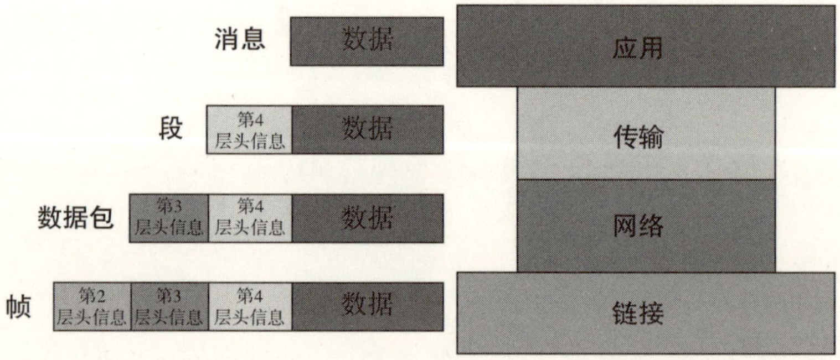

图 11–12

注：协议栈中的各层将自己的头信息添加到消息中，在互联网上传输之前将其封装

计算机、路由器、调制解调器、服务器等网络中的不同设备运行分层协议栈的不同子集。每一个设备都将**解封**（decapsulate）

（即解码）并读取与其运行的头信息相关的子集。如果它是路径上的中间节点，它将再次封装这些层并继续发送信息。在图 11–13 中可以发现一些重要的情况：

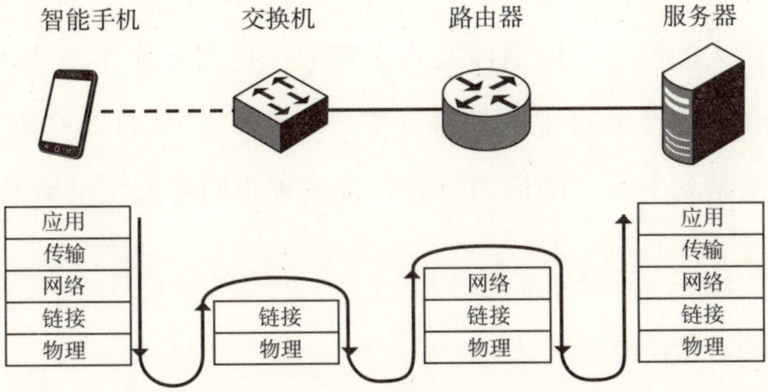

图 11–13　不同网络元素处理协议栈中的不同层

- 计算机和服务器作为终端主机，处理所有的五层。
- **路由器**（router）作为网络级别设备，处理到第 3 层。这就要求它们拥有并处理 IP 地址。
- **交换机**（switch）作为链接层设备，只处理到第 2 层。它们并不拥有或处理 IP 地址。

封装可能看起来不必要而多余。这样说是对的，这个过程会产生控制**开销**（overhead），这是分层架构中众多冗余和开销的一种，因为网络中发送的大量数据不是实际内容。那么，为什么一开始要在层里添加头信息呢？这是一种对分组交换网络中不同传输进行区分和提供信息的方式，比如它们来自哪里，要去哪里，以及传输多久。例如，第 3 层的头信息包含源和目的 IP 地址，这（我们将在第 12 章中看到）对于互联网的路由任务是必不可少的。同样，通过允许所有人共享相同的网络资源，分组交换可以取得比电路交换更高的效率，但我们需要区分传输自身内部的不同会话。

分组交换、分布式层次结构和分层是互联网背后的三个基本概念。它们使互联网实现有效扩展，以满足更高的需求，实现更广泛的地理分布，以及处理更多的功能。但我们的探索才刚刚开始。管理不断扩大的网络之网络涉及许多任务：我们必须弄清楚如何从A点到B点，管理链接中的拥塞，等等。我们在图 11–8 中对自治系统的讨论是到下一章的恰当过渡，接下来我们将关注自治系统内部路由。

第12章
路由流量

流量是如何通过互联网，从一个地方到达另一个地方的？一个简短的答案是网络中包含称为路由器的设备，控制数据包的传输方向。用通俗的语言解释，互联网上的**路由**（routing）类似于你开车前往某处时，其目的是确定你会遵循哪条路线。在研究确定数据包路由的方法之前，让我们先来看一看主要概念。

互联网的“邮政服务”

正如我们之前看到的，交通网络可以为通信网络提供有用的类比，邮政服务则为互联网路由提供了有趣的类比。要提供发送者到接收者的路由，我们需要三个主要功能：寻址、路由和转发。有时这三个术语在非正式表达中被混为一谈，但它们其实是不同的步骤。

寻址

当你邮递信件时，需要在信封上写下地址（图 12–1）。否则，邮政局就不知道该怎么处理这封信。你把收件人的街道地址、城镇、州、国家名称和邮政编码写在前面，告诉邮局应该把信投递到哪里。你把你的地址也写在信封上，这样信的来源就清楚了，同时万一路上出现什么问题也有用。

图 12–1

注：在信封上写地址，通过邮政系统发送，类似于为消息写上地址，通过互联网发送

收件人的邮政地址给了他一个独特的标签，这是世界上没有其他人共享的（除了住在同一个房子里的人），所以关于你希望把信寄到哪里这个问题，没有含混不清的地方。这也是互联网的寻址方式：我们给网络中的每个节点贴上唯一的标签，这样我们就可以识别消息的来源和目的地。特别是，每个网络设备都会被分配一个互联网协议地址，即**IP 地址**（**IP address**）。IP 地址通常表示为用点分开的小数，例如 127.12.5.88，数字介于 0 和 255 之间。

在图 12–2 中，你可以看到一些家中常见的互联网设备，其中有些常常会被分配 IP 地址。第 11 章曾提到，调制解调器等一些设备不使用互联网协议进行通信，因此不需要分配 IP 地址。

IP 有两个版本，版本 4 和版本 6。IPv4 的地址使用四组数字（例如 127.12.5.88），可以分配超过 40 亿个有效地址。截至 2011 年

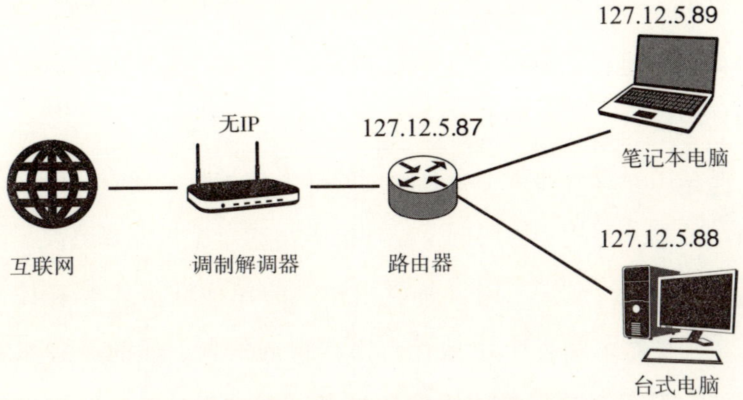

图 12–2　网络设备被分配称为 IP 地址的唯一标识符

年初，40 亿个地址已经不够用。IPv6 的地址被设计为使用相当于 16 组数字，提供 40 亿 ×40 亿 ×40 亿 ×40 亿个有效地址。这听起来似乎太大而没有必要（如第 9 章提到的 64 位 YouTube 浏览计数器），但随着互联网连接设备的扩散，这已被证明是一个明智的选择，特别是考虑到这些地址将被分配到物联网中。

让我们深入了解一下邮政系统的类比。与邮寄地址的邮政编码将信送达特定的城镇或城市相似，IP 地址**前缀**（prefix）将互联网信息送达目的路由器。对于 IPv4 地址，最左边的 3 个数字可能表示前缀（不过它可能更长或更短）。它由一条斜杠标出：127.12.5.0/24，这表示该地址的前缀是 127.12.5。为什么 24 可以代表前 3 个数字？通常，IP 地址的长度用表示它们的字节数来表示。在这个例子中，每个数占 8 个字节，所以 3 个数占 24 个字节。

使用目的 IP，路由将消息传递给具有相同前缀的设备组。这个组被称为**子网**（subnet）。前缀后的数字提供子网内的特定**主机标识符**（host identifier）。例如，图 12–2 中的每台设备都在子网 127.12.5.0/24 中，主机 ID 分别为 87、88 和 89。在邮件系统中，我们可以说，所有共享你的邮政编码的房屋都在你的“子网”中，而你的街道地址则是你的“主机标识符”。更多关于子网、前缀和主机地址的信息，请参考本书网站Q12.2 和Q12.1 部分。

终端用户设备通常不会有固定的静态IP地址。通常，IP地址会被自动分配并租用一段时间。这项服务由动态主机配置协议（简称DHCP）服务器提供，向设备提供相关的IP地址信息（图 12–3）。DHCP服务器跟踪各个IP地址自由获得的信息。你的设备与它联系，就会获得当前未被使用的IP地址有限的租赁时间。当租约到期时，可以续约，否则服务器会将其返还到地址池，以便其他设备使用。

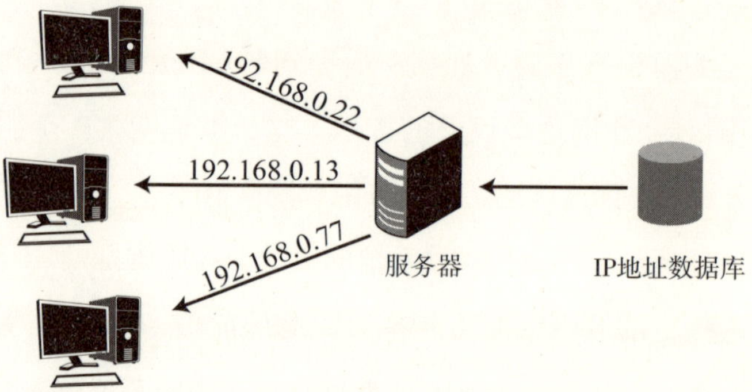

图 12–3

注：动态主机配置协议（DHCP）服务器负责将互联网协议（IP）地址租赁给设备。它跟踪本地数据库中尚未分配的可用地址

有时，在本地网络中给你的设备分配的IP地址与其他网络所看到的不同。例如，你在大学校园内的笔记本电脑地址可能与外部世界看到的不同。网络地址转换（简称NAT）路由器负责地址的来回转换，它会让本地之外的人们可以根据你的公共IP地址（图 12–4）对你的设备进行寻址。你可以把NAT看成公司大楼里的收发室：当一个包裹要被投递给公司里的某个人，邮递系统根据大楼的地址

（即公共IP）将它送到那里。然后，收发室里的分件人（即NAT路由器）根据该人的姓名（即私有IP）来确定将其放进谁的邮箱，或放在谁的桌上。

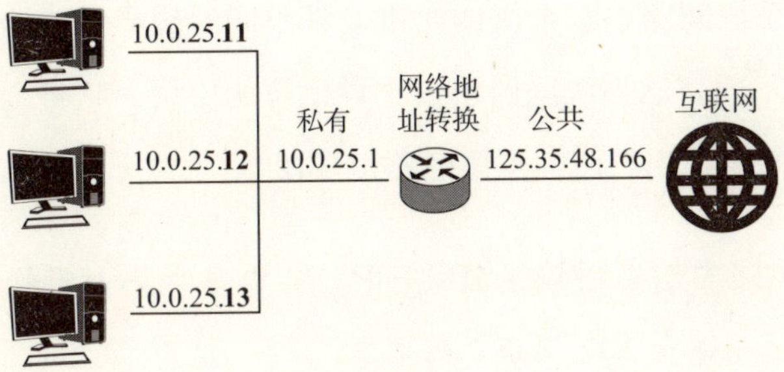

图 12–4

注：有时，你的公共互联网协议（IP）地址与私人IP地址不同。网络地址转换（NAT）路由器负责两者之间的转换

路由

正常进行寻址后，下一步是决定消息到达目的地所选择的路径。

在邮政系统中，例如，从新泽西的普林斯顿到佛罗里达的迈阿密，路由提前决定信件将经过哪些中间城市。信件从普林斯顿的地方邮局发出，可能会转移到新泽西某地的一座大型区域邮局，然后转到佛罗里达某地的一座大型邮局，再到收件人所在的地方邮局，最后送到收件人的门口。

在互联网中，消息使用的路径会有所不同，这取决于它所使用的路由方法。有两类方法：

- 在自治系统（AS）中，使用**基于度量的**（metric-based）路由。利用基于度量的路由，目标通常是找到最短或最不拥挤的路径，到达目的地。

- 在自治系统之间，路由则是**基于策略的**（policy-based）。例如，一个自治系统可能会怀疑另一个系统有很多黑客，并希望避免将数据包通过对方的路径路由。

自治系统间路由和系统内路由非常不同。**边界网关协议**（简称BGP）是不同自治系统间路由占主导地位的协议，它将互联网黏在一起。自治系统内有两种主要的路由协议：

- **路由信息协议**，简称RIP，其中每个路由器收集关于自身和其他路由器之间距离的信息；
- **开放最短路径优先**，简称OSPF，其中每个路由器试图建立整个网络拓扑结构的全局视图。

在本章中，我们将介绍RIP背后的主要思想，并跳过最常见的路由类型OSPF的一些复杂细节。

转发

回到我们的例子，从新泽西寄一封信到佛罗里达。当新泽西的邮局员工收到信后，他们会怎么办？他们会看信封上的邮政编码，知道它要到佛罗里达。他们可能并不关心具体地址，比如哪个城镇或城市，只知道要把信送到那个州的某个地区邮局。所以他们会把信放到一架飞往佛罗里达的飞机上。然后，一旦信到达那里，有人会再看邮政编码，知道要把它送到迈阿密。所以他们会把它放到开往那儿的邮车里。最后，一旦信到达迈阿密该邮政编码覆盖的范围内，当地邮政局会根据上面的地址把它送给收件人。

在互联网中，每次路由器接收数据包时，就会发生**转发**

（forwarding）行为。当一个数据包到达后，路由器查看写在数据包里的目的IP地址，了解要发往哪里，并将其发送到路径上的下一跳。然后下一个路由器接收数据包，查找目的地，继续转发数据包，这一过程以这种逐跳的方式继续。这是一个无连接的过程，正如我们在第 11 章讨论模块化时谈到的那样。

根据目标的距离，路径上前面的路由器可能只关心地址的前缀。换句话说，它们首先基于目的地子网进行转发，这类似于邮政系统首先向目的地邮政编码转发。一旦数据包到达目的地子网，后面的路由器将根据主机标识符转发到特定设备上。

实际情况下，转发如何发生？路由器通过链接连接到网络中的其他路由器。当数据包到达输入链接时，路由器将它转移到传出链接。路由器内置硬件将尽快执行此功能，迅速连接起管理对链接访问的输入和输出端口。

路由器如何确定，对于一条给定的消息哪个是正确的输出链接？此信息保存在**转发表**（forwarding table）中，将目标IP地址映射到输出链接，如图 12–5 所示。利用转发表，路由器可以查看目的IP地址，找到它在表中的条目，并选择相应的传出链接，就像使用电话簿，根据别人的名字查找其号码一样。表中的每个条目都可能代表很大范围的地址，例如，图 12–5 中，10.1.2.1 和 10.1.2.10 都可以到达链接 3。

转发表需要建立、维护和更新。这样做的方式取决于网络使用的路由方法。多年来，许多不同的方案已经提出。接下来，我们将了解，通过寻找穿过网络的最短路径如何建立这些表。

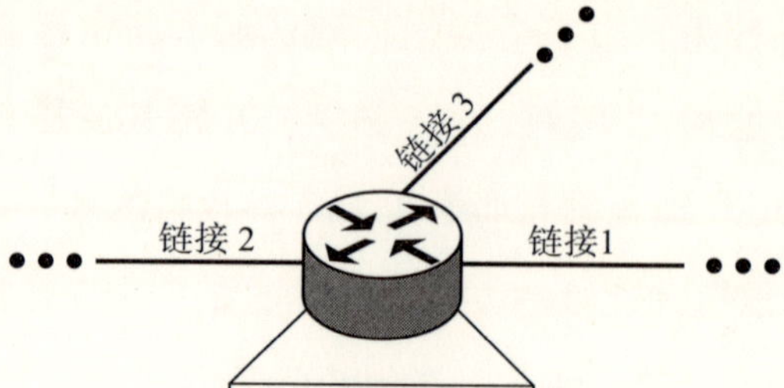

转发表	
目的 IP	链接
10.1.1.0	1
10.1.2.0	3
10.8.4.0	2

图 12–5

注：当数据包到达路由器时，路由器将在其转发表中查找目的IP地址，以确定将数据包转发到哪个输出链接

寻找最短路径

那么，路由背后的总体目标是什么？以最佳方式从互联网上的一点（源）到达另一点（目的地）。路由器就是通过网络传递消息的中间节点。

我们在本书中已经看到许多不同的图表，从第 5 章的网络图到第 8 章和第 10 章的社交图。针对路由，我们现在介绍另一种图：路由器图。

路由器图

看看图 12–6。在路由图中，源的工作是确定转发消息到哪个近邻（在这里是A、B或C）。所选择的节点将继续转发到其他中间路由器，以此类推，直到消息到达目的地为止。同样，转发是以一次一跳（hop）的方式进行的，其中一跳是一个链接。

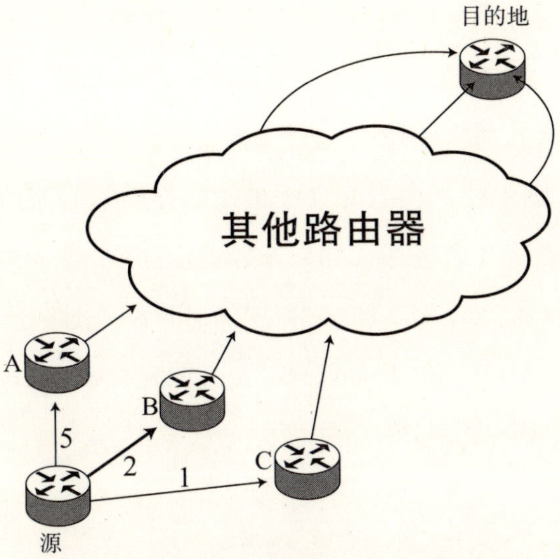

图 12–6　路由涉及从源到目的地的流量传输

注：要做到这一点，每个节点都需要知道，对于转发流量到某个目的地来说，哪个近邻最合适

从源到目的地可能有多种方法。我们如何确定哪条路径是最好的？通常，我们想要选择成本最低的那条。路由图的每条链接表示从一个路由器到另一个的实际连接，每条链接都有与其相关联的不同成本。通常，这项成本与链接连接的两个路由器之间的距离有关。例如，同一个房间内的两个路由器之间的成本可能小于不同大楼里两个路由器之间的成本。

我们应该用什么样的图形来包含成本？加权图：类似于在第 5 章中，我们利用重要性得分对超链接进行加权，我们利用成本对路由器链接加权。在图 12–6 中，链接上的数字表示从源发送到 A 的成本为 5，而发送到 B 的成本为 2。此外，路由图中的链接是有向的：如果从 A 可以转发到 B，这并不意味着从 B 可以转发到 A。如果它们可以互相转发，在每个方向上的成本也不一定相同。

寻找从一个节点到另一个节点成本最小的路径，这个任务是图论中一个显而易见的问题，它称为**最短路径问题**（shortest-path problem），因为人们经常将链接的成本作为其距离。当链接的所有权重都相等时，“最短路径”变成“最少跳数”。

你可以在图 12–7 中看到一个最短路径问题的简单例子，它包含 4 台路由器和 4 条链接。如果A想发送到D，它可以向B或C转发。沿路径（A，B，D）的成本是 2 + 4 = 6，沿路径（A，C，D）的成本是 3 + 5 = 8。由于（A，B，D）是最短路径，因此A应该转发到B（然后B转发到D）。

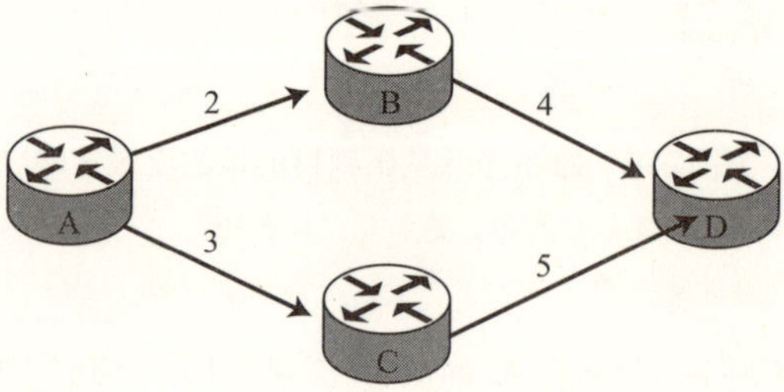

图 12–7

注：路径（A,B,D）的成本为 6，路径的（A,C,D）成本为 8。如果A要发送到D，它应该转发到B，B再转发到D

贝尔曼–福特算法

如何发现自治系统中路由器之间的最短路径？具体方式需要能随着网络中的节点和链接数量扩展，并且可以相对迅速地根据拓扑结构中的变化进行调整。

自 20 世纪 50 年代以来，最短路径问题一直被广泛研究。一些著名算法被开发出来以解决该问题，如贝尔曼–福特、迪杰斯特拉以及A星搜索，它们各有利弊。在本章中，我们将关注**贝尔曼–福特算法**（Bellman-Ford algorithm），因为它简单而优雅，并阐述了路由算法背后的基本原理。它也带来一些著名路由协议的实施，如最初的阿帕网。

贝尔曼–福特算法得名于美国数学家理查德·贝尔曼和李斯特·福特。他们分别于 1958 年和 1956 年发布该算法。贝尔曼为人熟知，更主要是因为他在 20 世纪 50 年代引入**动态规划**（dynamic programming）的方法，这种方法将数学、计算机科学、经济学等学科的复杂问题分解成更小、更简单的子问题，使其更容易被解决（符合“分而治之”的总体原则），因此具有重要意义。动态规划中将某个问题与其子问题建立联系的方程，通常被称为贝尔曼方程。

就像第 1 章的分布式功率控制，贝尔曼–福特算法是一个不断重复的迭代过程，直到我们可以确定它已经完成。在每次迭代中，它都会找到一条从源到目的地的最短路径，然后在下一次迭代中使用这些信息，看它是否能找到一条更短的路径。第一步只使用一跳，找到一个最短路径，第二步最多使用两跳，第三步最多三跳，以此类推。使用更多跳数增加了更多可能性，因此伴随每次迭代，成本将减少（或保持不变）。

让我们以图 12–8 中的路由器图为例，来说明贝尔曼–福特算法。图中有 6 台路由器 A 至 F，链接成本如图所示。路由器 A 至 E 的目标是，找出它们到达目的地 F 的最低成本路径。

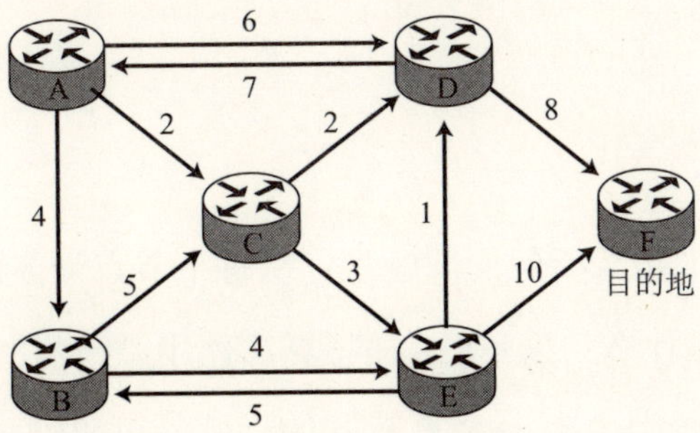

图 12–8　包含六台路由器的示例图

注：链接成本已标出

第一步

对于第一步，我们只需要知道，哪些节点有一跳路径（即一个链接）到F，哪些没有。A、B和C不能通过一跳到那里，因为它们都没有直接链接到F，但D和E可以：它们的直接链接成本分别为8和10。因此，一跳的最短路径和相关成本为：

D：路径=（D，F），成本=8

E：路径=（E，F），成本=10

图12–9总结了第一步，其中链接突出显示，并标出到F的成本。

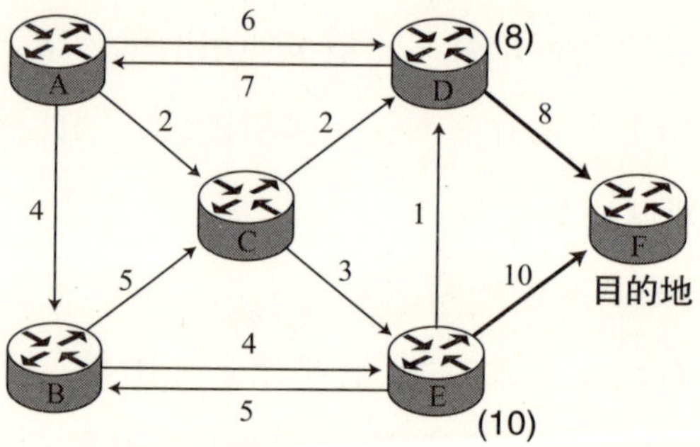

图12–9 单跳的最短路径和成本

注：D和E都可以通过一跳到达F，而A、B和C不能

第二步

进行到第二步，要问的问题是：从每个节点最多使用两跳，到F的最短路径是什么？贝尔曼–福特算法使用第一步的信息来回答。毕竟，如果某个节点有一个可转发的近邻，可以通过一跳到达F，那么这个节点必须能够通过该邻居，在两跳后到达F。要确定这个

路径的总成本，我们可以把该节点到达近邻的成本，添加到该近邻到达目的地的成本上。

让我们从A开始。它有3个传出近邻：B、C和D。B和C都不能在一跳后到达F，所以它们现在没有帮助。与此相反，D可以在一跳后到达F，成本为8，而A一开始转发到D的成本为6。因此，A可通过路径（A，D，F），在两跳后到达F，成本为6 + 8 = 14。这是A到达F最短（也是唯一）的两跳路径。

B怎么样？它有2个传出近邻：C和E。C不能在第一步后到达F，但E可以到那里，成本为10。由于B转发到E的成本为4，因此B可以通过路径（B，E，F），在两跳后到达F，成本为4 + 10 = 14。

现在到C，它有2个传出近邻：D和E。它们都能够在第一步后到达F：

- 由于D到目的地的成本是8，因此通过D的总成本是2 + 8 = 10。
- 由于E到F的成本是10，因此总成本是3 + 10 = 13。

由于10比13“更短”，因此C将选择（C，D，F）作为其到达F的两跳路径。

D怎么样？这个节点有2个传出的近邻：A和F。A不能在一跳后到达F，所以直接转发到F仍然是其唯一的选择。实际上，在这样的情况下，路由器可以直接转发到目的地，它会发送到其他地方吗？也许会。记住，最短路径问题是考虑最小成本，而不是最小跳数。有可能出现有中间环节但总成本较低的情况。

现在，让我们考虑E。D和F是它的两个传出近邻：

- 直接转发到F的成本为10。
- D到达F的成本为8，总成本略低，为1+8 = 9。

所以，E将选择（E，D，F）。

总结，第二步之后发现的路径是：

A：路径=（A，D，F），成本= 14

B：路径=（B，E，F），成本= 14

C：路径=（C，D，F），成本= 10

D：路径=（D，F），成本=8

E：路径=（E，D，F），成本= 9

如图12–10所示。与图12–9相比，A、B和C现在都可以到达目的地，并且E选择的路径已经改变。

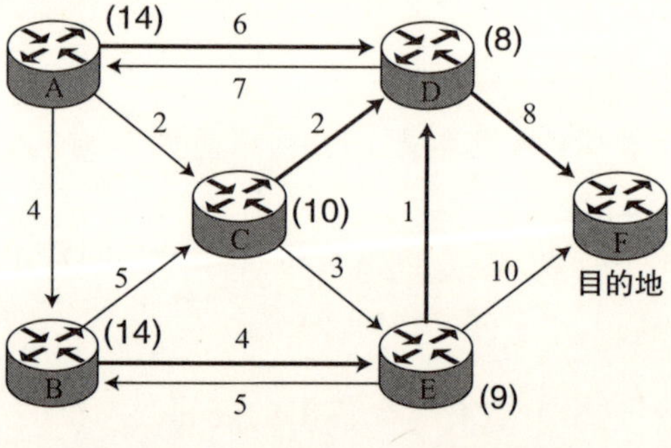

图 12–10 两跳的最短路径和成本

注：现在所有节点都可以到达F。B仍然认为通过E的总成本是14，因为它还没有来自第二步的更新成本

让我们花一点儿时间分析贝尔曼–福特算法为发现最短路径所做的工作。在每一步，路由器看着每个传出近邻，自言自语：“我转发到你的成本是w，而你到达目的地的成本是x，那么，如果我通

过你转发，再经过一跳，到达目的地的成本将是$w+x$。"路由器会选择所有近邻之间最低的总成本。你可以在图 12–11 中看到这个理念。源（S）有两个传出近邻，A和B。A可以在比如六跳后到达目的地（D），成本为x，而链接（S，A）的成本是w。因此，S可以通过A，在七跳后到达目的地，成本为$w+x$。B的情况类似，成本将是$y+z$。这些成本中较低的一个，就是S将在这一步选择的。

图 12–11

注：在贝尔曼–福特算法中的每一步，源检查其传出近邻，看哪一个提供到达目的地的最低总成本。要做到这一点，它必须知道两点：到达其近邻的成本（这里是w和y）和从每个近邻到目的地的总成本（这里是x和z）。

第三步

现在进行了三跳，A是什么情况？它的三个近邻可以在最多两跳后到达目的地：

- B到F的成本是 14，所以通过B的总成本是 4 + 14 = 18。
- C的成本是 10，所以总成本是 2 + 10 = 12。
- D到目的地的成本是 8，所以总成本是 6 + 8 = 14。

由于转发到C带来最低成本 12，因此A将选择（A，C，D，F）。

B怎么样？B既可以转发到C，总成本为 5 + 10 = 15，也可以转发到E，成本为 4 + 9 = 13。B将继续选择E，B的路径现在会反映E在第二步的变化。

你会发现C、D和E的路径跟上次相比不会改变。在这一点上发现的路径是：

A：路径=（A，C，D，F），成本=12

B：路径=（B，E，D，F），成本=13

C：路径=（C，D，F），成本=10

D：路径=（D，F），成本=8

E：路径=（E，D，F），成本=9

结果在图12–12中突出显示。

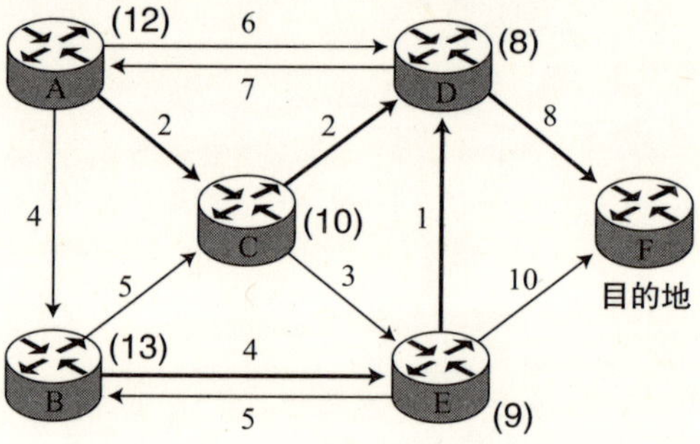

图12–12 三跳的最短路径和成本

第四步、第五步……

实际上没有必要继续四、五或更多跳数，因为在这个例子中，该算法已经确定了最短路径。总的来说，贝尔曼–福特算法可能需要进行图中节点的数目，然后你才可以确定它已经完成。更多关于这方面的信息，请参考本书网站Q12.3部分。

即便如此，在自治系统路由的真实情景中，我们刚开始通常不知道有多少个节点。相反，迭代最短路径算法必须依赖每一步发现的最短路径的变化，以确定什么时候停止运行是安全的。不过停止只能是暂时的：网络结构可能会随时间而改变，影响链接成本、节点数，或两者都影响，进而影响在任何给定点的最短路径。该算法需要定期运行，以保持其路径–成本计算不断更新。

传递消息以发现最短路径

互联网上的路由通过转发实现，一次发生一跳。每个路由器的转发表只包含消息下一步应该发送到哪里的信息，如图 12–5 所示。在我们的例子（图 12–12）中，当消息到达路由器A，目的地为F时，A只需要知道它应该转发到C。它不必关心消息在此之后将选择什么路径。同样，B只知道转发到E，C转发到D，D转发到F，E转发到D。这真是个相当惊人的分布式路由特性！

在实践中，创建转发表需要一个额外的重要步骤。该表需要考虑每个路由器只有网络的本地视图，这意味着它只知道其近邻的存在和路径–成本信息。最短路径需要以分布式被发现，每个路由器都需要根据本地信息构建转发表。

如何做到这一点？通过消息传递。路由器必须发送消息给近邻，表明其发现的路径–成本信息，并基于得到的消息，不断更新自己的表。每条消息都简短总结路由器可以到达的所有目的地，以及到达每个目的地的路径的总成本。

消息传递是本地完成的，从近邻到近邻。通过这个过程，路由器可以得到所有它们需要的关于端到端最短路径的信息，但它无须知道这些路径是什么。对于图 12–12 中我们的示例网络，消息传递几步后，A就知道它到F的最短路径是通过C。它不知道C会继续转发到D（C也不知道D会转发到F），同时出于在网上转发的目的，它也不需要知道。

贝尔曼-福特算法结合消息传递的一个应用，是之前提到的自治系统内路由协议RIP的实施。作为最早的方法之一，如今它仍然在使用，而路由器之间的一跳消息传递使其相当容易实现。我们提到的另一个自治系统内协议OSPF时，已经在过去几十年里获得很大的知名度。RIP只保留关于近邻的信息，而利用OSPF时，每个路由器都会试图构建网络的本地视图，包括每条链接的状态（如成本）。结果，OSPF是一种**链路状态**（link-state）路由，而RIP是**距离向量**（distance-vector）路由。OSPF尤其适合在大型网络中优先使用，其中的链接状况可能会很快改变。

路由器传递消息以建立转发表，是网络分布式算法和协调的另一个例子，也是本书的重要主题之一。当网络随着时间推移进行扩展和变化时，它将可扩展管理考虑在内。第一部分的功率控制和载波传感是我们已经看到的其他分布式程序，而我们在第13章讨论拥塞控制时，还将看到另一种。记住：这些算法的运行，可能会与我们在第二和第三部分讨论的排名和推荐程序的集中性质形成对比。

THE POWER OF NETWORKS

Six Principles That Connect Our Lives

第五部分　总结

互联网是一个不断扩大的网络之网络，通过分而治之的原则，能在功能和地理上保持可扩展性。我们刚才看到其设计背后的三个基本概念：分组交换，对资源进行共享而不是专用；分布式层次结构，在地理上将控制分散到网络的不同部分；模块化，将任务分为不同功能层并分别管理。我们还详细介绍了路由，这是在互联网上从一地到另一地传输流量的重要任务。它也以可扩展的方式进行，通过路由器之间的分布式消息传递发现最短路径，同时也是网络中分布式算法和协调的另一个例子。

与罗伯特·卡恩的对话

罗伯特·卡恩被公认为“互联网之父”之一。他和温顿·瑟夫共同发明了TCP/IP。

作者：鲍勃（罗伯特），要是没有TCP/IP，你认为互联网能有今天吗？

鲍勃：我认为TCP/IP是一门通用语。这是一组协议和程序，使组成互联网的不同组件能够连接在一起。那么，可以有一套不同的协议和程序，使之成为可能吗？是的。我猜测，为了取得同样的建构稳健性，你可能需要某些相当接近我们以前在TCP/IP中做的东西，但它可能会有些不同。你需要这样的东西，让各部分组合到一起，否则你会遇到端到端的互相连通性问题，其中所有接口都可能非常不同。所以我想，如果没有温顿·瑟夫和我发明的协议，或与之十分类似的东西，可能不会有今天的互联网。

作者：但是回头看，我们之前并不总是很清楚，那就是我们的前进方向。你认为，在过去40年中，是什么让TCP/IP以可互操作的方式，最终将网络的每一个部分凝聚在一起？

鲍勃：嗯，在过去40年中，这个世界真的已经改变了很多，甚至关于互联网组成部分的基本概念都改变了一些，但是，人们对互联互通有基本需要。早在20世纪70年代初期，在我们做这项工作时，其实没有太多其他选择。欧洲人最终决定采取类似行动，他们集中于一个和我们几乎相同的IP方法，并最终与我们合并，双方开始采用相同的基本IP战略，并有多种终端到终端的协议。我想，欧洲人把他们的叫作TP0、TP2和TP4，最终它们没有占据一席之地，因为在此之前，太多国家已经采用了TCP。

我认为这更多是建立临界质量的问题，因为互联网的发展是渐进的。人们想做的是，将他们可以互动的一群参与者连接起来，在还有零星不同选择的时候，其中的大多数人就基本上都采用了TCP/IP。甚至当国际标准提出后，也没有人愿意花时间和精力去转换，因为这样做没有成本效益。

作者：在1974年年初，TCP/IP其实是一个协议，之后才被分成两层。你如何描述这个从一个协议演变为两层的过程？

鲍勃：嗯，人们感受到的问题其实是受实时通信需要的驱动。第一个立即可用的产品，是我在美国国防部高级研究计划署时开始开发的分组语音程序。这里的想法是，你可以选取模拟语音流，将其数字化，分切成碎片（即我们所说的“包裹”），并将其分别发送（或分组，或通过网络以某种方式将其量化），使其成为更大的聚合，同时能够在数字化声音的另一端重建一个连续语音流。这就是问题，我们证明了这是有可能做到的。

现在，在原始的阿帕网协议中使用TCP时，每次有消息通过，你要先进行确认，然后才能发送下一条消息，所以这可能会产生延迟。这样的网络效应是，语音可能出现中断。我们在BBN（技术公司）的帮助下，通过引入一种不需要确认的新型数据包，解决了这一问题。我们在阿帕网中称之为三型数据包。

但是当我们来到事物的互联网方面，端到端的协议是TCP协议，它将IP捆绑在里面，所以它是复合的。我的想法是，应用程序会和TCP程序沟通，解释它的需要。所以，比如说，如果对方是语音应用程序，这个应用程序会说："在数据包到达时发送给我，但如果它们晚到比如20、40或60毫秒的话，就不用费心给我发送任何数据包了。我将不会再想处理它们，因为使用它们已经太晚了。"我的想法是，TCP/IP程序可以决定将什么传给程序，这取决于它的需求。事实证明，要让每一个已经建立的应用程序都能重新编码，能够解释它的需求是什么，然后使TCP程序可以接受来自所有这些程序的输入，这真的太难了。因此，一个更简单的选择是，将其分成一个只有端到端的部分，以及一个不可靠的传输部分，这样它会在数据包到达后就进行传输，让端到端的部分弄清楚，如何把它们以某种形式重新组合在一起。

这就是导致两者分裂的原因。人们意识到需要这样做，我想很多人没有认识到还有其他选择。但现在看来，我认为我当时提出的是一个更好的长期战略，但它不是一个非常可行的短期策略。这就是我们选择IP的原因，我在最后的分析中必须同意大家。

作者：那真是一段非常有趣的历史。对于路由部分，我想知道你是否有你最喜欢的类比，用来向别人解释网络上的路由是如何工作的。

鲍勃：我更倾向于解释路由表是如何工作的。也就是说，某些东西会从一条线路进入一个节点。这个节点可能是一个分组交换机，或者是一个网络之间的网关。你经过查找，从传入数据包中找出它的传出方向，看表中说要向哪条输出线路输出，然后把它放在那条线路上。表基本上从近邻的更新得到递增。基本上，特定的交换机或网关决定谁最接近最终目的地，然后会试图发送到那里。你可能有更全面的表，全局表代表全网（如果你知道整个拓扑的话），然后你就可以对如何按路线发送做出优化决策。或者你可能有不同线路上的流量信息，试图将其发送到最不拥堵的路径，而不仅仅是最近的连接。

如果我要尝试描述路由如何工作，这就是我要做的。但是这充满变数，并且根据情况变化，你不一定能事先选择好所有路线，并坚持那个“战略”，尽管你可以这样做。

作者：如果你可以回到比如说 1974 年，你会做些什么不同的或额外的事？

鲍勃：我们所采取的大部分措施都是非常明显的渐进步骤，除了我们必须发明的整体网络架构。如何让这些东西一起工作？因此，我们必须创造 IP 地址的概念，我们必须创造网关或路由器的概念，以及沟通流量的通信协议等，还有许多中间的东西，如网关–网关协议，如何显示路由或边界网关协议，等等。

我可以告诉你我希望会更好的事情。我希望，我们早期在安全方面取得更大进步。但请记住，我们确实试图做到这一点。我们并不是忽略了它，虽然很多人这样认为。但与此相反，为了真正在互联网上获得有意义的安全，我们必须让该领域一些有专长的人与我们合作。他们甚至不确定这项技术将会是有用的，或者会产生某些结果。当时它根本没有商业化。他们有很多事情要操心，实在没有时间或精力来关注这个。所以我们采取了一些小的增量步骤，你可以在互联网上搜索和了解这一点。我们创造了最初的私人线路接口，但它们基本上是红色和黑色的处理器，连接着中间的加密设备。事实上我们对它们进行了测试，并且有办法规避加密，以进行选择性寻址。我想我们最初是用一个站点进行测试，然后用32个站点测试。所以有增量的改进，但我希望我们当时能做得更好。

第二件我们刚开始时不满意、体系结构允许的事，是我们假设还有很多不同的能力，并假设网络数量会很小。那时的网络都很大，一般都像阿帕网、AT&T网络或防御网，或者是某种广域网那样。我们假设会有少数几个，也许全世界有4、8、16个，但很快就有数以千计以太网这样的网络出现。这一切的网络效应是，我们最初的寻址工作假设有32位的地址空间，我们给网络分配8位，给网络上的终端机器分配24位，但这很快就被最新的发展追赶上。因此，我们最终在实时处理中，不得不重新开发应对方法。我想，如果我们之前了解它会有多大影响，就应该早点儿着手，开发比如128位或256位的地址，也就不必经历所谓IPv4向IPv6过渡的痛苦。

多年来，我一直在研究如何围绕管理信息的概念重塑互联网，而不仅仅是移动数据字节。我一直在研究所谓的数字对象框架，这在全球都得到了推动。但美国并没有大力发展它，因为人们的关注点都在网络上，而在全球范围内，人们对这一领域的兴趣非常大。如果我早就想到它，那在40年前我就会这样做的。

作者：你能描述一下数字对象框架吗？

鲍勃：我们在这个框架中所做的，是从这一概念入手：我们处理的每个东西都是数字对象，而数字对象要么是一个比特序列，要么是一组比特序列，并且有唯一的持久标识符。如果你在谈论信息，这些信息可以是数字对象的形式，但是你也可以拥有代表个人的数字对象。事实上，如果你解析了这个对象，你不会得到一个人，但会得到有关这个人的信息，如他们的公共密钥，或某天可以在哪里联系他们，或任何其他他们想让你知道的事，甚至是他们的电子邮件地址等。因此，我们假设，在网络环境中，你关心的每一个资源都有它自己的特性。因此，如果你试图与某个东西进行连接，你可以通过使用公共密钥来进行挑战（应答）交互，发现你所连接的对象。因此，数字对象有唯一的持久标识符，我们正好称它们为句柄，但它们确实是你所谈论的清晰标识符。

例如，在今天的世界上，比方说，如果你使用一个URL访问某台机器上的文件，同时想将其保存下来，也许那是政府信息或者企业信息。100年后，你希望能回来获得这些信息，但很可能这个URL已经没用了。这台机器已经消失，公司名称可能已经更改，或者信息可能不在那个文件中。但如果你给这条信息一个唯一的标识符，那么无论文件在哪里，只要有人得到它，你就能将这个标识符解析为信息，我称之为状态信息。

我肯定你读过IEEE汇刊或ACM期刊，或任何传统科学期刊。在今天的科学文献中，大家都在使用这个系统，它们全都使用这个框架。我们称之为句柄系统，它有能力存储被识别对象的状态信息，这样你就可以重新获得它。如果它是可用的，它可以告诉你应该去哪里访问。你可以移动对象。它可以在印刷的引用资料中，也可以存在于电子存储系统中，但即使你移动信息或改变底层技术基础，也必须回去改变标识符。如果有人这样做，标识符就会把你带到那里。当然，你必须得到允许才能去访问它。可能需要付费，可能会有防火墙阻止你获取某些信息，但原则上，框架是允许这样做的。

这个框架有三个组成部分。一是我谈到的解析系统，我们称其为句柄系统。它获取一个标识符，并将被识别事物的状态信息返回给你。第二，存储库技术可以让你存储数字对象，并完全基于其标识符访问它们，这样它们可以被存储于后台的任何地方，如U盘、RAID阵列或只是云服务中（任何你想用来存储的方法都可以）。而且这一切都是用户看不见的，因为它藏在存储库背后。最后，我们称为DO存储库和DO注册表的注册表一般存储对象的元数据，它允许你浏览或搜索注册表，并在完成后向你返回标识符。最近，我们已经采用这些组件中的两个——注册表和存储库，并将其合并成一个具有存储库或注册表功能的转键系统，因为存储库需要注册表，才能知道存储库中有什么，而注册表需要存储库来保存元数据记录。我们现在已经做出来了，你可以在网上通过URL cordra.org找到一个版本。

简而言之就是这样。对于框架而言有趣的一点是，任何采用它的人，无论他们在后台使用什么技术（就像如果你使用IP地址，你可以在后台使用任何一台电脑），都能得到可互操作的系统，并解决所有和事物大小相关的问题。你可以在循环中使用存储库，访问这些数字对象，并将其存储供以后演示。它带有内置的安全性，因为解析系统可以存储公开密匙。因此，它允许你调用公钥基础设施（PKI）的所有功能，而且无须承担任何额外成本。我认为，这是一个非常好的管理信息前进的模型，因为它不仅将信息保持在一起，同时它也是自己的内部编目系统。

作者：围绕数字对象运行的互联网和围绕数据字节运行的互联网看起来有什么区别？

鲍勃：我认为这不一定会影响到今天互联网的底层部分，因为你可以把存储库连接到今天的互联网中。你可以使用注册表、组合版本，或者句柄系统。它们只是利用今天互联网中的一切，如果你有东西可以做到这一点，它可能也可以利用这一点。所以这不是单向的，它们可以互相利用。如果它是数字对象，通过以太网，它将被以一种方式处理。如果通过令牌环网，它可能会受到略有不同的处理。底层通信技术将做到这点。它可以以各种方式把它分解成比特和字节。但最终，只要所有的比特到达另一端，同时你可以验证它们被正确接收，那么你就真的不应该关心下面发生了什么，只要它的效率和成本效益高就行。

作者：你说，如果回到1974年，你可能会把数字对象框架更多地放入TCP/IP中。你具体会采取什么不同的行动？

鲍勃：不，我不会把它放入TCP/IP中。我会从那个构想开始，并看它如何适用于不同的网络环境，因为如果你面对的是一个可互操作的系统，并且它知道如何通过协议接口沟通，它将完全可互操作地处理任何其他系统。问题是，你如何将比特传输到那里？TCP/IP被开发来处理各种应用程序中分散的网络系统，你可以直接使用它。或者如果你愿意，可以想象重新考虑互联网的基础结构。但请记住，互联网分布于世界各地，你不大可能改变一切，至少不会立即改变，也许永远都不能改变一切。所以你需要处理所有的变幻莫测，包括今天互联网中存在的情况，并且保持前进。

作者：今天的互联网和你想象的有什么不同？

鲍勃：大不一样。当我们刚起步时，我认为这是一个研究实验。我们想知道，如何能使不同网络一起工作，让这些网络上的电脑能够互相交流，所以刚开始时我们只假设有少量的网络和少量的计算机。请记住，当我们刚起步时，并没有工作站或个人电脑等。你唯一能使用的是大型分时系统。这些都是价值数百万美元的机器，世界上很少有人拥有它，我们起步时也许只有100家机构拥有。这就是我们所看到的情况，当时，它在一点点成长。然后周围突然出现了工作站，到20世纪80年代初，个人电脑开始出现。然后，比起拥有100台机器，我们想也许会有数千台，上万台，甚至数十万台，如今有多少？大概有30亿台设备在网上，而物联网中可能有200亿到1 000亿台。

作者：也就是说，连接设备的数量有了很大的增长。

鲍勃：我们已经有了比以前多得多的连接设备。有时候，即使在同一台机器上，也会有很多虚拟机和应用程序在同一设备上运行。我想还可以说，我们见证了带宽的扩展。最初网速只有50比特/秒，我认为，现在设想网速平均达到10到100千兆位/秒，不是没有道理的，所以内存增长了约100万倍。在计算能力方面，以前的机器可能会被今天最便宜的数字手表打败，所以计算速度至少提高了100万倍，同时它没有任何放慢的迹象。因此，也许10年后将增长10亿倍。在科技史中，没有其他技术的贡献可以超过这一范围。

作者：确实如此。在这个令人印象非常深刻的过程中，你认为数学在这些系统的分析和设计中发挥了什么作用？

鲍勃：这是一个很有趣的问题。在职业生涯初期，我曾打算从事学术工作。我认为我基本是沿着传统数学教育路线接受训练的。我对数学中的问题很感兴趣，而且很擅长处理其中的一些问题。当然，有比我聪明得多的人在处理真正复杂的理论数学问题。但我发现，我处理的应用数学问题真的很有趣，我喜欢这种工作。此外，这些年来，已经出现了很多与网络有关的有趣结果。里特尔的定理就是一个例子。雷恩·克莱恩洛克对独立性假设进行研究，他通过假设某些无法证明是独立的情况，成功证明了网络性能的一些方面。但仅仅假设它们是独立的，他就可以得到封闭形式的解决方案。

我、雷恩·克莱恩洛克和霍华德·弗兰克写了一篇文章。霍华德为阿帕网做了所有的早期布局设计。我们三个人写的一篇论文叫作“计算机通信理论和设计的经验教训”。我们当时提出的一个问题是：我们如何知道应该设计和建造多大的网络？我们都思考了这个问题，并且每个人都有自己的想法，不过答案都在60或64节点左右。我们知道彼此的答案后说，这真是奇妙啊。我们对此都有相同的看法，为什么呢？雷恩首先插话，他说，当解开吞吐量和网络的延迟方程时，该方程的分母趋于零，节点的数量大约是60。因此，我们最多可以达到60，因为这个方程趋于无穷大。霍华德说，这真的很有趣，因为我没有关注数学，但我做了大量的模拟工作，当达到60个节点时，我在模拟中用完了内存空间，并且无法再继续计算。我说，这真的很有趣，因为当时是1972年，阿帕网刚刚建立。我说，我们今天在50千位的线路上运行，如果你看一看路由表，如果路由表远远大于60或64个节点，网络带宽中的每个比特都会在通过路由表时被消耗掉，我们不知道该怎么办。当然，现在如果我们使用百万位的线路，那么这个制约就不会存在，如果有更多内存，霍华德的模拟就不会失败。雷恩的方程可能需要进行不同的调整。但基本结论是，这是有三种不同的思考角度，但事实证明，具体实施没有在很大程度上依赖于模拟，而模拟没有在很大程度上取决于数学，所以它们只是解决问题的三种不同方式。

现在，我不能为所有可能的应用都下结论。我认为，未来可能有越来越多的案例，你真的需要良好的数学模型来知道这些构想是否会有效，但我还不知道它们会是什么。

作者：鲍勃，谢谢你与我们分享你的想法。

THE POWER OF NETWORKS

Six Principles That Connect Our Lives

第六部分　端到端

对于电脑来说，互联网有时看起来像一个黑盒子。它传送和接收你的消息，却不知道你和正在交流的其他人之间的网络内部到底发生了什么。

端到端控制是我们的第六条，也是最后一条网络原理。在第13章，我们将看到互联网设备如何利用来自接收者的反馈，来推断和管理网络中的拥塞。这要求设备之间进行分布式协调，当它们正确接收数据包时，通过网络来回发送彼此的确认消息。

拥塞控制将结束我们对互联网内部运作情况长达三章的讨论。在第14章中，我们将回到社会网络，了解人们如何仍然可以在看似相对的网络两端被连接。正如我们将看到的，它要求人们仅使用本地信息发现短路径，使它即使在如此庞大并不断扩张的网络中，也能成为一个小世界。

第 13 章
控制拥堵

在第 12 章讨论分组路由时，我们从来没有说过一次可以传输多少数据包。由于组成互联网链接的硬件只能以这个速度发送比特，因此需要有一种方法来控制流量。传输层的任务是，确保对互联网的需求不超过链接的供应。当超过时，必须运行终端主机的**拥塞控制**（congestion control），使需求回落到可接受的水平。

如何控制拥堵？

请看图 13–1，它显示了一条链接上的拥塞示例。爱丽丝目前以 30 Mbps 的速度发送数据，而鲍勃以 20 Mbps 的速度发送（记住，Mbps 是衡量速度的标准，即每秒百万比特）。链接容量是 40 Mbps，表示它每秒可以传输达 4 000 万比特，而用户共需要 50 Mbps，超出 25%。需求超过供给。

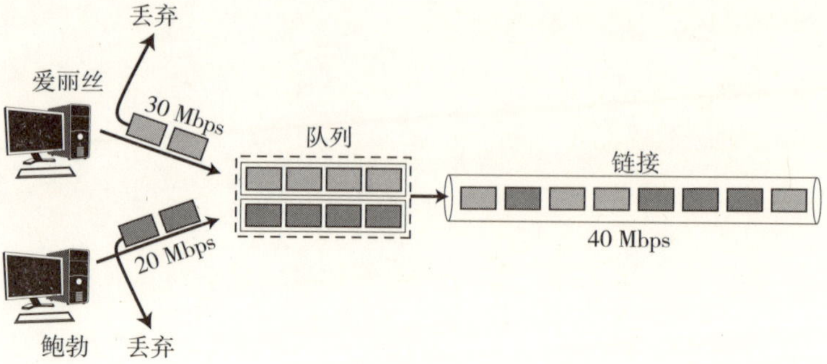

图 13–1

注：两个用户对链接的需求总和（30 + 20 = 50 Mbps）高于链接的容量 40 Mbps，造成拥堵

那么，会发生什么呢？数据包开始积聚在链接前端的缓冲区中。它们被存储在那里，形成队列，等待被传送的机会。那就像是被困在交通堵塞中（图 13–2），路上的车流量导致大家都要慢慢向前挪动，直到它们排到队伍的前面，才可以继续前进。人困在交通堵塞中的时间类似于数据包在传输前排队等待的时间（不过两者处于极为不同的时间维度，一个是分钟，一个是毫秒）。

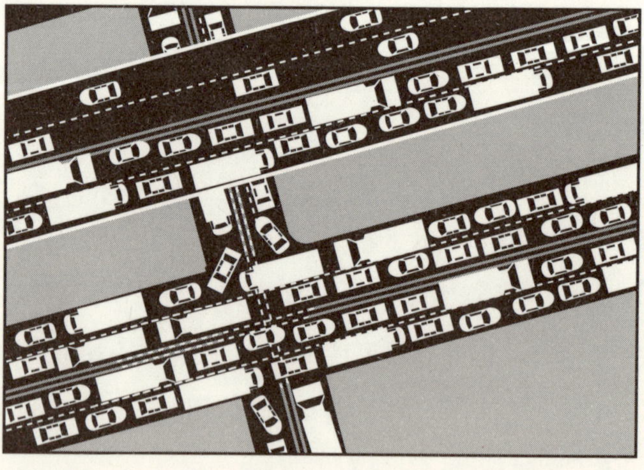

图 13–2　互联网中的拥塞类似于我们遇到的交通堵塞

更糟的是，随着越来越多的汽车进入交通堵塞，对于稍后进入的人来说，线路会变得更长。同样，随着更多数据包堆积到缓冲区，队列会变得更长，拥塞也会越来越严重。最终，缓冲区会溢出，导致数据包被丢弃，就像水从已经装满的桶顶部溢出一样。具体哪些数据包会被丢弃，取决于队列管理协议的详细信息。

互联网（特别是传输层）如何控制这一点？

20 世纪 80 年代末，计算机科学家范·雅各布森提出第一代拥塞控制机制。它被称为TCP**太浩**（**TCP Tahoe**），得名于内华达山脉的太浩湖（我们将看到，许多拥塞控制算法都是以这种方式命名）。它于 1988 年首先成为TCP协议的一部分，并被认为在 20 世纪 80 年代末 90 年代初挽救了互联网崩溃。此后，TCP 太浩被广泛研究，并经过多次改进，但在它的早期版本中，互联网拥塞控制的许多基本思路就已经出现。

又是反馈

还记得我们在第 2 章谈到的无线设备发送确认吗？利用TCP，互联网的**终端主机**（**end hosts**）遵循类似的系统：对于发射器发在互联网上的每个数据包，当（以及如果）其成功到达接收器，对方将回复确认（ACK）包给发送器。你可以在图 13–3 中看到这个理念：当终端主机收到确认，它便知道数据包发送成功。否则，一段时间后，它会尝试重新发送数据包。

尽管确认提高了可靠性，但可以想象，其本身实际上会使拥堵更加严重。在拥挤的网络中，数据包可能会延迟很长时间或被完全丢弃，导致接收器不发送确认。没有确认，发送端将重发数据包，在已经拥挤不堪的系统缓冲区中增加更多数据。当这些重发数据同

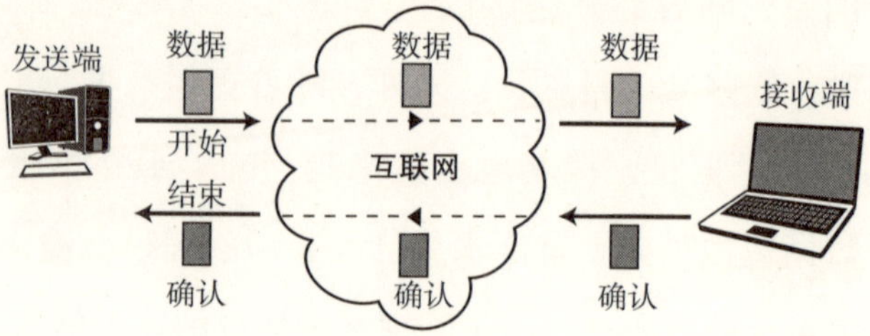

图 13–3

注：当发送端发送数据包后，接收端发送确认（ACK），表示正确接收。确认是负反馈信号，它向发送端提供衡量网络拥塞的标准

样得不到确认时，它们将尝试再次发送，以此类推，导致恶性循环。

但确认系统还提供了一个管理拥堵的巧妙方式。发射器可使用确认（或确认缺失）来推断网络的条件，因为这些确认表明数据包是否以及多久会到达目的地。如果数据包成功到达，那么它们可以继续发送，也许会以更快的速度发送，因为快速确认可能表明路径没有被完全占用。但这些确认被卡住或丢失表示网络出现拥塞，所以一旦发生这种情况，发射器应减少发送速率，以缓解拥堵。

这样，确认可以作为给发送端的反馈信号，用来表示传输速率应何时降低或提高。我们已经看到，负反馈作为网络的一个重要主题，在本书中多次出现，特别是在第一部分，它帮助手机控制其功率水平（第 1 章），帮助 Wi–Fi 设备降低其传输速率（第 2 章），以及帮助互联网服务提供商规范数据需求（第 3 章）。我们在第 9 章中讨论如何触发信息瀑布时，提到与之相对的正反馈。在互联网上，负反馈对于防止拥塞崩溃也是非常重要的。负反馈往往是“正面”的事物！

那么，如果在拥塞控制机制中，让互联网的路由器而非终端主机负责决定发射器应该使用什么速率，情况会怎样？这听起来似乎很直观：毕竟，真正处于网络中的是路由器，所以它们很可能会很好地推断链路拥塞。但是，如果路由器管理拥塞，它们将需要监视端到端的连接。这也违背了我们在第 11 章提到过的互联网的**端到端设计**（end-to-end design）理念：把适合终端主机的工作留给它们。通过TCP，拥塞控制由终端主机负责。

滑动窗口

随着反馈机制到位，下一步是决定终端主机将如何使用它来调节其传输。也许我们可以让终端主机发送一个数据包，然后等待该数据包的确认，之后再发送另一个？“一个接一个”的方案会很慢而且很低效，因为这表示每台终端主机每次只能在网络上发送一个数据包。

TCP通过提供大于 1 的定量进行传输。每个发送端都保持一个**拥塞窗口**（congestion window），对其可以在网络上同时传输的未完成/未确认的数据包数量进行限制。窗口大小越大，允许的未完成数据包就越多：如果窗口大小是 3，那么在发送端必须暂停并等待确认包返回之前，可以最多发送三个数据包。你可以在图 13–4 中看到：发送端每收到一个新的确认，窗口便向右侧滑动一个数据包，允许发送一个新数据包。因为这种行为，它有时被称为“滑动窗口”。

TCP的滑动窗口类似于第 7 章开头提到的网飞的DVD租赁方法。网飞允许租赁者一次带走固定数量的电影，这个数量取决于他们每月支付多少费用。他们付的钱越多，就能同时带走越多的电影，可以说，这给了他们更大的“窗口”。如果一个人取走了最大限额的DVD，他必须先归还一张DVD，才能拿走另一张。

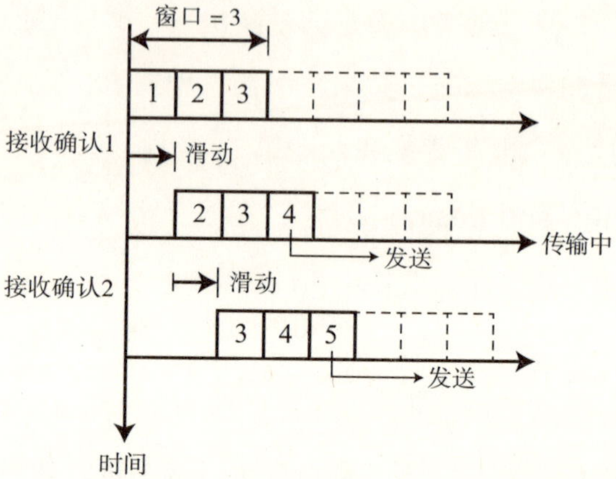

图 13–4

注：对于每个正确接收的确认，拥塞窗口会向右滑动一个数据包，允许终端主机将另一个数据包发送到网络中

扩大和缩小窗口大小

如果拥塞窗口是调节流量的手段，那么它如何适应网络条件？

如果发射器没有感知任何拥塞，则应该允许窗口大小扩大，以使网络供应得到最佳利用。否则，我们将不能充分利用分组交换的效率。让我们明确一点：增加窗口和滑动窗口是不同的，它除了向前滑动外，还会变得更大。在网飞的DVD类比中，滑动窗口就像是归还一张DVD，增加窗口大小就像订购更高限额的DVD服务。

TCP的一个常见目标，是在当前窗口内所有数据包都被正确接收后，以1为单位线性增加窗口大小。因此，如果窗口大小为3，当发送端收到3个数据包的确认后，窗口可能会增加到4。然后，一旦4个数据包被确认，窗口将增加到5，以此类推，如图13–5所示。更多关于如何实现线性增加的信息，请参考本书网站Q13.1部分。

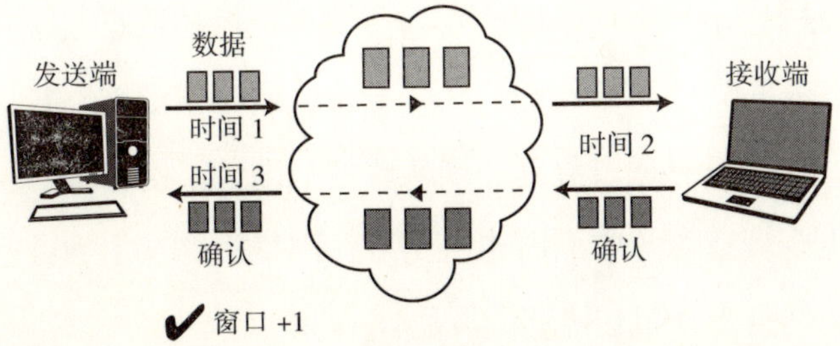

图 13–5

注：最初（时间 1），窗口是 3，所以发送端通过网络发送三个数据包。接收端收到每个数据包（时间 2），并依次发送确认。当发送端收到三个确认（时间 3）后，它的窗口增加到 4

与此相反，当拥塞出现时，窗口大小会减少。对于其发送的下一个满窗数据包，TCP 通常不是线性减少窗口大小，而是试图成倍减少，确切地说是减少一半。因此，如果窗口是 8 时，终端主机检测到拥塞，它可能会减少到 4。如果在下一个数据包中仍然检测到拥塞，则窗口数可能减少到 2，以此类推。这种成倍减少的数量级，和我们在第 2 章看到的 Wi–Fi 设备在碰撞后退避的情况相同。记得那里也有一个用于调节 Wi–Fi 传输的窗口，只是对于 Wi–Fi 来说，更高的竞争窗口意味着更低频率的传输，而对于 TCP 来说，更高的拥塞窗口意味着更高的传输速率。

对拥塞窗口大小进行加法式增加和乘法式减少，意味着对数据包注入网络的控制是保守的。如果两者操作方式相反，它将更加积极：乘法式增加和加法式减少。事实上，在**拥塞避免**（congestion avoidance）阶段之前，TCP 通常有一个**慢启动**（slow start）阶段，当终端主机之间的连接初次建立时，窗口的大小会更积极地增加。“快启动”可能是形容这段时间更合适的名称，因为在此期间，窗口会迅速上升到合理值。

那么，终端主机一开始究竟如何推断是否有拥塞？毕竟，它们不知道网络是什么样子的。它们不知道自己的数据包选择什么路径，还有哪些终端主机与它们共享链接，或哪些沿着路径的链接是拥挤的。它们只有通过收到的确认数据包才能了解情况，但它们都必须做出合理猜测：它们的连接是否在网络中的某个地方会遇到拥塞？这是网络中分布式协调的挑战！

如何推断拥堵?

多年来，人们提出了许多拥塞控制算法，其中的一部分已经在广泛部署的系统中实现。所有主要算法都使用负反馈控制的滑动窗口来调节传输速率。它们之间的区别在于如何推断拥塞，这对窗口大小的更新具有不同意义。

数据包丢失成为信号

拥塞控制的最早版本是1988年推出的TCP太浩，其稍微修改后的版本是1990年推出的**TCP里诺（TCP Reno）**（得名于内华达州太浩湖附近的城市里诺）。它们做出一个重要假设：如果发生数据包丢失，那么就会出现拥塞。这听起来很合理。乍一看，这也很容易实现：由于成功的确认意味着数据包被传递，那么缺少确认应该表示数据包丢失。但是，我们如何确定没有发送确认呢？也许它只是延迟，或者可能发送了确认，但它在返回的路上丢失。

TCP使用两个符合常识的估计，对数据包是否丢失进行合理猜测。第一个是：如果发送端等待很长时间，并且数据包的确认没有返回，数据包便可能丢失。多长时间算“长”？TCP基于发送端和接收端之间的**往返时间（round-trip time）**（简称RTT），设置超时计数器。往返时间是数据包到达接收端需要的时间，加上该数据包确认返回发送端需要时间之和。超时计数器数值可能是正常往返时间的 3 倍，这样就可以留出足够的时间来看数据包是否只是延迟了。

“正常”的往返时间是什么？这是一个数据包在合理网络条件（即没有太多拥塞）下的往返时间。发送器经历最小的最近往返时间值可以大致理解为无堵塞的正常往返时间。

你可以在图 13–6 中看到推断拥塞的第一个规则的例子。发送端和接收端建立 TCP 连接 10 毫秒后，发送端发送两个数据包。途中，在 25 毫秒时，第二个数据包遇到延迟，最终被丢弃。第一个数据包在 35 毫秒后到达目的地，发送端在 60 毫秒时收到确认。这个数据包的往返时间是发送和确认时间之间的差值：60 – 10 = 50 毫秒。发送端可以使用一些最近观测到的往返时间平均值（如 50 毫秒）作为正常往返时间。在该数值大约 3 倍时间后，如 150 毫秒，数据包 2 将会超时，发送端会（理所当然地）假定它已经丢失。

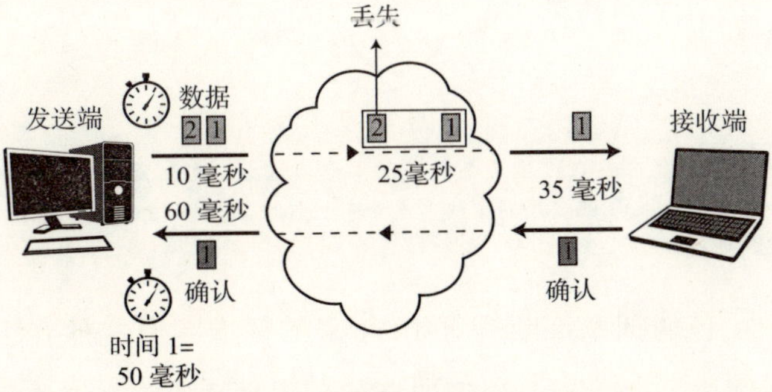

图 13–6

注：一个数据包在很长时间（如正常往返时间的 3 倍）后未得到确认，就可能已经丢失。在这个例子中，数据包 1 在发送 50 毫秒后被确认，而数据包 2 将最终超时，并被宣布丢失

第二个估计是：如果发送端在等待一个数据包的确认时，收到了之后发送的几个数据包的确认，那么这个未确认的数据包可能已经丢失。由于每个数据包在传输之前被分配了序列号，TCP 便可以跟踪传输顺序。运用这个方法，它可以得知数据包 1 最先发送，数据包 2 其次，以此类推。

你可以在图 13–7 中看到此示例，其中发送端正在等待数据包 9 的确认。它开始得到数据包 9 之后发送的几个数据包（编号 10、11、12）的确认，但仍没有来自数据包 9 的确认。当然，数据包 9 可能走过了一条不同的路径，往返时间更长。但如果之后多达 3 个数据包的确认都已经到达，该数据包很可能不仅仅是迟到，而是丢失了。对于分布式协调来说，这些都是非常简单但很聪明的方法。

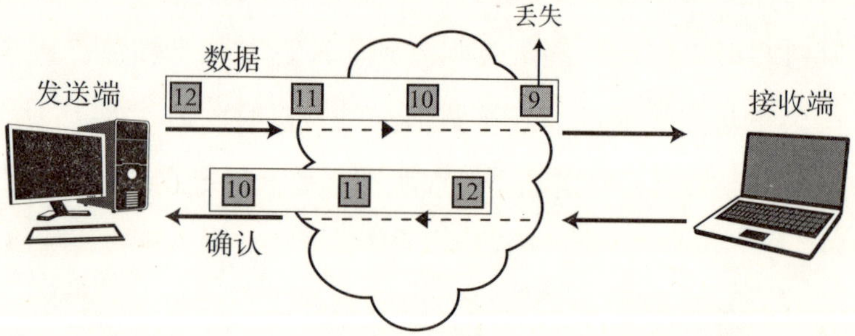

图 13–7

注：如果一个数据包在之后几个数据包得到确认后，仍然没有确认，则可能已丢失。在这个例子中，发送端在序列中的第九个数据包之后，收到三个数据包的确认，因此可以假设数据包 9 已经丢失

基于丢包的拥塞推断是近 10 年来的标准，但这种方法没有考虑到几个因素。一方面，除了拥塞外，还有其他因素可能导致数据包丢失：信道质量差。这对于无线网络尤其如此。记得在第一部分，我们谈到的手机信号相互干扰和 Wi–Fi 传输碰撞吗？这两种情况都可能导致大量数据包丢失，但它们并不表示互联网内部出现拥

塞。实际上，有很多人建议采用TCP无线，以减轻这些问题。

基于丢失的推断的另一个问题是，当数据包被丢弃时，对拥塞做出反应往往已经太晚。拥挤的路径上的许多剩余数据包可能也开始被丢弃，以迫使发送端重新发送。这种情况可以通过切换到另一个推断信号加以缓解，我们将在下一节讨论。

数据包延迟成为反馈

在太浩和里诺之后，TCP **韦加斯（TCP Vegas）**于1995年被发明。除了以内华达州的另一个地方（这次是它最大的城市）命名，TCP韦加斯推出了一个控制拥塞的新模式：使用数据包延迟，而不是数据包丢失，作为推断信号。

怎样对延迟进行测量？也许发射器可以将数据包的往返时间与之前讨论的正常往返时间比较。这似乎是正当的（实际上也是），但原因并不简单，因为（主要）有两种延迟影响数据包的往返时间，而其中只有一种指示拥塞。你可以在图13–8中看到这些组成部分。即使在网络中没有其他数据包，仍然会有**传播延迟（propagation delay）**，这与跨越从发送端到接收端的链接相关。信息从链接一端到另一端的速度并不真正取决于拥塞，而是由建立链接的硬件质量决定，并且受到物理基本定律的限制。真正随拥塞情

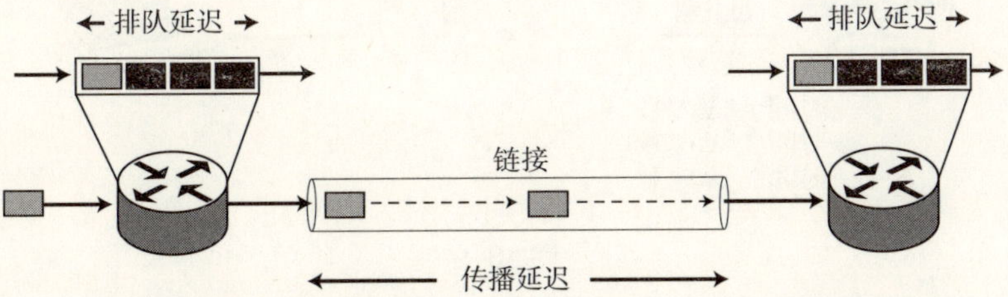

图 13–8　数据包的往返时间有两个主要部分：传播延迟和排队延迟

况变化的是**排队延迟**（queueing delay），也就是数据包在链接之间的路由器缓冲区等待的时间。拥塞越严重，缓冲区行数越长，每个数据包在链接可用之前等待的时间就越长。

关键是，我们可以预计往返时间的任何变化都由排队延迟导致。链接上的传播延迟将在小的时间尺度上大致保持不变。这使得延迟成为判断拥塞条件的准确信号。

数据包丢失是二元度量方法。它为终端主机提供了两种可能性：拥塞产生（数据包被丢弃）或没有产生（数据包未被丢弃）。延迟允许终端主机将拥塞程度考虑在内。如果延迟比预期的稍多，那么窗口大小可以稍微减少。如果延迟比预期的多很多，窗口大小可以大幅减少。同样，如果延迟比预期的要少，窗口大小也可以被相应增加。

换句话说，相比等到数据包丢失，基于延迟的推断允许终端主机响应拥塞的最初迹象。你可以在图 13–9 中看到一个示例，其中发送端已将四个数据包发送给一个接收端，彼此相隔很短时间。确认表明，收到这些数据包的延迟逐渐增加，往返时间依次为 50、60、80 毫秒。第四个数据包彻底丢失。利用基于延迟的信号，发送

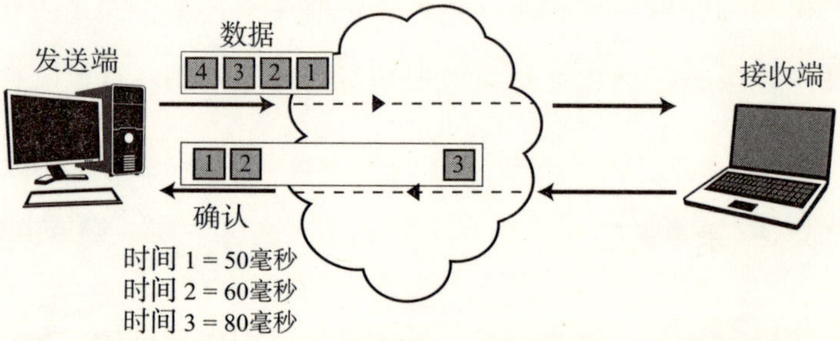

图 13–9

注：通过基于延迟的推断，发送端将为每个数据包的测量往返时间（RTT）调整窗口大小，而对于基于丢失的推断，它直到第四个数据包被宣布丢失才会减小窗口大小

端可以在往返时间开始增加时，逐步应对这种情况，并在往返时间逐渐增长时，使窗口大小急剧减小。利用基于丢失的推断，发送端会等到第四个数据包丢失，这对于防止进一步和更严重的延迟和丢失来说为时已晚。

TCP韦加斯之后，在过去20年中，人们提出并在TCP中实施了许多其他拥塞控制算法。2002年推出的**快速TCP（FAST TCP）**基于估计延迟，对拥塞窗口调整方式进行修改，并帮助稳定拥塞控制。2005年推出的**立方TCP（CUBIC TCP）**结合基于丢失和基于延迟的信号，成为Linux操作系统的默认算法，直到2012年被**TCP速率比例缩减（TCP Proportional Rate Reduction）**取代。

既然我们理解了拥塞控制的核心思想，让我们来看看下面两个算法的例子。

TCP里诺：侦探的细节

在推出1/4个世纪后，基于丢失的拥塞控制算法TCP里诺仍受到广泛使用，不过它多年来已做出一些改进。其主要操作其实很简单。对于每个满窗的数据包，发送端都会思考：它们全都被正确接收了吗？

- 如果是，那么它会将窗口大小增加1；
- 如果不是，那么它会将窗口大小减小一半。

一个数据包被“正确接收”基于我们之前讨论的两个估计：确认返回需要满足（1）在合理的时间内；（2）按照与最初传输相应的序列。按照这个逻辑，当（1）已经超过一定的往返时间，或（2）如果一定数量的后续数据包已被确认，那么发送端便可以假设一个数据包丢失。TCP 里诺还有其他更微妙的功能，但我们在本书中没有时间讨论。

我们将看到一个例子，来了解这个算法的主要操作。为简单起见，假设每个数据包的往返时间是相同的，这意味着在一个满窗中的所有数据包的确认将同时被接收。时间 1 表示一个往返时间过去，时间 2 表示另一个过去，以此类推。在现实中，一个往返时间在美国通常约为 50 毫秒，它随着拥塞状况的变化而明显变化，在不同数据包之间也不一样。

当发送端与接收端建立会话，假设刚开始窗口大小为 5：

- 此时，它发出一个满窗共 5 个数据包，然后停顿。
- 在时间 1，发送端得到所有 5 个数据包的确认。它将窗口向右滑动 5，使窗口大小增加 1，增加到 6，并发出 6 个数据包。
- 在时间 2，如果发送端收到所有 6 个数据包的确认，会发生什么？它将窗口滑动 6，使窗口大小增加到 7，并发出 7 个数据包。
- 在时间 3，如果它再次成功，窗口大小则变为 8。
- 在时间 4，假设所有确认都已返回，除了第三个。由于其后 5 个数据包都已经得到确认，因此发送端将宣布第三个丢失。所以，它将窗口大小减半至 4，这次只发送 4 个数据包。你可以在图 13–10 中看到。
- 在时间 5，发送端收到这 4 个数据包的确认。因此，它滑动并增加窗口，然后发送 5 个数据包。

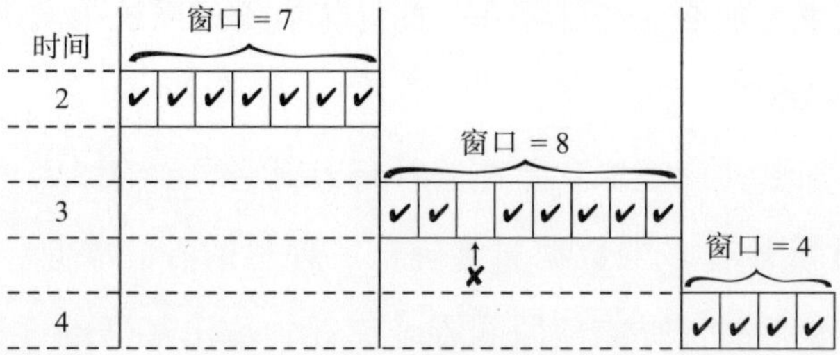

图 13–10

注：在时间 3，窗口大小从 7 增加到 8，发送端可以发送 8 个数据包。当其中一个数据包被检测为丢失，在时间 4，窗口减半至 4

最初 5 个往返时间的窗口大小变化，以及之后可能变化的情况，如图 13–11 所示。如果你对图中显示的剩下 4 个往返时间的变化原因感兴趣，请参考本书网站 Q13.2 部分。基本结论是，当没有数据包丢失时，窗口大小呈线性增长，而当发生数据包丢失（在时间 4 和 7）时，窗口大小急剧下降。

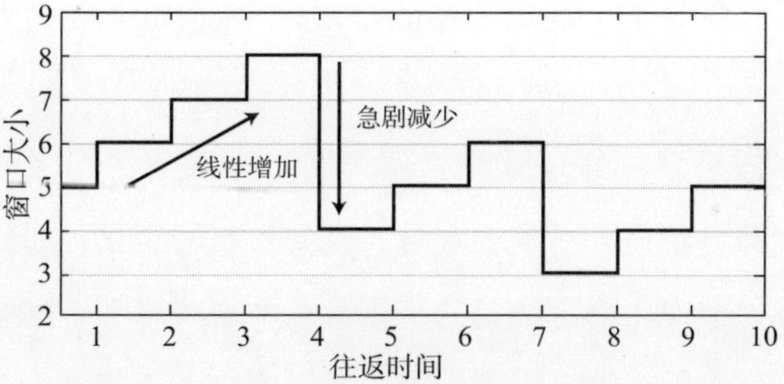

图 13–11

注：利用 TCP 里诺，窗口不是线性增加（无数据包丢失），就是乘法式减少（有数据包丢失）

TCP 韦加斯：侦探的细节

为了对比，让我们仔细了解一下第一代基于延迟的拥塞控制算法——TCP韦加斯。它已经在一些计算机操作系统中实现，包括Linux和FreeBSD。

TCP韦加斯使用观测到的往返时间来确定当前窗口大小的吞吐率，也就是每秒有多少数据包被确认。理想的吞吐率是，网络中（几乎）没有拥塞时所能预期的吞吐率，它给出最低的往返时间。对于每个数据包的确认，终端主机会问：以当前的窗口大小，目前的吞吐量与理想吞吐量相比如何？

- 如果吞吐量太接近理想吞吐量，终端主机会将窗口大小增加1。
- 如果吞吐量距离太远，它会将窗口大小减小1。
- 如果吞吐量刚好合适（既不太近也不太远），它将不改变窗口大小。

合适吞吐量是某个规定的阈值，如3。差值低于3则太近，高于3则太远。

最终，如果算法经过适当微调，网络应该会达到平衡，其中每个发送端都会获得合适的吞吐量，直到有新的变化，如建立新的会话，此时这个程序将寻找新的平衡。在平衡状态下，网络处于效用的“完美”水平，没有太多拥塞，所以窗口大小将停止改变。当然，网络动态的现实使“平衡”成为一种理想。

实现对多用户发送速率平衡背后的数学计算对于本书来说太高级了一点。在任何情况下，要达到平衡，所有主机都遵循协议是非常重要的。如果一个发送端决定从约定地点增加其传输速率，这可能不会太影响拥塞状况，但会对其他所有人不公平。如果别人也决定提高速率，拥塞会变得严重，很快它们都会处于比以前更糟糕的状态。这也许会使你想起，我们在第一部分谈到使网络资源得到有效共享的不同方法。在单元中控制传输功率和在互联网中控制拥塞有不同的目的，但其工作原理都是相同的：让每个设备根据其收到的有关网络条件的反馈，调整自己的水平，以实现平衡。如果没有适当的协议，互联网可能会像第 3 章公地悲剧中耗尽的牧场那样。图 13–12 显示了拥塞控制的分布式特性，你可以将其与第 1 章的图 1–17 比较。

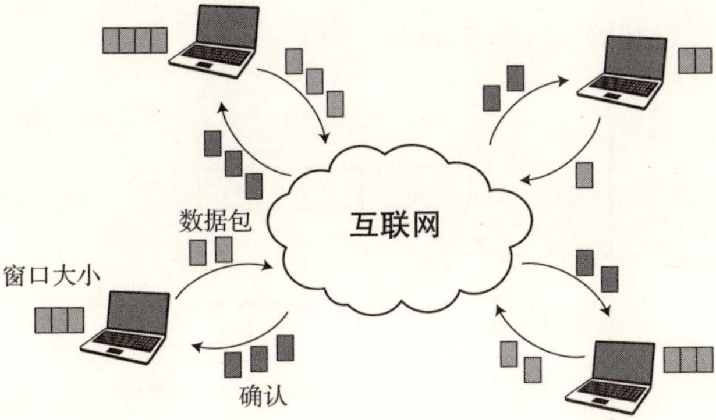

图 13–12

注：拥塞控制是以分布式的方式来完成的，每个终端主机都通过负反馈控制窗口大小

最后，让我们从头到尾分析 TCP 韦加斯的一个例子。为简单起见，假设最小往返时间从未改变，固定在 50 毫秒。现实情况并非如此，发送端将基于先前测量值的动态调整这一最小值。我们也会把时间单位看成数据包确认到达的时间，所以每一步都对应一次窗口大小更新。

当会话建立，假设和里诺的例子一样，发送端开始的窗口大小为 5：

- 最初，终端主机发出 5 个数据包，然后停顿。
- 在时间 1，第一个数据包返回，往返时间为 51 毫秒。目前吞吐量为：

5 包 / 51 毫秒 = 98.03 包 / 秒

无拥塞吞吐量为：

5 包 / 50 毫秒 = 100 包 / 秒

差值为 100 – 98.03 = 1.97，小于 3，所以窗口大小增加 1 至 6。由于现在有 4 个未完成数据包，因此终端主机会再发送两个，共计 6 个。你可以在图 13–13 中看到。

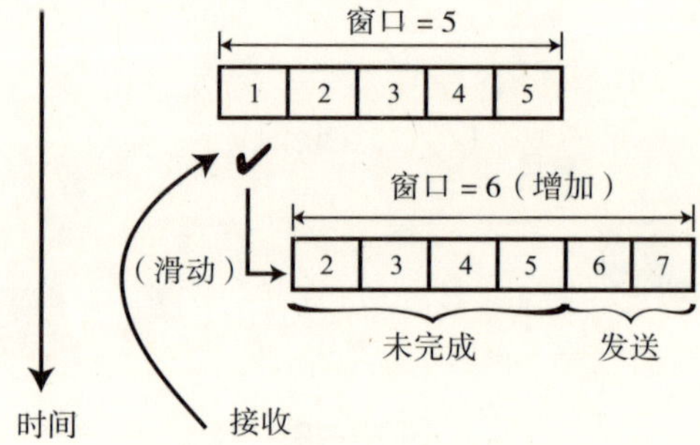

图 13–13

注：当拥塞窗口大小增加时，终端主机再发出两个数据包，比上个数据包回来之前多一个

• 第二个数据包在时间 2 返回，往返时间为 50.5 毫秒。吞吐量是多少？目前吞吐量为 6 包 / 50.5 毫秒 = 118.81 包 / 秒，而无拥塞吞吐量为 6 包 / 50 毫秒 = 120 包 / 秒。差值为 120 – 118.81 = 1.19，同样小于 3。窗口大小增加到 7，再次发送两个数据包。

• 在时间 3 和 4，第三个和第四个数据包返回。假设它们的往返时间又使窗口大小增加。然后，窗口大小将变成 9。

• 在时间 5，第五个数据包的往返时间为 50.8 毫秒，这使得当前吞吐量为 9 包 / 50.8 毫秒≈177 包 / 秒，无拥塞吞吐量为

9 包 / 50 毫秒 = 180 包 / 秒。差值大约为 3，所以窗口大小保持不变，终端主机发送一个数据包。你可以在图 13–14 中看到这个滑动窗口。

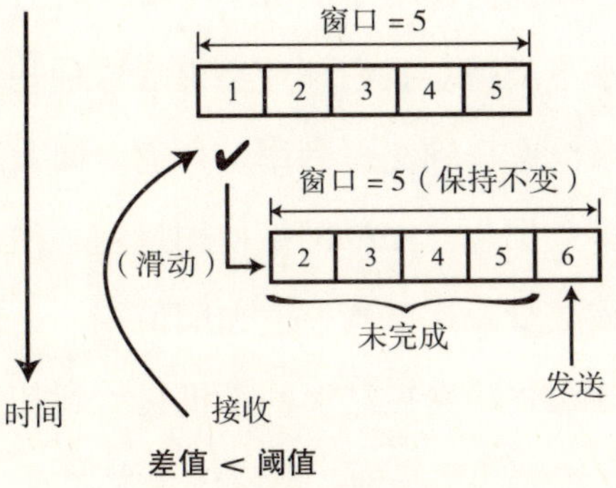

图 13–14

注：当拥塞窗口大小不变，终端主机会发出一个数据包

• 在时间 6，第六个数据包返回，往返时间为 51.8 毫秒。吞吐量是多少？目前是 9 包 / 51.8 毫秒 = 173.7 包 / 秒，而无拥塞吞吐量和以前一样，为 180。差值 180 – 173.7 = 6.3，现在大于 3。因此，窗口大小减小到 8，没有数据包被发送（见图 13–15）。

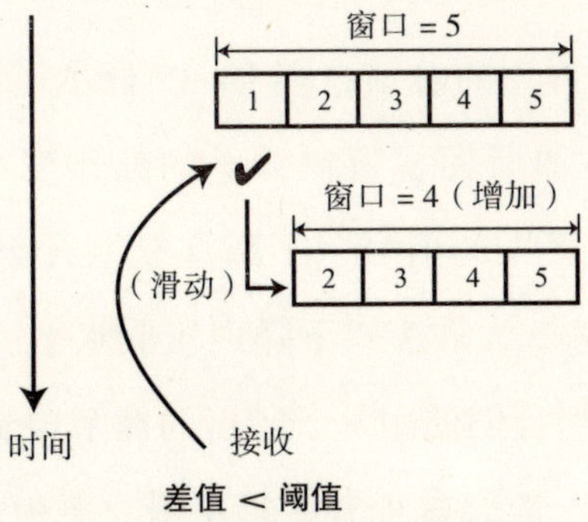

图 13–15

注：当拥塞窗口大小减少，终端主机不会发送任何数据包

这些往返时间中每一个的拥塞窗口及其之后可能如何变化，如图 13–16 所示。如果你对时间 7~13 中导致这种行为的原因感兴趣，请参考本书网站 Q13.3 部分。其中有明显的上升、平稳、下降、平稳、上升等模式，和我们在第 1 章功率控制的例子（见图 1–16）中看到的传输功率水平类似。我们预计会出现这种基于延迟的拥塞控制行为：如果网络没有得到充分利用，往返时间太短，就表示终端主机可以发送更多数据包。如果网络使用过度，往返时间太长，就说明终端主机应该减少发送。当差值和阈值相同，窗口大小就不会改变，就像处于分布式功率控制下的手机在得到其所需的信号干扰比时，不会改变其传输功率一样。负反馈是强大的！

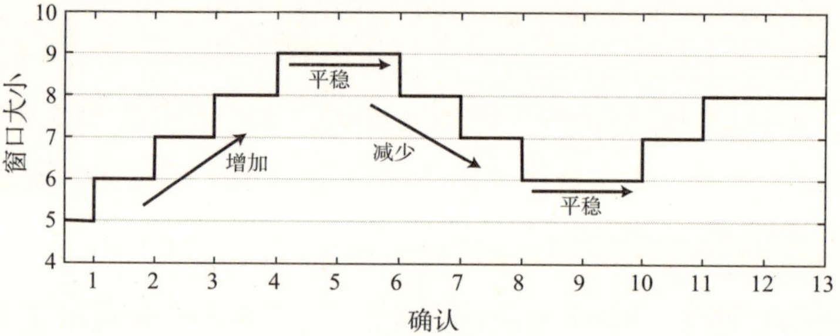

图 13–16

注：通过 TCP 韦加斯，对于每个接收到的确认，窗口大小增加 1，减少 1，或保持不变

作为这些算法行为的总结，图 13–17 显示了随着时间的推移，TCP 里诺和 TCP 韦加斯拥塞窗口大小的典型变化。你可以看到，TCP 里诺采用基于丢失的信号，不断重复上升至过于激进的速率（导致网络链路拥塞）又乘法式下降到较低水平（导致网络资源利用不足）的过程。当我们使用基于延迟的拥塞控制算法 TCP 韦加斯时，这种“锯齿”一般会减少并变得平滑。丢失是二元“是或否”的信号，而延迟往往让我们更加快速和平滑地对拥堵做出反应，只

要算法的参数调整恰当。

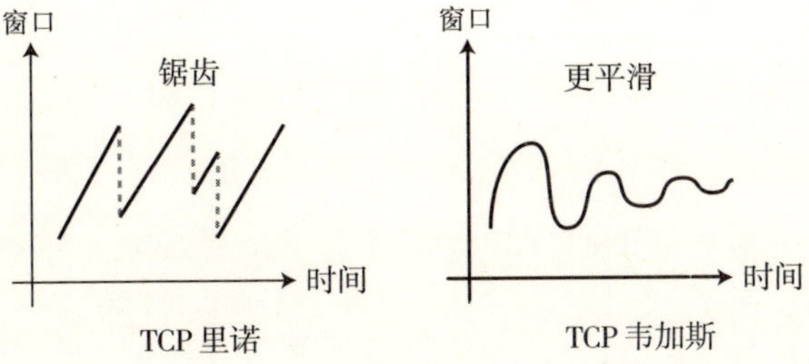

图 13–17

注：TCP里诺和TCP韦加斯拥塞窗口值的典型模式。里诺中网络资源过度利用和利用不足之间的锯齿往往在韦加斯中变得更小、更平滑

在前面三章，我们讨论了互联网背后的一些显著的知识形势。我们开始了解其设计背后的三个基本概念：分组交换、分布式层次结构和模块化。然后，我们详细讨论了互联网需要处理的两个主要功能：路由，通过网络内逐跳实现；拥塞控制，由网络边缘的设备通过端到端实现。作为协议栈的“细腰”，TCP/IP将下面的功能模块（如物理层和链接层）与上面的模块（如应用层）粘连起来。作为细腰的一部分，TCP的拥塞控制设计和IP的路由设计带来了巨大的成功。尽管互联网在地域分布中不断增长，处理的功能越来越多，应对的需求不断增加，但互联网仍然没有崩溃，这都要归功于这些能力。

这里的目标不是掌握数学模型或工程细节。对于那些，有完整的课程甚至整个学位课程项目专门针对协议栈中的层。相反，我们想强调互联网背后的基本原则，以及路由和拥塞控制如何工作。

第 14 章
在小世界中航行

互联网及其推动的社交网络是巨大的，我们每个人只直接连接到其中一小部分。正如我们在第 10 章中看到的，2015 年，普通脸书用户只跟网站上的 16.5 亿人中的大约 350 人是“好友”。但陌生人往往可以通过很小的短路径进行连接。脸书中两个人之间的平均分离度不超过四跳。在网络相对两端的人之间，怎么会自然存在这么短的端到端路径？正如我们将看到的，这取决于社会网络的组织方式以及人们搜索短距离的方式。

毕竟这是一个小世界

1967 年，美国社会心理学家斯坦利·米尔格拉姆进行了一项实验，揭开**小世界**（small-world）现象的序幕，这或许被更广泛地称为**“六度分隔理论”**（six degrees of separation）。它已成为科普书籍中的一个流传最广泛，有时也会被误解的故事。

为什么是六度?

米尔格拉姆让生活在奥马哈（美国中西部的内布拉斯加州最大的城市）的 300 个人，将一封看上去像护照的信传递给一个生活在东海岸马萨诸塞州波士顿郊区的人。收信人的姓名、地址和职业（股票经纪人）显示在信封上。米尔格拉姆向参与者提出一条重要的规则：他们只能把信转交给自己认识并知道名字的人。因此，如果他们不认识收件人并知道名字（几乎没有人知道），就只能通过别人来寄信，首先把信交给一个朋友（一跳），然后对方交给自己的一个朋友（又一跳），直到信最终传到某个知道该股票经纪人名字的人手上。米尔格拉姆想知道：这个过程将经过多少跳?

可以想象，知道收信人的姓名和地址在本实验中是很重要的。有了这些信息，人们可以分析："嗯，我不认识收信人本人，但我认识一个住在波士顿附近的人，所以我会转交给他。"事实证明，知道收信人的职业也发挥了重要作用，这样就可以把信交给与他相同或相似职业的人。你可以猜到，这些信件经过的路径往往会看起来像图 14–1：几条远程链接把信传到收信人附近，还有几条短距离链接基于更具体的本地决策，"距离"成为地理和职业传播的某种组合。从源发出的远程链接之后是到目的地的短程本地链接，这可能

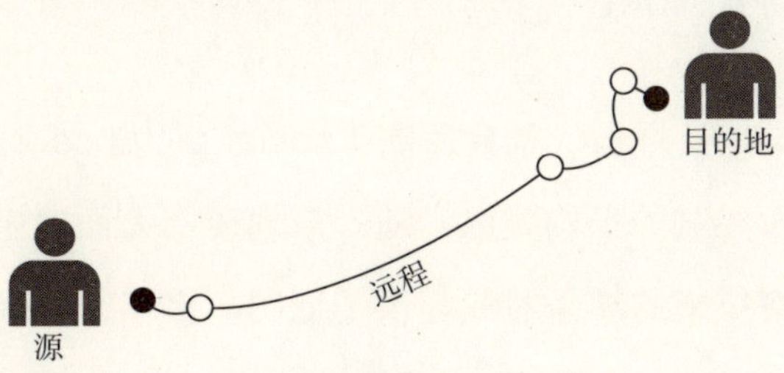

图 14–1

注：两个距离远且不认识彼此的人，他们之间的短路径可能包括一个或一个以上的远程链接

使你想起我们在第 12 章讨论的互联网路由和邮件系统的类比，不过这里路由如何操作和评价有重要的差异。

结果怎样？米尔格拉姆提供的信件中，有 217 封真正送出去了，其中 64 封（约 30%）抵达目的地。其他信件可能丢失在路上，这一点在分析数据时需要认真考虑。21 世纪初，有人利用电子邮件复制了这次实验，只取得 1.5%的到达率。与之相比，米尔格拉姆取得的 30%的成功率实在令人印象深刻。每一封信经过的不同跳数如图 14–2 所示：平均仅为 5.2 跳，而中位数（中间的数）仅为 6 跳。这就是“六度”的由来：对于不认识彼此的人来说，这是非常短的距离！

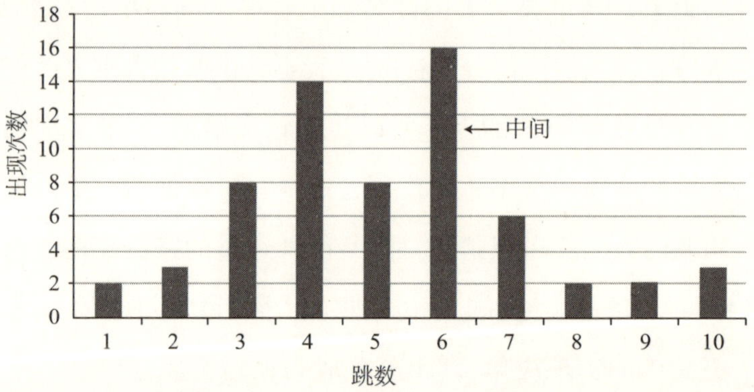

图 14–2　米尔格拉姆的实验中，每封信到达目的地所经过的跳数

注：中位（中间）数为 6

研究人员一直怀疑，**社会距离（social distance）**，或在人群中到达任何人所经过的平均跳数，随人口规模增大而发生的增长十分缓慢。米尔格拉姆的结果对此提供了证明。多年来，许多人对他的实验结论提出反对，声称基于不同的参与对象、组织方式和其他自由度，实验将会取得不同结果。但从 20 世纪 70 年代到在线社交媒体时代，从研究合作者之间的埃数到演员之间的联合出演关系，大量实证研究证据表明小世界现象的存在。其他大型研究也将平均跳数确定为 6 或大约 6 次，如邓肯·沃茨在 2001 年利用电子邮件进行的实验，以及 2008 年对微软 Messenger 用户之间即时信息的研究。

2016 年 2 月，脸书用户之间的分隔度仅为 3.57，而 2011 年为 4.74，2008 年为 5.28。显然，我们已经很小的世界在网上正变得越来越小！（虽然不是所有的脸书友谊都属于“知道名字”的友谊。）

小世界的概念已经渗透到流行文化中，出现在电影、电视节目和歌曲中。一部名为“六度分隔”的电影于 1993 年上映。2007 年，一家跟踪“六度的凯文·贝肯”的网站（http://oracleofbacon.org/movielinks.php）成立。它基于一个理念：好莱坞电影业中的任何人都可以通过其电影角色与这位多产的演员产生联系。2015 年，电视节目《六度的一切》首映，其前提是，主持人可以在六个步骤以内，与人、事物或两者都产生联系。对于当今最有趣的科普主题之一，这些只是你可以找到的多个例子中的三个。

小世界奇怪吗？

对于社会网络中看似普遍的小世界理论，我们应该感到惊讶吗？表面上，你可以在六个或更少步骤以内联系到任何人，这似乎很令人惊叹。再想想，你可能做出如下分析：如果你有 20 个朋友，他们每个人都有 20 个朋友，以此类推，那么你在六步以内可以联系到 $20 \times 20 \times 20 \times 20 \times 20 \times 20 = 6\,400$ 万个人。按照这个逻辑，一般情况下六步应该足够。

但这个逻辑有一个缺陷，因为它假定人们的朋友不会彼此重叠。你需要你的每一个朋友有 20 个朋友，其中不包括你的任何其他朋友，也不包括他们的朋友。现实显然不是这样的：社交网络充满了“三角形”或**三角闭合**（triad closures）的关系。你可以在图 14–3 中看到三角闭合的一个例子：如果安娜和本都认识查理，很可能他们也认识对方。

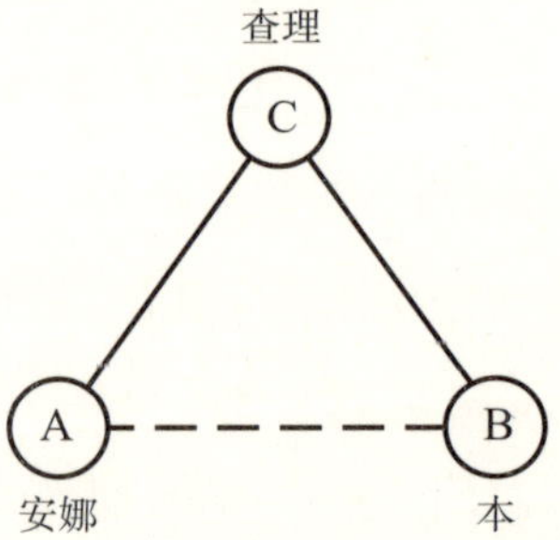

图 14–3

注：如果安娜和本都认识查理，很可能他们也认识对方。如果确实如此，这种关系成为一个三角闭合关系

六度分隔现在确实令人惊讶。但米尔格拉姆式的小世界实验表明更为有力的观点：这些短路径不仅存在，每个人还可以利用关于目的地非常有限的信息及其自身的本地网络视图发现它们。与第 12 章通过网络发送数据包相比，这种**社会化搜索**（social search）过程也许更难，因为人们并不是经过编程来传递消息以帮助彼此建立全局视图。他们拥有的唯一有用的信息嵌入在收信人的地址和职业中，可能也在收信人的姓名中，这可能会揭示一些关于其性别和种族的有用信息。这至少可以提供一些关于收信人在网络哪“端”的启示。

根据这些信息，也许这些实验的参与者会构建其联系人和收信人之间的距离度量指标。例如，以英里测量地理距离，纽约比芝加哥更靠近波士顿。同样，按照某些职业距离指标，财务顾问可能比护士更接近股票经纪人。这个指标更模糊，但可以进行合理量化。

如果每个人真的基于局部视图，用简单而“贪婪”的算法来将信转交给最接近目的地的朋友，这会产生一条最短路径吗？

总结一下，小世界现象包括两个部分：

- 结构方面：社会网络可以以最初存在短路径的方式形成。
- 算法方面：利用非常有限的本地信息，人能找到一条这样的短路径。

多年来，人们构建了各种模型来解释这两种小世界。在本章的其余部分，我们将介绍其中最受欢迎的一种。

六个步骤是合理的

我们如何建立一个图表来显示小世界？建模将帮助我们理解网络的样子，它在一开始就产生这种现象。我们需要一种方式来获得较小的路径长度，同时保持一个真实的网络结构。

短距离

在本书中，我们已经看到几个描述网络的指标，从网络拥有的节点和链接数量等简单指标，到不同中心性等更为复杂的指标。用来总结图中最短路径的一个常用指标是其**直径**（diameter），这是网络中任何一对节点之间最长的最短路径的长度。“最长的最短”可能听起来很奇怪：要确定这个长度，我们找出所有节点对之间的最短路径长度，然后选择其中最长的。

如果直径相对网络中节点的数量较小，这将给我们提供找出小世界路径长度方面所需要的信息。但其实这对于我们这里的目的有些极端：当我们想到小世界时，我们更关心的是最短路径的平均值（记住，6 是图 14–2 中的中位数）。如果一张图的最短路径长度刚好是 1、1、2、2、2、3、4、5，那么直径是 5，它告诉我们所有节点对中的最坏情况，而平均数（2.5）或中位数（2）能对小世界情况进行更好的总结。你可能还记得，我们在第 10 章使用所谓的平均最短路径长度，计算接近中心性指标。

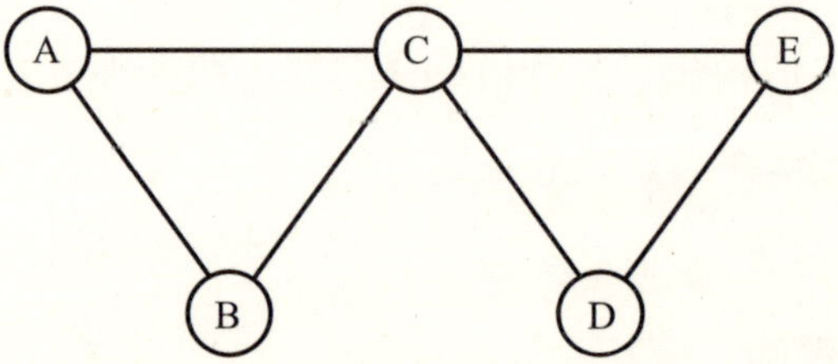

图 14–4

注：一个小例图，用来计算两个指标：平均最短路径距离和聚集系数

让我们找出图 14–4 中小型网络的这个长度是多少。第一步是找到所有的最短路径长度。从节点 A 开始，从 A 到 B 的路径长度是多少？有一条直接的链接，最短路径长度为 1。从 A 到 C 呢？同样，最短路径是一条直接的链接。对于 A 到 D，我们必须经过路径（A，C，D），其长度为 2。从 A 到 E 呢？它经过路径（A，C，E），其长度也为 2。你可以按照这个逻辑，找出以下最短路径的长度：从 B 到 C（1），B 到 D（2），B 到 E（2）；从 C 到 D（1），C 到 E（1）；从 D 到 E（1）。在这 10 对节点中，平均最短路径长度为：

$$\frac{1+1+2+2+1+2+2+1+1+1}{10}=\frac{14}{10}=1.4$$

这个数字说明什么？在明智地选择路径后，一个人可以通过平均 1.4 步到达另一个节点。这个例子非常直观，因为图中只有 5 个节点，最短路径的长度为 1 或 2。随着节点数量增长，知道这个长度是很重要的，其价值可能会令人惊讶。

那么，什么样的网络即使有很多节点，其平均最短路径长度也会相对较小？

随机图

想象一组还没有链接的节点。然后有人一个接一个地经过每个节点对，以 0 到 100% 之间的某个固定概率在它们之间建立链接。直观地说，这个概率越高，你就会看到更多链接。你可以在图 14–5 中看到一些结果：在左边，链接建立的概率只有 10%，所以只有一小部分链接建立。随着它在右边增加到 50%，更多链接被建立：在这种情况下，大约一半的节点对是直接连接的。链接数量预计将和概率成正比。

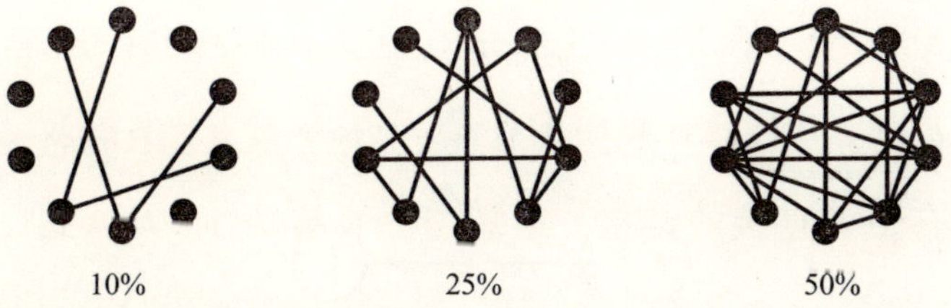

图 14–5

注：随机图按照一定概率在两个节点之间建立链接。随着这一概率增加，网络预计将有更多的链接

随机图（random graph）就是这样建立的。随机图使最短路径长度始终很小，因为连接网络两端节点的远程链接是可能的，而只要几条远程链接，我们就可以大大降低最短路径的间距。然而，这种网络形成过程听起来很不现实。它就好比找一堆彼此不认识的人，把他们放在一个房间里，并让他们随机决定是否成为朋友一样。这很可能不会发生，并且绝对不是一种建立联系的自然方式。

朋友的三角形

除了较小的平均距离，社会网络模型需要有使朋友的朋友互相成为朋友的趋势。随机图不提供这一趋势，但它是社会网络的一个重要特征。

怎么衡量这个特征呢？通过使用所谓的**聚类系数**（clustering coefficient）。这是衡量图中三角闭合数量的指标，相对于**连接三元组**（connected triples）总数，对方可能有或没有完成三角形的最后一个链接。

看一看图14–6。连接三元组有哪些？（A，B，C）和（B，C，D）都是，尽管后者没有从B到D的直接链接。（B，C，A）和（C，A，B）也是。把A、B和C的三个连接三元组都列出来似乎很多余，但其实不是，因为每一条都是通过不同节点链接的不同路径。（更多信息请参考本书网站Q14.1部分。）这些节点之间有三条链接，这使ABC成为三角闭合，而BCD不是。

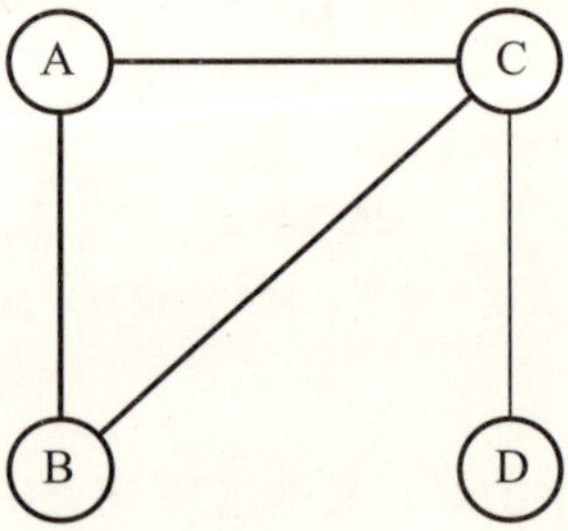

图14–6

注：这张小图包含一个三角闭合和五个连接三元组，其聚类系数为3/5

图中的三角闭合表示彼此认识的重叠。图中的三角闭合越多，聚类就越多。计算聚类系数的具体公式为：

$$\frac{3 \times \text{三角闭合}}{\text{链接三元组}}$$

乘以 3 说明每个三角闭合有三个连接三元组。这使得聚类系数为 0（无聚类）和 1（完全聚类）之间的一个数。

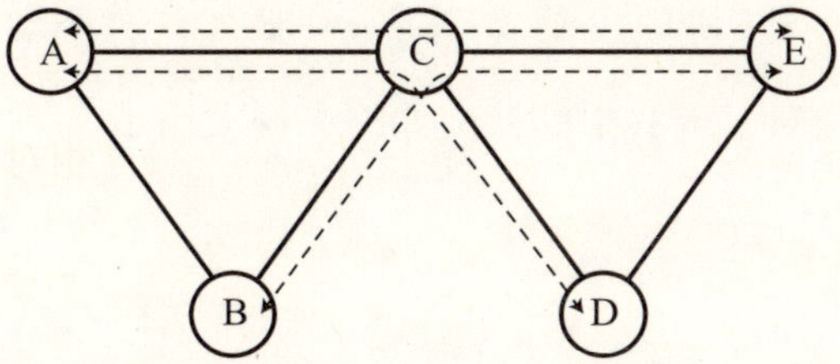

图 14–7

注：此图中除了两个三角闭合（实线表示），还有三个连接三元组（A，C，D）、（A，C，E）、（B，C，D），这使聚类系数为 2 / 3

图 14–6 中的聚类系数是多少？它有一个三角形和五个连接三元组：

$$\frac{3 \times 1}{5} = \frac{3}{5} = 0.6$$

因此，图中当前连接表现出 60% 的聚类。如果有一条链接从 B 到 D，系数将增加到 100%。

让我们回到图 14–4。图中有多少个三角闭合？两个：ABC 和 CDE。有多少个连接三元组？每个三角形已经有三个。此外，该图有三个连接三元组（A，C，D）、（A，C，E）和（B，C，E），它们都不在三角闭合中。这些都在图 14–7 中用虚线标出，并表示非三角形的社会联系。该图的聚类系数为：

$$\frac{3 \times 2}{9} = \frac{2}{3} = 0.667$$

随机图的聚类系数往往很小，这就是为什么它们不能解释六度分隔的原因。“很小”是多小？简单说，对于一个随机图，上面的公式大致转化为，一个节点的平均度数除以网络中的节点总数（请记住，节点的度数是连接到它的链接数）。选择 2015 年和 2016 年脸书的数字，这个图中将有 16.5 亿用户和平均每人 350 个朋友。如果脸书是一个随机图（其实不是），那么它的聚类系数大约是 0.000 000 2。这对于现实中的社交网络来说太小了。

正则环图

可以解释小世界的图像模型应该有两个主要特征：一是较小的平均最短路径长度，二是较大的聚类系数。

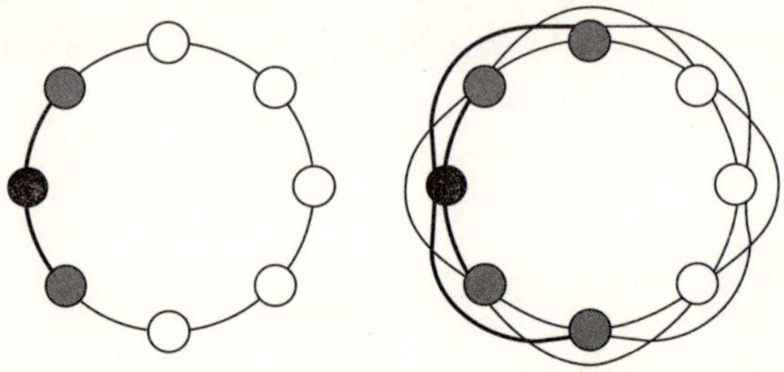

图 14–8

注：包含 8 个节点的正则环图，每个节点的链接数不同。随着每个节点的链接数增加，聚类系数也会迅速增加

相比随机模型，如果我们考虑另一个极端：一个非常规则的结构，如图 14–8 所示，情况会怎样？这是**正则环图**（regular ring graph）的一个例子，其中环上有一定数量的节点（此图中有 8 个）。图的结构完全由两个数决定：

- 环上的节点数；
- 每个节点拥有的链接数。

两者都是偶数，因为每个节点的链接都是均匀分布的：一半向一边，另一半向另一边。当每个节点有两个链接时，图就变成一个纯环，其中每个节点只连接到它旁边的节点。每个节点有 4 个链接时，每个连接到其左边的两个近邻以及右边的两个近邻。每个节点有 6 个链接时如何？每一边都会有三个近邻。该模式将以这种方式继续。

这种类型的图的聚类系数是多少？对于每个节点两个链接，这非常简单：由于没有三角形，所以聚类系数为 0。如果我们把数字增加到 4 会怎么样？现在，以每个节点为中心有一个三角闭合。在图 14–9 的左上方，你可以看到三角形 BCD 以节点 C 为中心。连接三元组如何？除了三角闭合中的三个，每个节点有三个三元组以其为中心，对于节点 C，（A，C，E）、（B，C，E）和（A，C，D）可以在图 14–9 的其他部分看到。

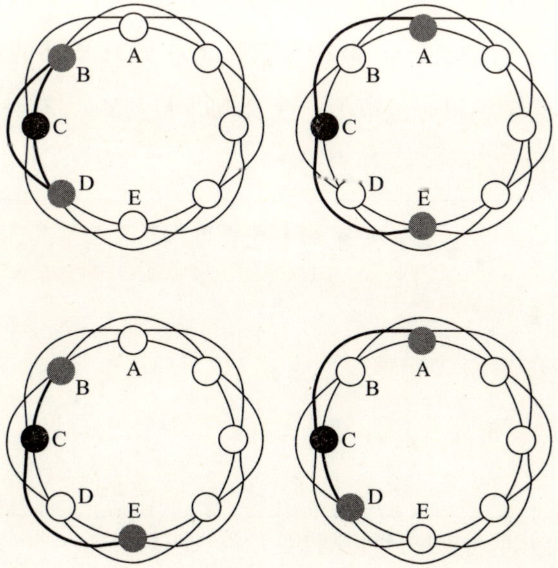

图 14–9

注：对于每个节点有四个链接的正则环图，每个节点将有一个三角闭合（左上）和另外三个连接三元组（另三张图片）以其为中心

目前共有一个三角闭合和 6 个连接三元组。我们需要看其余的节点吗？不需要。因为正则环图是对称的，所以每个节点周围的结构是相同的。例如，对于 8 个节点，有 8 个三角闭合和 $6 \times 8 = 48$ 个连接三元组，因此聚类系数为：

$$\frac{3 \times 8}{48} = \frac{1}{2} = 0.5$$

如果有 6 个节点呢？还是 $3 \times 6 / 36 = 1/2$。如果有 100 个呢？$3 \times 100 / 600 = 1/2$，还是一样。正则环图的聚类系数不取决于节点数量，因为每个额外的节点都会添加等量的三角闭合和连接三元组。

从每个节点两个链接的 0 聚类到每个节点 4 个链接的 50% 聚类，这是相当巨大的增长。随着更多的链接被添加进来，增长会放缓，但仍会继续增长。你可以在图 14–10 中看到这个趋势（如果你对具体方程感兴趣，请参考本书网站 Q14.2 部分）：随着每个节点的链接数量变得非常大，聚类系数接近正则环拓扑的最大值 3/4，或 0.75。75% 聚类很好也很大，或者也许太大了。

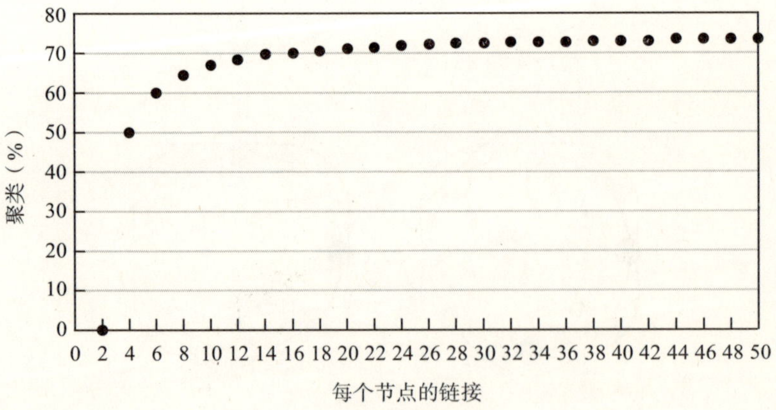

图 14–10

注：正则环图中的聚类系数取决于每个节点的链接数。当链接数变得非常大时，系数接近 75%

正则环图模型与随机图模型形成了鲜明对比。与随机图不同的是，它的聚类系数较高，这对于社会网络是很现实的。然而，由于每个节点只连接到它的最近邻，因此只存在短距离连接，这使得正则图有较大的平均最短路径长度。要到达网络另一端的节点，必须穿过几条短链接，如图 14–11 所示。

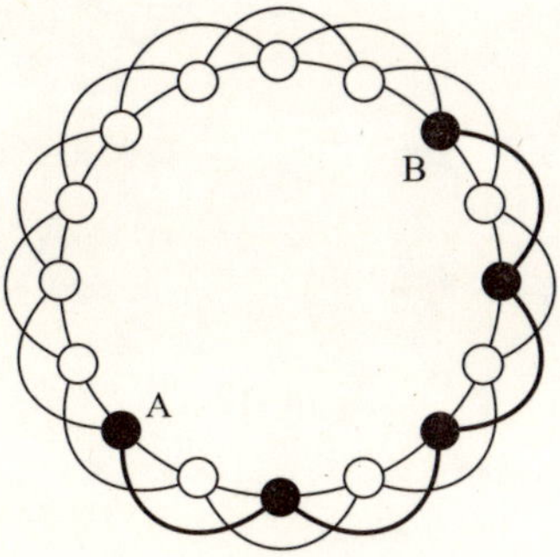

图 14–11

注：没有远程连接，正则环图将有较小的平均最短路径长度。此图中有 16 个节点，每个节点有 4 条链接，需要 4 条链接通过节点A和B之间

如果我们不断增加每个节点的链接数量，那么就不会在人与人之间建立更直接的连接，从而使路径更短吗？这在理论上是可行的，但也是不现实的，因为逐渐缩小平均长度会要求每个人都与人口中越来越多的部分联系在一起。这在现实生活中显然是不正确的，因为每个人都只是总人口中一小部分人的“好友”。

图 14–12 概括了正则环图和随机图的差异。是否有可能得到一个混合图，既能结合这两种类型的属性，又能包含两个世界最好的部分——较大的聚类系数和较小的平均最短距离？如果我们能做到这一点，也许能够解释为什么“六度”会出现。

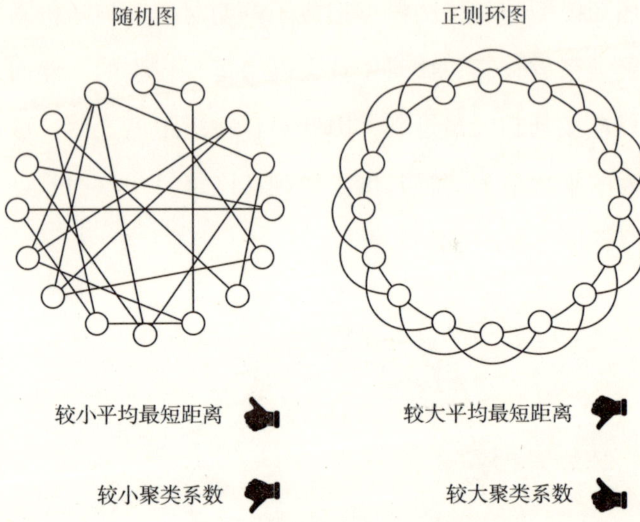

图 14–12

注：正则环图模型和随机图模型的平均最短路径长度和聚类系数形成鲜明对比

正则加上随机：沃茨 – 斯托加茨模型

让我们考虑一下实际情况。一方面，我们需要较大的聚类系数。正则图正好提供。另一方面，我们需要一些远程链接来减少图的两端之间的距离。那么，如果我们在相反的节点之间添加几个链接呢？

这是**沃茨–斯托加茨模型**（Watts-Strogatz model）背后的基本思想，它由邓肯 · 沃茨和史蒂芬 · 斯托加茨于 1998 年在《自然》杂志上发表的论文中首先提出。该模型对拥有较大聚类系数的小世界网络进行了非常直观的解释。

沃茨–斯托加茨图看起来像图 14–13。要建立该模型，我们需要先建立一个正则环，其中每个节点都有合理的链接数，然后在节点之间随机添加一些远程链接。这些随机链接通过在正则环图中穿过每一个链接，并且在一些随机节点对之间按照一定概率建立链接而产生。

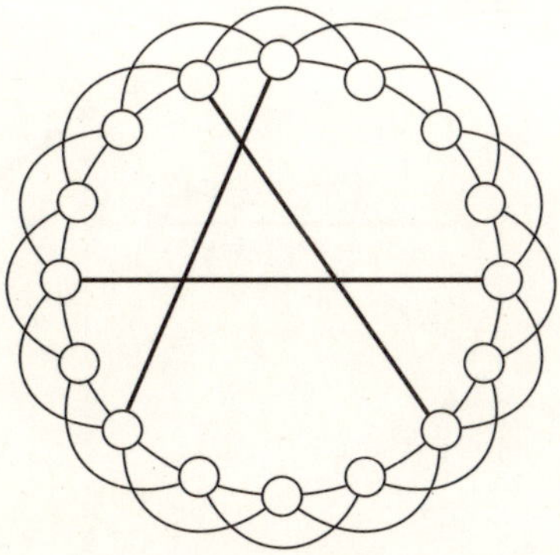

图 14–13

注：沃茨–斯托加茨模型在正则环图中添加随机链接，或者是远距离链接。每当有短距离链接存在时，就有机会建立远距离链接，来随机连接两个节点

关键是，只要“一点点”这些额外的链接，我们就可以保持较大的正则环图聚类系数，同时实现小世界效应。少量随机化操作可以大大减少平均最短路径距离。当然，随机加入远距离链接会降低聚类系数，因为它会增加连接三元组的数量，并很可能不会创建更多的三角闭合。

我们需要多少随机化操作来减少距离，以及在仍然保持聚类系数的同时，我们可以容忍多少？事实证明，只要链接建立的概率很小（例如约 10%），对聚类系数的影响将几乎可以忽略不计，但平均最短路径距离将急剧减少。你可以在图 14–14 中看到这种行为，其中我们对于不同链接建立的概率，多次建立沃茨–斯托加茨模型（总共包含 600 个节点，每个节点有 6 个链接），并绘制聚类系数和平均最短路径长度的最终变化情况（除以其最大值，将纵轴限制在 0 和 100%之间，以进行赋范比较）。当概率在 1%~10%的范围内时，距离较小，系数较大，这是现实中的小世界图所需要的。

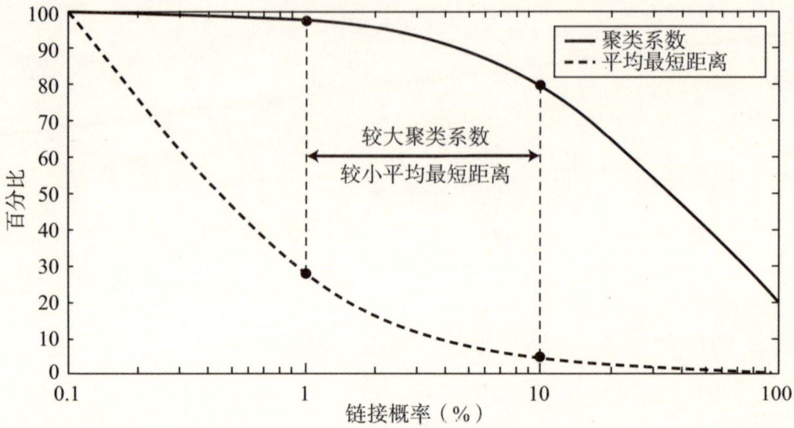

图 14–14

注：当沃茨–斯托加茨图中建立链接的概率很小（例如 1%~10%），聚类系数几乎没有下降，但平均最短距离则会大幅减少。该模型就是这样产生具有较大聚类系数的小世界

为什么随机建立链接会使平均最短距离大幅减少，但又不太影响聚类系数？本质在于我们对度量标准的定义。一方面，最短路径是极值测度：我们只关心两个节点之间的最短距离，所以不需要减少所有路径的长度。我们只需要添加一些远程链接，即使随机添加，最短路径也将大大缩小。另一方面，聚类系数是平均值：它由三角形总数除以图中的连接三元组总数得出，加入一小部分非三角形连接三元组并不真正影响聚类系数。

这就是有较大聚类系数的小世界的神奇之处：我们与大多数朋友有三角闭合的关系，但还有很小一部分朋友在我们的正常社交圈之外。米尔格拉姆当初需要用来分析六度分隔的，就是这很小一部分的远程链接。

在了解小世界的结构方面之后，我们现在转向该现象的第二个，也是更令人惊讶的部分：人们如何能够发现最短路径。

更重要的：六个步骤甚至能在局部发现

我们不禁要问：为什么最短路径是用极值进行衡量的，而聚类系数是以平均值来衡量？相比于找到所有节点之间的最短路径，我们不应该还要找到平均路径长度吗？人们普遍认为没必要平均。对于图中的任意两个节点，只要存在一条短路径就足够了，因为节点可以使用此路径进行通信。如果其他路径不会被使用，就没有理由保证所有路径都是短的。

但我们必须确保人们能真正找到这样一条路径。这个社会搜索的过程并不总是容易的：人们不知道网络结构，所以如果他们没有直接连接到其目的地，那么就很难确定下一步该去哪里。你可以在图 14–15 中看到一个例子：如果 A 和 C 要从网络的两端进行交流，它们怎么会知道，它们有一个可以通过的共同近邻 B？

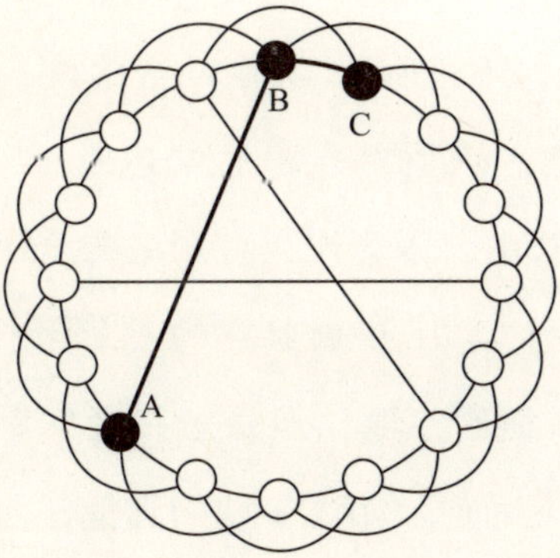

图 14–15

注：在此沃茨–斯托加茨图中，有几条远程链接。从 A 到 C 存在一条短路径（A，B，C）。但 A 如何知道这条短路径是什么，或者它是否存在呢

正如我们在第 12 章互联网部分看到的，被称为路由器的设备基于其局部视图，向彼此传递信息，使其能够找到向哪里发送信

息，将其放在最短路径中。这种类型的路由不会发生在社交网络中。所以问题依然存在：在米尔格拉姆式的实验中，人们如何能够找到最短路径呢？

贪婪社会搜索

如果你是那些参与米尔格拉姆实验的人之一，或者是这些人开辟的路径上的人之一，你会如何仅凭收信人的姓名、地址和职业，就决定最佳的下一跳？你可能会考虑到地理距离（比较容易看到）和职业距离（比较难确定）的某些组合，想出一个“社会距离”。然后你会看看你知道名字的朋友们，并基于此距离，挑一个特点最接近收信人的朋友。

这是**贪婪社会搜索（greedy social search）**的理念，即人们会根据其本地信息做出发送信息的最好决定。所以如果节点A要到节点Z，他会看看所有的近邻，并确定发送给谁最合适。然后，下个节点（如B）会看看Z的特点，确定发送给谁。然后下个节点（如C）会采取同样行为，直到消息最后到达Z。当然，这种方法并不总是会发现最佳的路由，因为没人有网络的全局视图，但它往往是够用的。你可以在图 14–16 中看到它的一个例子，其中凯特经过路径（K，A，B，S）到达苏珊，但最短路径实际上是（K，C，S）。凯特运行贪婪搜索来确定，相比于她的其他任何近邻，在加州帕洛阿尔托的政治家爱丽丝更“接近”在华盛顿州西雅图的一位律师。然后爱丽丝转发给旧金山的政治家鲍勃，对方恰好认识苏珊。事实上，碰巧她在新泽西州萨米特的一位精算师朋友查理与苏珊有直接联系。

在这个贪婪搜索过程中发现的平均长度接近平均最短路径长度

吗？我们希望如此，如图 14–16 所示的情况（2 不比 3 小很多）。如果是这样，那么我们可以说，短路径除了是合理的，还是可以发现的。在过去 15 年里，除了最初的沃茨–斯托加茨模型，多个社会搜索模型都对这个问题给出肯定回答。如果你对此感兴趣，请参考本书网站 Q14.3 部分。

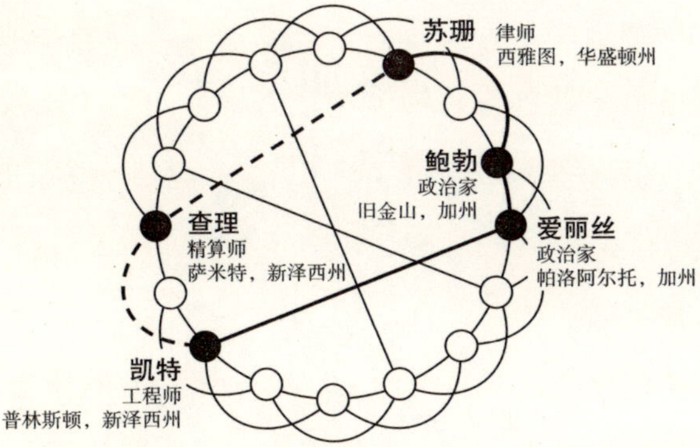

图 14–16

注：如果没有网络的全局视图，每个人都可能进行贪婪社会搜索，以确定一条到目的地的路径。这种策略并不总会发现最佳的路由，但希望是，所发现的路径长度至少会接近最短的长度

总之，事实证明，通过六个或更少步骤连接我们的世界是合理的。通过分布式人体路由，可以从网络的一端到另一端发现这些步骤。

THE POWER OF NETWORKS

Six Principles That Connect Our Lives

第六部分 总结

终端主机智能是出现在各种网络应用中的一个重要原则。互联网经常遵循端到端的设计，让终端主机负责建立、维护和控制会话，而网络本身只负责逐跳传输数据包。在本书的最后一部分，我们首先研究了每台传输设备的传输层如何控制互联网上的拥塞，使用由接收端提供的反馈消息来推断网络条件和调节对链接容量的需求。然后我们了解到，由于人们仅凭本地信息就能发现到达网络另一端的其他人的短路径，因此这样大而不断增长的网络仍然是小世界。

本书主要叙述了网络六条原则——分享很难、排序很难、大众很聪明、大众并不那么聪明、分而治之以及端到端。在这六个部分中，我们看到了很多不同的网络，并探讨如何将它们表示为图形（例如网页、设备或路由器）以及这些图形之上的功能（例如网页级别、分布式功率控制、路由）。

虽然本书至此已经接近尾声，但我们希望你的思维旅程将继续。你将继续在生活中遇到我们在本书中没有讨论过的网络，其中许多可能还没有发明。当你遇到它们的时候，我们希望你能思考，这六条原则中的哪一条可能适用于这种情况。

同样重要的是，我们希望你能牢记这些原则中反复出现的主题。你也可以考虑其中哪些在日常生活中出现。这里是对从过去14章中选出的六个主题的简短回顾：

- 负反馈发生时，网络使用有关其当前状况的信号，使其状态达到平衡。该主题多次出现，从第1章蜂窝功率控制，到第3章数据定价，再到第13章互联网拥塞控制。
- 正反馈与其相反，网络利用正反馈放大其效果，一般会远离平衡。
- 分布式协调在网络中较小的实体之间分散任务责任。即使每一个实体只有网络的本地视图，全局合作还是有可能出现。这个主题也多次出现，从第2章Wi-Fi随机访问到第12章互联网转发。
- 积极的网络效应出现时，更多人加入网络往往有利于所有人，如第9章中提到的例子和第6章的产品评级。
- 消极的网络效应与其相反，更多人加入网络往往会减损所有人的利益，如第3章统一费率的“悲剧”。
- 意见汇总在人们的意见公正并彼此独立时，可以表现得很好，如我们在第6章看到的情况。因此，当平均评级基于更多意见时，我们更倾向于信任平均产品和电影评级。

如果这些主题留在了你的脑海里，那么通过阅读本书，你已经了解到很多关于网络的力量的知识！

与温顿·瑟夫的对话

温顿·瑟夫被公认为“互联网之父”。他与鲍勃·卡恩共同发明了TCP/IP。

作者：温顿，1974年前后，你和同事一起架构TCP/IP协议时，做出的最重要的决定是什么？

温顿：我认为最重要的决定可能是引入全球寻址结构，我们称之为网络协议和网络地址。当时，我们已经预见到，有多个网络是互联网形成的网络之网络的一部分。我们还知道，大多数网络，也许所有网络，都没有存在任何其他网络的概念。每个网络都认为自己是世界上唯一的网络。所以，在一个特定的网络上，没有办法说“请发送到另一个网络”。鲍勃·卡恩和我在进行设计时，很快意识到我们需要一个方法来表达“把这个发送到一个不是你的网络上，以使这个网络之网络形成”。

第二个决定不是技术性的。这是一个方针决策：我们当时是否应该在不确定有多少细节，没有任何限制，也没有任何专利设计或知识产权的限制时公布这项设计。

我们真的考虑了这个问题，还记得我们当时在为国防部做这项工作。

国防部的问题是，建立网络唯一方便的方法是连接类似品牌的机器。IBM拥有把其机器连接在一起的系统网络架构，数字设备公司有一种可以将其机器相连的DEC网络系统，惠普有一种叫DS的系统，我想它表示分布式系统，同样，它只连接惠普的机器。我们认为，国防部不必购买某种特定品牌的机器，就能实现网络效应。所以这是第一点，意味着我们需要进行一个非专有的设计。

互联网的前身叫作阿帕网，全称为“高级研究计划署网络”。该网络是使用专用电话线路将分组交换机彼此连接而建立的。这是一个均匀、同质的网络，由美国各个机构非常不同的计算机连接到上面。这是一个专用电话电路和分组交换机的同质网络。

当我们意识到必须应对所有这些其他的平台时，我们就开始开发移动无线网络和卫星网络，以应对移动车辆、海上船舶和飞机通信的情况。但是这样做以后，我们意识到，这些不同的分组交换网络有不同的特点，我们必须找到一种方式把它们连接在一起，使任何特定网络中的电脑不需要知道，有多少其他网络也是系统的一部分，或流量是被如何路由的。我们只是希望，它能够像消费者把一张明信片放进邮箱一样，并期待邮政服务会负责找到它该去的地方，它应该如何到达那里，以及什么时候应该送达。因此，在全球运行的意义上，我们模仿邮政服务。邮政服务使用一种寻址格式，将信息从一个国家传递到另一个国家。

这些可能是最重要的决定：公开发布，并消除任何影响采用的障碍。我们决定不对设计的使用施加任何知识产权限制，免费公布了所有文件。随着互联网的发展，后来创建的机构同样对其出版物和技术规范非常开放，40 年后的今天同样如此。

作者：这真是个有趣的故事，温顿，也是非常重要的决定，直到现在都影响着我们的生活和工作方式。同样有趣的是，你提到了这些地址，我想继续这个话题。其中的一个系统是IPv6，它是一个更大的地址空间。向IPv6 转换的进展如何？

温顿：这是个好问题。让我们回顾一下，我们经历了互联网设计的多次迭代，确切说是四次。原设计有一个协议——传输控制协议，它通过多个网络管理从源主机到目的主机的流量。在设计、实施和测试的迭代过程中，我们意识到，实时通信可能是非常重要的。语音、视频和雷达并不一定要求 100%保证数据传输，尤其是考虑到这些数据会动态更新，特别是在雷达跟踪的情况下。

你想要的是低延迟，于是你得到交互式低延迟交换。如果有人因为数据包丢失而没有收到消息，就会要求对方重复一遍。于是，当你听到杂音，没有听到对方说什么，你会说：“什么？请重复一遍。”

同样的做法对视频也成立。你可能会遇到故障，有一帧的一部分没有显示出来。但是另一帧马上会来，所以不必担心重发前一帧，因为用户不想看到。如果你尝试这样做（重新发送），就会增加双方之间的延迟。如果他们正试图进行视频电话会议，那么会议最终将无法继续，因为延迟在逐渐增加。

所以，比起让延迟增加，我们说，让我们允许数据包丢失，但要注意延迟。讨论的结果是将互联网协议（IP）和传输控制协议（TCP）分开，使其成为系统中的一个独特的层，不要求进行序列可靠传输。所以，TCP负责数据的序列可靠传输，而IP只负责将数据包传递到可能并不可靠的目的地。这个决定是TCP设计第三次迭代前后做出的。

第二个问题我们很早就在思考："我们应该预计这个互联网有多少个终止点？"我们当时真的不知道答案。所以我们的第一个问题是"让我们看看，每个国家会有多少网络？"我们想，也许每个国家都会有两个国家级的网络，所以会有一些竞争。然后我们说："有多少个国家呢？"我们不知道答案，当时也没有谷歌，于是我们猜测有 128 个，因为这是 2 的乘方，程序员就是这样思考的。

所以我们说："好吧，我们需要 8 比特的信息来识别世界上的 256 个网络。"然后我们问，有多少计算机将连接到每个网络。我们同样不知道答案。但是我们说，我们应该大方些。于是我们猜每个网络有 1 600 万台电脑，考虑到计算机花费数百万美元，在非常大并装有空调的房间里运行，这在当时是非常惊人的。

所以你可以用 24 比特的信息来表示这么多数量的机器。我们最终为 IPv4 选择 32 位地址空间。它在互联网上提供的终止点总数是 43 亿。我必须说，在 1973 年，对于互联网上可能出现的计算机数量，这似乎是一个非常大的数字。

于是我们沿着这条路走下去。但是，1973 年，就是鲍勃和我进行这项工作的同一年，施乐帕克研究中心发明了以太网。这是一小块同轴电缆和一些设备，能将当时的笔记本电脑或台式电脑以非常高的速度共同接入广播网络，当时速度为每秒 3Mb，这似乎很大。大约在 1980 年或 1981 年后，以太网技术作为商业产品被迅速推广开来。这些网络迅速填补了互联网上大量的地址空间。其结果是，到 20 世纪 90 年代初，初始地址空间明显不足以满足需求。

关于还需要多少地址空间，人们有很多争论。我们认为 32 位地址空间不够，那么应该增加到 128 位，还是应该选择电话号码采取的可变长度的寻址形式。没有选择可变长度是有原因的。于是，我们最终选择128位，并称其为互联网协议IPv6版本。

到2015年的这个阶段，我们进行这次对话时，第4版（IPv4）网络地址空间已基本耗尽。当时，已经没有可用的地址空间。这样说似乎有些夸张，因为一些负责分配互联网地址空间的机构，所谓的区域互联网注册管理机构，仍然有一定数量的地址，但不多。大多数地址已经用完了，没有可用的第4版地址空间。

因此，20世纪90年代初之后，我们意识到我们将陷入困境，于是在1996年前后开始将IPv6标准化。我们错误地认为，所有人都会意识到快速实施IPv6的重要性，这样我们就不会因为IPv4的限制而受到制约，但这并没有发生。当时人们还没有用完地址空间，最近才用完（在大约2011年）。所以，与IPv4同时实施IPv6的步伐很慢。现在我们开始看到它加速，是因为第4版地址基本上已经消耗光了。

因此，与IPv4并行实施IPv6的步伐加快。我们必须同时运行两个协议，以迎合运行v4的旧群体和运行v6的新群体。我们必须同时运行两个协议，因为它们不能相互作用，因为你不能把128位的地址放进32位的空间。

作者：谢谢你让我们了解迭代的历程。它显示了很多非常有趣的架构决定，比如层的分裂。你提到TCP/IP受到延迟和差错恢复权衡的驱动，也讲述了过去几十年互联网如何扩展的有趣故事。如今，信息物理系统和智能城市兴起，其中有的物理控制系统需要非常小和几乎不可抗拒的延迟。你认为这些网络边缘或有时在人体内出现的信息物理系统，也将迫使我们重新审视延迟问题吗？

温顿：这是一个有趣的问题。我想答案可能是，因为有些情况下的延迟得到很好的控制，因为你处理的网络组件距离很近。我们必须考虑的是，光速延迟不会消失。因此，无论你如何处理协议，都可能有由距离造成的不可减小的最小延迟。

解决这个问题的方法，当然是设计和建立使用附近而不是远程网络的系统。当你有像蓝牙甚至Wi–Fi之类的功能时，通常情况下，相互作用是局部的，因此延迟非常低。所以这种情况下，你不会有问题。

另一方面，某些应用程序可以被设计为对延迟不敏感，在这种情况下，它们可以在几乎任何地方运行。我看到这两个角度都存在于应用程序空间中，其中一些应用程序对延迟足够的不敏感，电子邮件就是一个很好的例子。但正如你所说的，对于某些信息物理系统（有时称为物联网），你需要低延迟，使应用程序工作。

作者：我们在这次对话中也提到过，有时“云”需要降到地面并成为“雾”，以确保某些应用程序的延迟非常小。如今，我们在电视广告上看到不同公司谈论物联网将如何改变我们的生活和工作方式，以及工厂和农业将如何运行。你还看到从消费者穿戴设备到智能城市蓝图的不同对象。你认为哪个更像科幻小说，哪个切实可行，并将会发生？

温顿：改变发生在各个方面，我认为这是相当惊人的。有许多人们可以穿戴的设备，谷歌眼镜是早期的例子之一。但Fitbit等帮助记录人体运动时的生命体征的设备都很常见。这无疑已经发生了。还有其他设备正成为我们生活的一部分，比如有的设备能让你的笔记本电脑将信息发送到巨大的电视屏幕上，这样你就可以享受到更好的视觉体验，有网络功能的温控器等可以让你远程控制温度，或了解并确定房子的状态，也许为了确保房子无损，你还可以看一下摄像机。

各种各样像这样的事情正在发生，我认为在接下来的几十年里，我们将看到各个方面的高速进步。所以老实说，我不认为这是科幻小说。甚至我们在谷歌研发的自动驾驶汽车也不再是科幻小说，因为它们实际上已经上路了。

但我担心的一件事是，许多这些设备在设计和制造时，可能只有相对较小的处理能力。问题是，例如，它们是否有足够的处理能力来加密流量，以确保数据的隐私。我们应该非常关注这些系统的安全性、保密性和私密性，因为收集到的大量数据可以被解读和滥用。举个例子，如果你的房子周围有一堆温度传感器，别人就可以通过连续的监测来了解，有多少人住在房子里，他们在哪里，日常生活习惯是什么，什么时候在家，什么时候不在家。

因此，我们在信息物理系统中面对很多安全性、保密性和私密性的挑战，一切的互联网空间都需要一些非常严肃的研究和开发，以克服或防止这些信息物理设备的潜在滥用。

作者：你提到的信息隐私确实是许多人越来越关注的问题，特别是当它可能涉及物理对象时。当我们购买连接“物品”，不知道它们的安全功能什么时候会过时，我们应该担心这个问题吗？

温顿：我们当然应该担心这个问题。事实上，如果设备无法持续更新，以修复使用中的错误，从而导致漏洞，我认为就不应该买，更不用说销售。我担心会出现“100 000 台冰箱袭击美国银行”那样的新闻标题，因为它们感染了恶意软件，并发起这种拒绝服务攻击。我们有非常重要的技术工作要做，以确保设备只由授权方控制，它们积累的数据只向授权方开放访问。我们最终几乎肯定会不得不使用加密技术，以便进行强身份验证，并保护数据的机密性，例如，可能会将数据从信息物理系统中的设备移动到其他某个监控系统。

作者：我还想问你更多的问题：互联网周围有一个巨大的应用生态系统。你最喜欢的应用程序是什么？

温顿：这是个很有趣的问题，因为每当有人说起应用程序时，我当然会认为这表示移动程序。我意识到你的问题并不是我想的这么狭隘。

所以，老实说，我使用得最多的服务其实是谷歌。这不是因为我在谷歌工作，只是因为在网上寻找东西是非常有价值，也是非常困难的，而谷歌使其变得容易，并频频给出我寻找的答案。

我使用应用程序定期跟踪股票市场和我自己的投资组合。我自己使用流媒体视频，要么看吸引我注意的YouTube片段或网飞电影。在有足够带宽来支持在线播放音频和视频的地方，这些应用程序非常流行。

所以对我来说，这些都是方便收集信息的应用程序。我在网上看报纸，而不是在家看纸质报纸，每天都是这样。我是一个电子邮件的忠实用户，我的许多同事和同龄人也是。尽管还有其他交流方式，比如发短信、脸书或Google+，但它们都没有电子邮件的使用频率高。最后，我发现最近几年视频会议的使用越来越多，这差不多就是我们现在做的。这是一个了不起的进步，因为谷歌环聊允许多方同时互动，使人们可以进行远程会议，这几乎使避免出差成为可能。

我使用的另一个应用程序是谷歌文档系统的文档、电子表格、文本文件和演示文稿。特别是与视频会议应用相连的文本文档，它其实是一个非常强大的组合。我与另外两三个作者合作写论文，我们在里面同时交谈，既可能看到对方，也可以同时编辑一个共享文件。与让一个人负责编辑文本不同，在这里任何人都可以自由地编辑并吸引其他人关注。由于这是实时的讨论，我们发现，比起互相之间发送电子邮件附件，这种方式会让完成最终文件的速度快得多。所以，这种以合作的方式同时实时工作的能力是非常强大的。

作者：温顿，谢谢你与我们分享你的见解。

致谢

几位人士对本书的不同部分进行反馈，我对他们表示感谢：布里、汉克、克尔斯滕、洛蕾塔、雷、苏珊、维基以及益心（音）。同样感谢校对本书最初版本的许多人：伊森、哈维斯特、凯特、莫、普拉纳夫、罗恩，还有妈妈和爸爸，以及在我们的慕课上发现了错别字的学生。我也感谢所有在我的iTunes音乐库中的艺术家，陪伴我度过写作历程，尤其是安迪·麦基、老鹰乐队、旅行乐队、林纳德·斯金纳德和范海伦乐队。最后，以及最重要的是，在我的未婚妻、家人和朋友无条件的爱和支持下，本书才得以完成。非常感谢这些了不起的人。

布林顿

2016年6月

多年来，我的老师和学生们教会我很多关于学习的道理。感谢和我一起工作的同事。也感谢四位有远见的领导者，同意花时间与我面谈。同时感谢来自古根海姆基金会的支持。

我不断向家人支取时间，让自己沉溺于各种各样的好奇之旅。我的妻子和父母一直宠着我，包容我的严重透支。至于我的孩子们：诺维亚可能会认为这本书就像我的演讲一样，太长了。奥古斯坦喜欢把书撕坏。而薇薇亚，好吧，我会偷个懒，把这本书作为她在 2016 年 11 月一岁时的一件生日礼物。

蒋濛

2016 年 6 月